서연비람 에세이

역사를 찾아가는 발걸음
-서동철 문화유산 기행

서연비람 에세이

역사를 찾아가는 발걸음—서동철 문화유산 기행

초판 1쇄 2025년 1월 10일
지은이 서동철
펴낸이 윤진성
편집주간 김종성
편집장 이상기
펴낸곳 서연비람
등록 2016년 6월 29일 제2016-000147호
주소 서울시 강남구 언주로30길 57, E동 1011호(도곡동, 타워팰리스)
전자주소 birambooks@daum.net

ⓒ 서동철, 2025, Printed in Korea.

ISBN 979-11-89171-84-1 03910
값 20,000원

서연비람 에세이

역사를 찾아가는 발걸음
- 서동철 문화유산 기행

서동철 지음

서연비람

머리말

신문기자 생활을 36년째 이어오고 있다. 현장 기자 시절 사회부와 정치부에서 5~6년을 보낸 것을 제외하곤 대부분 문화와 문화유산 주변에 있었다. 그런데 문화부 밖 생활이 문화와 문화유산을 바라보는 시각을 넓게 키워주었으니 행운이었다고 생각한다. 논설위원으로 있는 지금도 문화 분야와 함께 사회·정치 분야 사설을 쓰고 있다. 개인적으로 당시의 '외도'가 신문기자로 수명을 늘려주는 데도 결정적 역할을 했다는 고마움을 갖고 있다.

소싯적에 필자로 하여금 문화에 관한 글을 쓰는 직업을 가지면 좋겠다고 생각하게 만든 조선 후기 문학작품을 하나 소개한다. '추월이 늘그막에 지난 일을 이야기하다'는 제목의 한문단편이다. 공주 기생 추월은 가무로 명성이 높았는데 거문고 명인 김철석, 가객 이세춘과 어울렸다. 최근 음악학계에서는 이들을 두고 조선 후기 최고의 음악 그룹이라 평가하는 연구도 있었다.

추월 일행이 어떤 연회에 초청됐는데, 매우 유장한 곡을 연주한 듯 윗자리에 앉은 대감은 "흥취라고는 도무지 없다"며 꾸짖었다. 그러자 추월을 비롯한 음악가들은 서로 눈빛을 주고받고는 대뜸 빠르고 시끄러운 노래를 부르니 그제야 대감은 부채로 밥상을 두드리며 좋아했다는 것이다.

우선 음악이나 예술에는 도무지 이해가 없는 무식쟁이 양반을 조롱하는 재미가 있었다. 높은 출연료를 챙겼을 추월 일행은 당연히 걸맞은 경지의 음악을 들려주려는데 대감은 싸구려 노래나 강요하니 바보가 아니냐는 의미를 숨겨놓은 재미도 예사롭지 않았다. 당대 높은 수준의 연주자들이 활동하고 있었고, 이들이 먹고살 수 있는 '공연 시장'도 존재했음을 보여 주어 놀랐다.

필자는 그저 오래됐다고 문화재이고 문화유산은 아니라는 생각을 갖고 있다. 아무리 오래됐어도 현재는 물론 미래에도 통용될 수 있는 가치가 있어야 보존할 필요도 생기는 것 아니겠느냐고 믿는다. 앞선 이야기도 추월을 모차르트로, 무식한 양반을 당대 오스트리아의 어느 귀족으로 치환하면 그대로 서양음악에도 적용되는 우화소설이 된다. 모차르트가 미래지향적이듯, 추월도 못지않게 미래지향적인 음악가였음을 이 한문단편은 알려준다. 추월의 이야기가 문학작품으로 써진 것도 음악의 진정성이라는 주제가 공감을 이끌어 낼 만큼 당대 독자의 수준이 높았기 때문이 아니었을까 싶다. 이런 어설픈 생각을 하면서 문화와 문화유산을 다루는 기자가 되면 좋겠다는 희망을 가졌던 것 같다.

문화재 담당 기자를 하면서는 문화유산에서 새로운 가치가 드러나는 순간을 기록하는 것이 의미 있었다. 석굴암의 재발견에 얽힌 스토리가 그렇다. 석굴암이 그 자체로 엄청난 문화 자산이라는 것은 굳이 강조할 필요도 없다. 그런데 부처가 깨달음을 이룬 인도 보드가야의 정각사 성도상과 같은 크기로 조성했다는 사실이 드러난 것이다. 신라 사람들이 당나라 현장법사가 7세기 인도를 여행하고 쓴 '대당서역기'를 읽고 같은 의미의 불상을 조성했으니 놀라웠다. 지금도 석굴암은 당연히 세계미술사에 적혀있지만, 동서 문화교류사에도 반드시 기록해야 할 대상이 됐다.

전국의 문화유산을 돌아보면서 작지 않은 기쁨을 누릴 수 있었던 것은 축복이었다. 강릉의 굴산사 당간지주를 처음 만났을 때 충격을 잊지 못한다. 우리 문화가 아담하면서 소박한 줄만 아시는 분들이라면 굴산사 터를 찾아보기 권한다. 결코 세련됐다고 할 수 없는 굴산사 당간지주가 발산하는 거석문화의 원초적 힘을 체감하면서 앞으로 스케일 크게 살아야겠다는 반성도 했다.

이 책에는 서울신문, 논객닷컴, 아트홀릭에 연재했던 글들이 실렸다. 문화유산의 가치를 드러나게 하는 데 조금이라도 도움이 되겠다 싶은 내용을 추려서 보완했다. 역사적이거나 문화재적 상상력을 넘어 문학적 상상력을 발휘한 듯한 글도 없지 않겠지만 정도(正道)는 벗어나지 않을 것이다. 역설적으로 합리적 상상의 결과가 곧 정설(正說)이 될 것이라는 자신감 또한 없지 않다.

끝으로 이 책이 나오는 데 도움을 주신 모든 분께 깊은 감사의 말씀을 올린다.

2024년 3월
서동철

차례

제1부 역사를 찾아가는 발걸음

1. 남한강 물길과 충주 창동리 마애불

충청북도 충주시 중앙탑면 창동리의 커다란 바위에는 고려시대 마애여래상이 탄금호를 내려다보고 있다. 마애여래상은 그러나 마을에서 언덕을 넘어 호숫가로 접근해서는 비스듬하게 보일 뿐이다. 대신 탄금호를 지나는 배에서 바라보면 전체적인 양상이 뚜렷하게 다가온다. 강물 위에서 바라볼 때 비로소 진면목을 제대로 파악할 수 있다는 뜻이다. 애초에 물길로 남한강을 오가는 뱃사람들이 배에 탄 채로 지나면서 배례할 수 있도록 조성됐다는 사실을 깨달을 수 있다. 충주 시내 서쪽의 창동리는 남한강과 속리산에서 발원해 괴산을 지나온 달천이 막 합류한 곳이다.

1995년 충주댐이 건설되면서 남한강은 더 이상 물길로서 기능하지 못하게 됐다. 하지만 남한강은 1928년 충주와 조치원을 잇는 충북선이 개통되면서 이미 물류 수송 루트로서 가치를 잃은 것과 다름없었다. 충주에 모인 경상도와 강원도 일대의 물산이 남한강 물길을 오가는 화물선이 아니라 화물기차에 실려 조치원으로 갔고, 다시 경부선으로 갈아타고 서울로 향했기 때문이다.

고려는 건국 초기 호족의 연합정권이라는 성격을 갖고 있었다. 창업자 왕건부터가 송도 호족이었음은 잘 알려진 사실이다. 고려는 983년(성종 2)에 이르러서야 지방관을 파견하고 국가가 부과하는 세금, 즉 조세를 거둘 수 있었다. 고려는 이후 전국에 모두 13개의 조창(漕倉)을 설치했다. 조창은 세금으로 걷은 곡식을 도성으로 나르기 위한 창고이자 세곡선 운항을 관리하는 기관이었다.

흥미로운 것은 충주 덕흥창과 원주 흥원창의 존재다. 다른 조창은 모두 해안에 있었지만, 이 두 개의 조창은 내륙의 남한강에 둔 것이다. 흥원창은 강원도 지역 세곡을 나르는 역할을 했다. 그런데 덕흥창은 충청도 일대는 물론 남한강 상류의 강원도와 새재 너머 경상도 일원의 세곡을 도성으로 운반하는 기능을 했다. 삼국시대 이후 남북의 교통로였던 계립령에 이어 조선이 새재를 개척한 것도 경상도에서 남한강 변으로 가는 물류가 크게 늘어나며 더 큰 길이 필요했기 때문이다.

덕흥창이 있던 곳이 바로 창동리다. 창동리(倉洞里)라는 땅 이름부터가 조창이 있는 마을이라는 뜻이다. 창동리 마애불은 고려시대 세곡을 나르는 조운선이 충주에서 출발해 도성인 송악, 곧 개성이 있는 예성강 하구로 여정을 시작하는 바로 그 자리에 새겨졌다. 조운선 뱃사람들이 손을 모으고 머리를 조아리며 마음을 다해 무사 귀환을 기원했던 대상이 충주 창동리 마애불이었다.

조선은 충주에 덕흥창과 함께 경원창을 운영했다. 그런데 곧 두 조창을 통폐합한 가흥창을 하류에 새로 만든다. 하지만 오늘날에는 덕흥창과 경원창은 물론 가흥창의 흔적도 제대로 남아 있는 것이 없다. 그나마 목계나루에서 남한강을 오가던 뱃사람들의 흔적을 볼 수 있는 것이 다행스럽다. 가흥리에서 목계교를 건너면 목계삼거리가 나온다. 왼쪽으로 가면 원주, 오른쪽으로 가면 제천이다. 오른쪽으로 방향을 틀면 곧바로 '목계나루'라고 새긴 큼지막한 흰색 빗돌이 나타난다.

덕흥창, 경원창, 가흥창이 국가의 세곡을 보관하고 운반하는 역할을 했다면, 목계나루는 민간의 여객과 물류를 담당했다. 그러니 목계장터는 충청도와 강원도의 전통시대 물산과 남한강을 거슬러 올라온 새로운 시대의 물산이 한데 모이는 장소가 됐다. 목계장터 역시 철도 개통 이후 방물장수만 오가는 기능으로 퇴화했다. 1973년 준공된 팔당댐은 서울로 오가는 물길을 완전히 끊었다. 장터 초입에는 충주 출신 시인 신경림의 「목계장터」 시비가 세워졌다.

중앙탑면의 옛 이름은 가금면이었다. 가금면은 1914년 일제가 행정구역을 통폐합하면서 가흥면과 금천면에서 한 글자씩 따서 만든 이름이었다. 주민들이 다시 땅 이름을 바꾸는 결정을 내릴 수 있었던 것은 중앙탑이 지역의 구심점 역할을 했기 때문이다. 중앙탑이란 1962년 국보로 지정된 충주 탑평리 칠층석탑을 말한다. 남한강 탄금호의 경관과 잘 어울리는 12.65m의 통일신라 석탑이다.

중앙탑, 곧 탑평리 칠층석탑은 평탄한 대지에 흙으로 단을 높이 쌓고 세웠다. 석탑이란 부처의 사리를 모신 불교 신앙의 예배 대상이다. 탑에 안치하는 것은 부처의 진신사리일 수도 있고, 부처의 가르침을 담은 법사리일 수도 있다. 석탑은 일반적으로 사찰의 큰법당 앞에 세워진다. 그런데 중앙탑 주변을 발굴 조사해도 사찰의 존재는 찾을 수 없었다고 한다. 한마디로 '사찰 없이 세운 탑'이라는 뜻이다. 중앙탑의 건립 배경을 두고 다양한 추론이 제기된 것도 이 때문이다.

일본 민속학자 무라야마 지준은 '충주는 삼한의 중앙이며, 또한 이곳에 왕기(王氣)가 있으므로 이를 누르고자 세운 탑'이라고 했다. 김현길 충북향토문화연구소 초대 소장은 '삼국을 통일한 신라가 불력(佛力)으로 새로 편입된 백제 · 고구려의 유민을 포용 · 융합하고자 국토의 중앙에 세운 탑'이라고 설명했다. 통일신라가 국가 차원에서 부처의 힘을 빌어 반신라적 지방의 호족 세력과 이반 조짐을 보이는 민심

1. 남한강 물길과 충주 창동리 마애불

을 진무(鎭撫)하고 안정을 꾀하고자 발원한 석탑이라는 해석도 있었
다. 국립중원문화재연구소가 1993년 발간한 탑평리 유적 발굴 조사
보고서는 중앙탑의 존재를 국토의 중앙이라는 상징성과 더불어 육로
와 수로의 안전을 두고 기원하는 풍수지리적 의미로 파악하고 있다.
창동리 마애불에 배례한 뱃사람들은 중앙탑을 지날 때도 두 손을 모
았을 것이다.

　다양한 주장의 어느 한 가지 때문이 아니라 모두를 아우르고자 탑
평리 칠층석탑을 세웠는지도 모를 일이다. 이렇듯 다양한 해석이 나
오는 이유는 충주를 중심으로 하는 이른바 중원이 그만큼 복잡한 역
사가 있기 때문이다. 이 지역은 고구려 · 신라 · 백제가 각축을 벌인
전략적 요충지였다. 하지만 고구려가 남진하면서 백제는 한강 유역
은 물론 남한강 상류 중원 지역에서도 세력을 잃는다.

　신라가 충주 일대의 지배를 공고히 한 것은 진흥왕 시절이다. 진흥
왕은 557년 이곳에 국원소경(國原小京)을 설치했다. 경덕왕 시절 이름
을 바꾼 중원경은 경주에 이은 사실상의 제2 수도였다. 신라는 충주
를 바탕으로 한강 유역을 지배하고 결국 삼국통일을 이루었다. 남한
강 뱃길을 이용해 지금의 서울을 비롯한 한강 하류로 순식간에 군사
와 보급품을 보낼 수 있는 수운의 힘이 바탕이었다.

　창동리 마애불에는 군데군데 붉은빛이 감돈다. 이 고장에는 창동
리 마애불과 신립을 연결 짓는 전설이 있다. 신립이라면 임진왜란 당
시 탄금대 전투에 관군을 이끌고 나섰다가 왜군에 크게 패한 장수다.
신립은 탄금대에서 전세가 완전히 기울자 남한강에 뛰어들어 죽었는
데 마애불의 붉은빛은 이때 흘린 피라는 것이다. 이런 전설이 만들어
진 것은 창동리 마애불이 지역민의 소박한 예배 대상을 넘어 국가적

차원의 기원 대상이라는 인식을 공유했기 때문이 아닐까 싶다.

탑평리 칠층석탑이 삼국시대에서 통일신라시대에 이르는 충주의 중요성을 상징한다면 창동리 마애불은 고려시대와 조선시대 같은 역할을 하고 있다. 중앙탑이 그 역사적 의미에 걸맞게 국보의 반열에 오른 반면 창동리 마애불이 '토속적인 분위기와 세련되지 못한 세부 표현'이라는 등 미술사라고도 할 수 없는 이해 불가능한 시각으로 평가해 충북 유형문화재에 머물고있는 것은 안타깝다.

1. 남한강 물길과 충주 창동리 마애불

2. 원효대사가 깨달음 얻은 화성 당성

인도로 유학을 떠났던 중국 승려 현장(602~664)이 17년 만에 당나라로 돌아오자 신라 불교계에도 새로운 바람이 불었다. 현장은 인도에서 가져온 불교 경전을 중국어로 번역하는 작업을 하고 있었다. 인도 승려 구마라습(344~413)의 옛날 번역에 의존하던 시절 현장의 새로운 불경 번역 소식은 동아시아 전역에 퍼져나갔고, 더불어 인도 불교 체험기 『대당서역기(大唐西域記)』는 필독서가 됐다.

의상이 원효에게 동반 중국 유학을 권유한 것도 이 때문이었다. 두 사람의 650년 첫 번째 당나라 유학 시도는 실패로 돌아갔다. 『삼국유사』의 「의상전교(義湘傳教)」 편에 적혀 있듯, 고구려를 가로질러 요동으로 가다 변방 수라군에게 첩자로 붙잡혀 고초를 겪고는 신라로 추방된 것이다.

두 사람은 661년 다시 중국 유학을 시도한다. 송나라 승려 찬녕이 엮은 『송고승전』의 「신라국 의상전」에 당시 이야기가 실려 있다. '당나라로 가는 경계인 해문에서 큰 배를 구해 바다를 건너려 했다. 중도에서 폭우를 만났다. 길옆 토굴에 몸을 숨겨 회오리바람의 습기를 피했다. 날이 밝아 바라보니 해골이 있는 옛 무덤이었다. 하늘에서 궂은비가 계속 내리고, 땅은 질척해 한 발짝도 움직일 수 없었다. 그날 밤도 무덤에서 머물렀는데 귀신이 나타나 놀라게 하는 것이었다.'

그러자 원효는 "전날은 땅굴이라 해서 편안했는데, 오늘 무덤에 의탁하니 뒤숭숭하구나. 마음이 일어나므로 갖가지가 다 일어나고, 마음이 사라지므로 땅굴과 무덤이 둘이 아님을 알겠구나. 삼계(三界)는 오직 마음일 뿐이고, 만법(萬法)은 오직 인식일 뿐이니 마음 밖에 어떤 법이 없는데 어디에서 따로 구하리오. 나는 당나라에 가지 않겠다"고 외치고는 바랑을 메고 돌아가 버렸다. 원효는 깨달음을 얻고자 중국에 가려 했지만, 배에 오르기도 전에 깨달음을 얻은 것이다.

물론 이 글의 제목이 「원효전」이 아니라 「의상전」이라는 사실을 잊지 말아야 한다. 그런 만큼 말미에는 '이에 의상은 외로운 그림자처럼 홀로 나아가 죽기를 맹세하고 물러나지 않았고 상선에 의탁해 당나라 등주 해안에 닿았다.'고 적었다. 『송고승전』내용이 뭔가 이상하다 싶은 독자도 있겠다. 원효가 해골에 담긴 물을 마신 이야기가 없기 때문이다. 그 내용은 북송의 연수(904~975)가 지은 『종경록(宗鏡錄)』에 등장한다. '원효법사가 갈증으로 물 생각이 났는데, 마침 그의 곁에 고여 있는 물이 있어 손으로 움켜 마셨는데 맛이 좋았다. 다음 날 보니 시체가 썩은 물이었다.'

그런데 『송고승전』의 「신라국황룡사사문(沙門) 원효전」에는 '원효는 일찍이 의상과 함께 당나라에 가고자 했다. 그는 현장삼장의 자은사 문중을 사모했다. 그러나 입당(入唐)의 인연이 어긋났기에 마음을 내려놓고 여러 곳을 돌아다녔다.'고만 적었다. 원효의 일생을 담은 가장 권위 있는 기록이라고 할 수 있는 경주 고선사 서당화상비에서도 중국 유학 이야기는 찾아볼 수 없다. 물론 애장왕(재위 800~809) 때 세운 서당화상비는 일부만 남아 있어 사라진 부분에 이런 내용이 실려 있을 가능성이 전혀 없지는 않다. 원효가 주석한 고선사는 경주 시내에서 감포로 넘어가는 토함산 어귀에 있었다.

원효가 깨달음을 이룬 곳이 어딘지는 당연히 학계는 물론 일반 독자들도 궁금하다. 원효와 의상이 신라의 수도 서라벌을 떠나 배를 타고자 향했던 곳은 경기도 화성시 당성(唐城) 언저리로 보고 있다. 당항성(黨項城)이라고도 불린다. 화성시청이 있는 남양읍의 서쪽으로, 평택시흥고속도로 송산마도 나들목에서 전곡항으로 가는 중간쯤이다. 한성백제 시대에는 백제 땅이었지만 장수왕이 475년 한성을 점령하면서 고구려 땅이 됐다. 진흥왕이 551년 한강 유역을 차지하면서 다시 신라영토가 됐다. 신라가 중국과 직접 교섭할 수 있는 통로를 확보한 것이다. 삼국통일의 결정적 바탕이 된다.

신라가 대(對)중국 전진기지를 한강 하구가 아닌 남양만 일대에 건설한 것은 고구려 수군을 의식했기 때문일 것이다. 같은 이치로 남쪽의 태안반도에서 발진하는 백제 수군의 영향에서 벗어나야 한다는 조건도 충족시켜야 했다. 한양대 박물관의 발굴 조사 결과 당성은 해발 165m의 구봉산 정상부를 중심으로 시대를 달리하는 테뫼식과 포곡식을 결합한 산성이라는 사실이 밝혀졌다. 테뫼식이 산 정상을 중심으로 둘러쌓았다면 포곡식은 능선을 따라 쌓은 성이다. 학계는 삼국시대 처음 쌓은 테뫼식 산성을 통일신라가 포곡식 산성으로 규모를 키운 것으로 보고 있다.

당성에 오르면 발굴조사에서 수습한 옛 기와가 여기저기 무더기로 쌓여 있는 모습을 볼 수 있다. 사방이 거칠 것 없이 트여 있는 꼭대기에 오르면 망해루(望海樓)로 추정되는 집터가 있다. 삼국시대 지휘소 장대를 고려시대 누각으로 고쳐 지은 것이다. 땅속에서 시대를 달리하는 흙 말 17개가 나왔다. 중국을 향해 큰 바다를 건너가기에 앞서 안전을 기원하는 제사를 지낸 흔적이다.

고려 말의 대학자 목은 이색도 당항성을 찾은 적이 있었나 보다. 목은은 「남양부 망해루기」에서 "시야가 트인 곳에 누대(樓臺)를 세우고, 바다를 바라본다는 뜻으로 망해루라 이름지었다"고 했다. 망해루 터에서 주변을 둘러보다가 질이 나쁘지 않은 고려청자 사금파리를 주웠다. 고려시대라고 아무나 청자를 쓸 수 있었던 것은 아니다. 더구나 군사기지였으니 중요한 손님에게만 청자로 대접했을 것이다. 목은이 망해루에서 기울이던 술잔이 아니라는 법도 없겠다는 생각을 하며 혼자 웃었다.

지금 당항성에서 바다까지는 제법 멀어 보인다. 하지만 통일신라 시대 당은포, 곧 당항진이라는 항구는 멀지 않았을 것이다. 간척 사업 이전에는 산성 바로 아래로 바닷물이 드나들었을 수도 있다. 원효가 깨달은 장소로 『송고승전』이 언급한 해문도 당항성에서 멀지는 않았을 것이다. 이 언지리에서 원효는 돌아섰고, 의상은 당나라 가는 상선에 올랐다. 의상이 마산포에서 배에 탔다는 주장도 있다. 당은포든 마산포든 당항성의 부속 항구라는 사실은 다르지 않다.

망해루 터에서 보이는 마산포는 임오군란 이후 흥선대원군이 청나라로 끌려간 항구다. 이때까지도 중국을 잇는 뱃길로 명맥이 유지됐다는 뜻이다. 지금은 시화방조제에 가로막혀 농촌이 됐다.

일각에서는 당성이 통일신라의 사행로인 것은 맞지만 7세기 당항성이 곧 화성 당성이라고 할 수는 없다는 주장도 있다. 당나라 무장 유인궤가 668년 당항진에 도착해 고구려 원정에 참여하는데, 이때 문무왕은 한산주로 김인문을 보내 합류케 했다. 곧 신라군과 당나라군이 한강 언저리에서 만났다는 뜻인데 유인궤가 군이 당성까지 내려갔다가 다시 북상할 이유가 없다는 것이다. 당항진이 서울 삼전도 일대였다는 주장이다. 그렇다면 당항성은 풍납토성이나 몽촌토성이라는 뜻일까.

2. 원효대사가 깨달음 얻은 화성 당성

서울 풍납토성, 공주 웅진성, 공주 부소산성은 모두 바다로 이어지는 강변에 자리 잡았다. 백제가 해상 활동이 활발했던 세력임을 보여준다. 온조와 함께 남하한 비류가 바닷가인 오늘날의 인천에 자리 잡은 것도 그렇다. 그러니 풍납토성 주변 한강에는 당연히 한성백제의 포구가 있었을 것이다. 하지만 신라는 방어에 취약한 풍납토성 대신 이성산성을 쌓고 하남 방면으로 물러앉았다. 고구려가 한강 하구 제해권을 확보하고 있었다면 지금의 서울 주변은 해상 활동에 무용지물이다. 신라가 화성을 일찌감치 대중국 전진기지로 삼은 것도 이해가 가는 일이다.

3. 하회 탈놀이와 줄불놀이의 '깊은 뜻'

안동 하회마을을 찾아 나룻배를 타고 낙동강을 건넌 뒤 부용대에 오른 적이 있다. 강변을 내려다보니 산수화의 한 장면처럼 고라니 한 마리가 목을 축이고 있었다. 유서 깊은 마을을 다시 찾은 것 그 자체로 즐거웠는데, 자연의 선물까지 받은 기분이었다. 이후 친구들과 만나는 자리에서 하회마을 이야기가 나오면 "낙동강 강가에서 뛰어노는 고라니 본 사람 있나"하고 큰소리치곤 한다.

굳이 설명할 필요도 없지만, 경북 안동 하회마을은 조선시대를 대표하는 양반가의 하나인 풍산 류(柳)씨 집성촌이다. 고립된 양반공동체의 독특한 모습이 잘 남아 있는 하회마을은 2010년 유네스코 세계문화유산에 등재됐다. 북촌의 양진당과 남촌의 충효당을 중심으로 류씨 집안 중심의 양반 가옥이 줄지어 들어섰다. 주변으로 초가를 비롯해 상대적으로 허술해 보이는 집들도 제법 보이는 것은 유서 깊은 양반공동체일수록 유지하는 데는 양반 아닌 사람이 더 많이 필요했기 때문이다.

하회마을은 낙동강이 휘감아 도는 곳에 절묘하게 자리 잡았다. 남쪽 화산 너머 병산서원은 조선시대 평생교육기관이자 정치적 공간으로 양반네 삶의 일단을 보여 주어 하회마을과 짝을 이룬다. 뛰어난 건축적 아름다움을 자랑하는 병산서원 역시 2019년 세계문화유산에 올랐다. 강원도 산간에서 발원해 경상도 북부지역을 휘돌다 막 하회를 지난 낙동강이 병풍처럼 가파른 산을 깎아내어 병풍을 방불케 하는 지형을 이루었다. 그 건너에 산수와 잘 어울리도록 서원을 지은 것이다.

하회에는 별신굿 탈놀이라는 또 하나의 유네스코 세계유산이 있다. 하회 탈놀이를 포함한 18개 종목으로 이루어진 '한국의 탈춤'은 2022년 유네스코 인류무형문화유산에 등재됐다. 양주별산대놀이, 통영오광대, 고성오광대, 강릉관노가면극, 북청사자놀음, 봉산탈춤, 동래야류, 강령탈춤, 수영야류, 송파산대놀이, 은율탈춤, 가산오광대, 속초사자놀이, 퇴계원산대놀이, 진주오광대, 김해 오광대, 예천 청단놀음이 망라됐다. 개인적으로 하회별신굿 탈놀이는 전국의 탈춤을 한데 엮을 것도 없이 단독으로 유네스코 인류무형문화유산에 신청했어도 등재되고도 남을 가치가 있다고 생각한다.

유네스코 무형문화유산위원회는 등재 결정 당시 '한국의 탈춤'이 강조하는 보편적 평등의 가치와 신분제에 대한 비판이 오늘날에도 여전히 의미가 있는 주제라는 것을 높이 평가했다고 한다. 잘 알려진 것처럼 탈춤의 본질은 지배 계층에 대한 풍자와 해학이다. 그럼에도 봉건적 신분 질서를 어느 고장보다 완고하게 유지한 대표적 양반마을이 탈놀이 본산으로 자리 잡은 것은 매우 흥미롭다.

가면 축제는 전 세계적으로 분포한다. 하회탈춤에도 보이는 일종의 '거꾸로 타임'이 이런 축제의 핵심이라고 할 수 있다. 석가모니 생전 인도에도 비슷한 축제가 있었다는 사실을 『법구경』을 해설한 책에서도 읽은 적이 있다. 피지배층에게 억눌린 감정을 발산할 기회를 주지 않으면 사회적 불안이 심화한다는 경험을 축적한 지배층이 고안한 일종의 안전장치라는 것이다. 피지배층이 주체가 된 놀이처럼 보이지만, 실제로는 지배층이 조종하니 '바보들의 축제(Feast of Fools)'라고도 불린다. 신분 질서가 강력하게 작동하는 사회일수록 안전장치의 필요성은 더욱 커졌을 것이다.

우리나라의 탈춤은 대부분 상업이 발전한 도시이거나, 도시의 상업지역에서 번성했다. 송파·양주산대놀이와 동래·수영야류, 통영·고성·가산오광대가 그렇고, 북한 지역 봉산·강령·은율탈춤이 그렇다. 농업지역 양반마을인 하회의 탈놀이는 뚜렷한 예외다. 하회에서 벌어진 탈놀이는 관광객들에게 양반마을이라는 볼거리를 넘어 당시의 신분 질서라는 생각할 거리를 제공해 주는 수준 높은 역사 문화 자원이다. 이것이 하회 탈놀이가 인류무형문화유산에 단독 등재될 수도 있는 이유가 된다고 생각한다.

연장선상에서 하회에는 유네스코 세계유산이 되고도 남을 또 하나의 문화 자원이 있다. 바로 낙동강에서 벌어지는 하회선유줄불놀이다. 관광객들은 부용대 절벽에서 낙동강을 가로질러 떨어지는 불꽃의 장관을 만끽할 수 있다. 줄불놀이는 경북 일대의 세계유산 등재 문화유산을 중심으로 해마다 펼쳐지는 '세계유산축전'의 피날레를 장식하는 이벤트로도 자리 잡았다.

오늘날의 불꽃놀이에 해당하는 전통시대 낙화(落火)놀이는 하회마을의 전유물은 아니다. 민속학계에서는 불놀이, 이른바 화희(火戱)를 두고 인간이 불을 소유함에 따라 권력화하고, 한편으로 놀이화하는 양상을 보여 준다고 설명한다. 경기 여주와 양주, 충북 청주·보은·음성과 충남 공주, 경남 함안·고성·창원, 전북 무주에도 남아 있으니 전국적으로 전승된 민속이라고 할 수 있다.

낙화놀이 자체는 전국적이지만, 하회에서는 역시 조금 다른 양상을 보인다. 다른 지역의 낙화놀이가 마을 구성원이 불꽃놀이를 즐기는 '공동체 화합'에 의미를 둔다면, 하회줄불놀이는 오늘날의 개념으로 '놀이를 매개로 한 계층 간 화합'에 근본적인 목적을 두고 있다.

그런 점에서 별신굿 탈놀이와 세트를 이루는 줄불놀이는 하회 지배 계층이 구사한 고도의 '통치 기법'을 보여 준다고 할 수 있다.

하회 동신(洞神)은 의성 김씨 17세 소녀라고 한다. 보통 때는 동제 나 제사라는 이름으로 지내는데 5년이나 10년 터울로 한 차례씩 별 신굿을 가졌다. 별신굿을 지내려면 산주(山主)가 섣달 보름에 신당에 서 강신을 빌고 신의 뜻을 물어 신탁이 내리면 마을에 알리고 굿 준 비를 시작한다. 마을의 지배층과 피지배층의 갈등이 최고조에 올랐 을 때 이를 푸는 수단이 별신굿 탈놀이였다는 해석이 가능하다. 하회 의 지배층은 피지배층과 갈등이 고조된 시점에 따라 겨울이면 정월 대보름 별신굿 탈놀이, 여름이면 칠월칠석날 줄불놀이로 마음을 풀 어주려 했던 것이 아닐까 싶다.

오늘날에는 '하늘을 날아가는 아름다운 불꽃'에 특별한 의미가 부 여되는 하회 줄불놀이다. 하지만 놀이는 줄불에 그치지 않고 뱃놀이, 낙화놀이, 달걀 불놀이로 다양하게 구성됐다. 하회 양반들의 목적에 충실한 것은 줄불놀이와 달걀 불놀이였다. 낙동강 길이보다도 당연 히 길어야 했을 여러 가닥 줄불을 만들려면 상당한 시간과 노력이 필 요했다. 그렇게 만든 줄불을 낙동강을 가로질러 거는 것은 더욱 쉽지 않은 일이었다. 하회의 지배자들은 마을의 피지배자들에게 상당한 대가를 지불하고 별신굿과 줄불놀이를 맡기지 않았을까 싶다. 양식 이 됐든 노임이 됐든 이것이 겨울과 여름부터 시작되는 기근을 견딜 수 있게 만들어 주었을 것으로 짐작하게 된다.

요즘 '세계유산축전'에서는 달걀 불이 100개 남짓한 '바가지 불'로 대체되고 있다. 하지만 과거에는 수천 개의 달걀 불이 낙동강이 돌아 드는 마을 앞을 수놓았다고 한다. 일제강점기 때만 해도 줄불놀이가

26

있으면 안동 일대 양계장에서 달걀 품귀 사태가 빚어졌다는 이야기도 전한다. 하회마을 피지배층에게 줄불놀이는 일 년에 하루 달걀을 원 없이 먹는 날이었으니 매우 쓸모 있는 위안 행사였다. 탈놀이에 지배층 풍자와 해학이 없다면 평가가 높을 수 없듯 줄불놀이도 밤하늘을 수놓는 불꽃의 즐거움만 남고 '양반마을의 작동 원리'가 잊힌다면 의미는 덜할 수밖에 없다.

4. 강화도에 남은 고려 왕릉의 흔적

고려는 몽골의 침입에 맞서 1232년 수도를 개성에서 강화도로 옮긴다. 하지만 천도를 주도한 최씨 무신정권이 몰락하고, 몽골과 화의가 성립하자 1270년 강화경(江華京) 시대는 막을 내렸다. 고려가 강화를 수도로 삼은 38년 동안은 제23대 고종(1213~1259)과 제24대 원종(1260~1274) 재위 기간이다. 강화에는 고려의 궁궐과 성곽은 물론 고종을 비롯한 왕족 무덤이 곳곳에 남아 있다. 이 가운데 고려의 왕릉급으로 보이는 석실분은 모두 7기다. 4기는 묻힌 사람이 누구인지 알고 있다. 고종의 홍릉, 희종의 석릉, 강종비 원덕태후의 곤릉, 원종비 순경태후의 가릉이 그것이다.

『고려사』에 고려 태조 왕건과 그의 아버지 왕륭의 무덤도 강화에 이장했던 기록이 남아 있는 것은 흥미롭다. 강화 천도가 이루어진 해 『고려사』는 '세조와 태조의 재궁(梓宮)을 새로운 도읍으로 옮겼다.'고 적었다. 재궁은 무덤의 관이다. 왕륭은 송악, 곧 개성의 호족으로 궁예 휘하에 있었다. 훗날 고려의 정궁 만월대가 들어서는 개성 송악산 아래 발어참성을 쌓고, 왕건에게 성주를 맡겨 달라고 궁예에게 요청한 것도 아버지 왕륭이다. 왕건은 이런 아버지를 세조위무대왕(世祖威武大王)에 추존한다.

고려가 세조와 태조의 무덤을 강화로 옮긴 것은 점령군에 의한 훼손을 우려했기 때문이다. 창업주 2대의 시신을 인질 삼은 협박을 우려하지 않을 수 없었다. 강화로 옮긴 세조의 창릉과 태조의 현릉은 1243년(고종 30) 다시 한번 강화섬 내부의 개골동으로 이장한다. 풍수지리적 이유로 짐작한다. 세조와 태조의 무덤은 환도한 해 개경으로 돌아가 1276년(충렬왕 2) 제자리에 복장했다.

강화로 옮긴 창릉 터와 현릉 터가 궁금하지만, 주인이 알려진 무덤부터 돌아보는 것이 순서다. 제21대 희종(재위 1204~1211)은 횡포가 심한 실권자 최충헌을 제거하려다 오늘날의 영종도인 자연도에 유폐됐다. 제22대 강종(재위 1211~1213)은 제19대 명왕(재위 1170~1197)의 아들이다. 명왕이 최충헌에 의해 폐위된 1197년 아버지와 함께 강화도로 쫓겨났다. 다시 개경으로 소환된 강종은 최충헌의 옹립으로 왕위에 올랐지만, 2년 만에 죽어 아들 고종이 왕위를 물려받는다.

최충헌은 집권 기간 4명의 왕을 갈아치웠다. 강종비 원덕태후는 고종의 어머니다. 원종의 제1비 순경태후(1222~1237)의 아버지는 장익공 김약선이고, 어머니는 최충헌의 아들 최우의 큰딸이다. 순경태후는 1236년 충렬왕, 이듬해 딸을 낳고는 세상을 떠났다. 10대 중반에 불과했다.

왕릉을 둘러보기에 앞서 고려궁터를 먼저 찾으면 좋을 것이다. 지금 '고려궁지'라고 부르는 곳은 피난 수도의 정궁 자리다. 개경의 그것을 모범으로 삼았지만, 규모는 어쩔 수 없이 작았다. 강화 궁궐의 뒷산도 송악이라 부르고, 개경 만월대처럼 정문은 승평문, 동문은 광화문이라 지었다.

지금 보이는 고려궁터 정문은 승평문이라 편액되어 있지만, 최근 복원한 조선시대 건물이다. 승평문을 지나 내부로 들어가도 고려시대의 흔적은 전혀 찾을 수가 없다. 조선시대 이곳에 강화행궁이 들어섰고, 강화유수부도 자리 잡았다. 궁터 한복판에는 병인양요 당시 프랑스군이 저지른 약탈의 현장인 외규장각이 외롭게 복원되어 있고,

강화유수부의 명위헌과 이방청이 보일 뿐이다. 두 왕조가 중첩되어 있는 이 유적의 역사성을 어떻게 정리해 나갈지 고민스러워 보인다.

강화읍을 중심으로 북서쪽의 고려 왕릉은 고종의 홍릉이 유일하다. 다른 무덤은 모두 남서쪽에 몰려 있다. 홍릉은 봄이면 진달래꽃이 장관을 이루는 고려산 남동쪽 기슭에 자리 잡고 있다. 강화산성 서문으로 강화 읍내를 나선 뒤 강화고인돌체육관 못 미쳐서 좌회전해 들어가면 된다.

원래 홍릉은 다른 고려 왕릉처럼 3단의 축대를 쌓아 맨 아래서부터 제사를 지내는 정자각, 사람 형상을 한 조각, 그리고 봉분이 각각 배치되어 있었다고 한다. 하지만 지금은 정자각은 보이지 않고, 사람 형상의 돌조각 2구만 남아 있다. 전체적으로 왕릉다운 분위기는 많이 사라졌다.

다른 왕릉들은 진강산 남쪽 기슭에 있다. 읍내에서 찬우물고개를 거쳐 인천가톨릭대 쪽으로 가다 보면 원덕태후의 곤릉, 희종의 석릉, 순경태후의 가릉을 알리는 푯말이 차례로 나타난다.

조선 왕릉이 굴곡이 크지 않은 언덕에 의지해 들인 것과는 달리 강화의 고려 왕릉은 상당히 가파른 산 중턱에 조성했으니 오르기가 만만치 않다. 게다가 석실분이니 조성도 쉽지 않았을 것 같다. 왕릉이라는 사실이 오랫동안 잊혔기 때문인지 곤릉과 석릉은 길을 찾기도 쉽지 않다. 가릉 역시 좁은 농로를 따라 한참을 들어가야 하지만 상대적으로 찾기는 쉽다. 주차장에서 내려 조금만 걸으면 왕릉급 무덤 두 기가 나타난다. 앞의 무덤이 가릉, 뒤엣것이 능내리 석실분이다.

강화에서 세상을 떠난 왕비는 세 사람으로, 희종비 성평왕후(?~1247)의 소릉은 확인되지 않았다. 능내리 석실분이 성평왕후의 무덤일 가능성도 있다고 한다. 한편으로 발굴 조사 결과 능내리 석실분이 가릉보다 먼저 축조됐고, 위계도 높은 것으로 드러났다. 가릉으로 알려진 앞의 무덤이 성평왕후의 소릉이고, 능내리 석실분이 가릉일 수 있다는 주장이 학계에서 나오는 이유다.

인산리 석실분은 북쪽 고려산과 남쪽 진강산의 중간이라고 할 수 있는 퇴미산 남서쪽에 자리 잡았다. 인산저수지 서쪽 인산삼거리에서 산길을 1.3㎞쯤 올라가야 한다. 사륜구동차라면 석실분에서 500m 남짓 거리까지 접근할 수 있다. 인산리 석실분은 강화의 다른 고려 왕릉들보다 더 가파른 곳에 자리 잡았다. 다른 왕릉처럼 삼단 석축으로 조성됐을 무덤은 완전히 무너져 거대한 돌무더기를 방불케 한다. 다만 최상단의 석실이 원형을 상당 부분 유지하고 있는 것은 다행스럽다.

강화도 동쪽 해협 염하와 가까운 연리에도 고려 석실분이 있다. 인산리 석실분과 연리 석실분이 세조와 태조 무덤의 이장지였을 가능성이 제기되기도 한다. 물론 어느 것이 세조의 무덤이었고, 어느 것이 태조의 무덤이었는지는 알 수가 없다. 강화로 이장한 왕건과 왕릉의 무덤을 다시 옮겼다는 개골동은 찬우물고개 근처라고 한다. 하지만 개골동 왕릉터의 위치도 알 수 없다.

북한 개성의 현릉은 태조 왕건과 부인 신혜왕후 유씨의 합장릉이다. 북한의 국보이며 '개성역사유적지구'라는 이름으로 유네스코 세계유산에도 등재되어 있다. 1992년 사회과학원 고고학연구소 발굴 조사 이후 1994년 안팎을 새롭게 단장했다. 왕건의 부모 세조 왕릉과 위숙왕후 한씨의 무덤인 창릉은 개성 서쪽 서강변 영안성에 있다. 북한의 보존급 유적으로 지정되어 있다.

강화도의 고려 왕릉은 남북 관계의 긴장이 조금이라도 풀리면 우선적으로 공동 학술 조사를 벌여야 할 대상이 아닐까 싶다. 인산리 석실분과 연리 석실분의 주인이 누구였는지 밝혀내는 노력이 필요하다. 강화도에 남은 유일한 고려 왕릉인 고종의 홍릉도 지금처럼 초라한 모습에서 벗어나야 한다. 인산리 석실분 등을 원래 모습을 복원하는 데도 남북 협력은 필수적이다.

5. 세곡창고에 지어진 아산 공세리성당

　영화와 드라마에 자주 등장해 언제나 문전성시를 이루는 공세리성당은 아산호방조제와 삽교천방조제를 잇는 충남 아산군 인주면 공세리에 있다. 경기도와 충청도를 각각 대표하는 곡창인 안성평야와 내포평야가 둘러싸고 있다. 일대는 공세곶으로 불렸는데, 곶이란 바다로 내민 땅을 말한다. 이런 지형적 특성으로 조선시대 조창인 공진창이 있었다. 세금으로 걷은 곡식을, 뱃길을 이용해 도성으로 나르는 창고이자 포구였다. 공세리라는 땅이름도 여기서 유래됐다.

　내포란 일반적으로 충남 서쪽 가야산 안팎의 10개 고을을 지칭한다 태안, 서산, 당진, 홍주, 예산, 덕산, 결성, 해미, 신창, 면천이 여기 해당한다. 그런데 가톨릭교회는 아산, 온양, 신창, 예산, 대흥, 면천, 당진, 덕산, 해미, 홍주를 상부 내포로, 태안, 서산, 결성, 보령, 청양, 남포, 비인, 서천, 한산, 홍산을 하부 내포로 부르기도 한다. 1861년(철종 12) 베르뇌 주교가 조선교회를 8개 본당으로 나누면서 다블뤼 주교와 랑드르 신부에게 지역을 나누어 맡도록 한 데서 비롯됐다고 한다.

　이 지역에서 천주교가 번성한 이유를 학계는 이렇게 설명한다. 바다와 평야를 끼고 있어 먹고사는 데 지장이 없고 각종 물산이 모이는 지리적 이점으로 상업 기능도 발달했다. 재산을 모은 양인이 늘고, 외지인과 접촉도 잦아짐에 따라 새로운 문물에 대한 지적 호기심이 높아졌다. 그러면서 '인간은 모두 평등하다'고 가르친 천주교 교리가 마음을 움직였을 가능성이 크다는 것이다.

조선은 천주교 탄압을 이유로 프랑스가 일으킨 1886년 병인양요 이후 「조불(朝佛)수호통상예규」를 조인한다. 천주교는 예규가 효력을 발생한 이듬해 공식적으로 조선에서 합법화됐다. 1894년이 되면 조선의 천주교 신자는 2만 명 남짓이었고, 이 가운데 3천755명이 충청도 지역에 살았다는 기록이 있다. 당시는 파스키에 신부와 퀴를리에 신부가 신창과 덕산을 본당으로 충청도 동북쪽과 서남쪽을 각각 맡고 있었다. 신창과 덕산은 오늘날 각각 아산 땅과 예산 땅이 됐다.

당시 충청도에는 53곳의 천주교 공소가 있었는데, 공세리 골뫼마을도 그 하나였다. 이 마을에는 박해 이전부터 교인이 몰려 살았는데, 이곳을 새로운 신앙의 거점으로 점찍은 파스키에 신부는 조선을 떠나기 전 조선교구장 구스타브 뮈텔 주교에게 다음과 같은 내용의 사목보고서를 보낸다.

해변에 위치하고, 또 두 개의 큰 강이 삼각주를 이루는 지류 사이에 있는 이 마을은 땅이 매우 비옥하여 논농사가 잘됩니다. 마을 앞에는 아름다운 언덕이 있는데, 그것은 10리 떨어진 곳의 아산읍을 굽어보는 높은 산맥의 끝부분입니다. 언덕의 정상은 성벽으로 둘러싸여 있는데, 일찍이 그 안에 정부의 곡식 창고가 있었으나 지금은 황폐화되고 말았습니다. 저는 그 높은 곳에 아름다운 성당을 세우면 멋질 것이라는 생각을 여러 차례 했습니다.

파스키에 신부의 꿈을 현실로 만든 이가 드비즈 신부다. 그는 이후 34년 동안 공세리에서 사목 활동을 한다. 성일론(成一論)이란 한국 이름을 가진 드비즈 신부는 1871년 프랑스 아르데슈에서 태어났다.

1894년 사제 서품을 받고 조선에 들어와 이듬해 공세리본당 초대 주임신부가 됐다.

공세리는 조선시대 공세지로 불렸다. 1523년(중종 18) 80칸 규모의 창고가 들어섰지만 1762년(영조 18) 공진창이 폐지됨에 따라 무용지물이 됐다. 조창은 폐지됐지만 여전히 국유지였다. 매매가 금지됐지만, 한국교회사연구소의 최석우 몬시뇰에 따르면 당시 편법이 통하는 탐관오리가 없지 않아 사들일 수 있었다고 한다. 이후 문제가 됐음에도 드비즈 신부는 "정부가 관리를 잘못한 책임을 교회가 질 수는 없다"는 논리로 버텼고, 결국 토지 소유권을 인정받게 됐다는 것이다.

젊은 사제는 1897년 한옥식으로 성당, 사제관, 부속건물을 세웠고 1921년 지금의 모습으로 다시 성당을 지었다. 드비즈 신부의 아버지는 건축가였다. 드비즈 신부도 어린 시절부터 건축에 관심이 많았기에 아름다운 공세리성당을 설계할 수 있었을 것으로 짐작할 수 있다. 그는 공세리성당 말고도 샬트르 성 바오로 수녀원 성당과 수원성당, 그리고 서울 혜화동성당도 설계했다.

공진창의 규모는 컸다. 조선시대 초기 충청도 서해안 지역에서 세금으로 걷은 곡식은 경양포, 공세곶, 범근내에서 수집해 세곡선에 실었다. 고려시대 하양창이라 불린 경양포는 안성천 하류의 평택 팽성에 있었다. 범근내는 삽교천의 다른 이름인데, 세곡 창고는 당진 면천에 있었다고 한다.

『세종실록지리지』(1454)에는 각 조창이 세곡을 걷은 지역적 범위가 적혀 있는데, 경양포는 직산과 평택 뿐으로 조창으로써의 기능이 매우 제한적이었음을 알 수 있다. 반면 공세곶은 청주, 목천, 전의,

은진, 연산, 회덕, 공주, 천안, 문의 등 충청도 지역 15개 고을을 관할했다. 범근내에는 서천, 한산, 남포, 보령, 홍주, 청양, 태안, 서산, 예산 등 16개 고을 세곡이 한데 모였다고 한다.

공세리 조창 폐지 이후 주변 해안에서는 간척 사업이 활발하게 이루어졌다. 공세리성당을 찾으면 이곳이 과거 바닷물이 넘실거리는 바닷가였다는 사실을 알아차리기란 쉽지 않다. 드비즈 신부가 "이 마을은 땅이 매우 비옥하여 논농사가 잘된다"고 했던 것도 간척 사업의 결과였을 것이다. 천주교 탄압 이후 산골로 흩어졌던 신자들이 다시 모여든 것도 농토가 충분했기 때문이다.

공세리성당은 어느 계절이나 아름답지만 낙엽 지며 느티나무 이파리 사이로 감춰졌던 성당 건물의 자태가 드러나는 가을이 가장 정감 있다. 절을 찾는 사람이 모두 불교 신자가 아니듯 공세리성당을 찾는 사람들도 모두 천주교 신자는 아니다. 성소(聖所) 특유의 분위기를 즐기려는 탐방객이 많다.

공세리성당은 거닐어 보는 것만으로도 위안을 줄 것이다. 나아가 차근차근 주변을 돌아보면 적지 않은 역사 공부가 된다. 서양의 고딕 건축 양식 성당이지만 입구에서부터 한국인들의 생활 습관에 이질감을 주지 않으려는 노력이 엿보인다. 성당으로는 드물게 신발을 벗고 들어간다.

지금의 성당이 드비즈 신부가 설계한 모습 그대로는 아니라고 한다. 1971년 3,000명 남짓으로 늘어난 신자를 수용하기 벅차지자 13대 주임 김동욱 신부가 북쪽 제대(祭臺)를 늘리는 방법으로 증축해 오늘의 모습이 되었다는 것이다. 공세리성당을 찾으면 옛 사제관을 개조한 박물관을 반드시 찾아봐야 한다. 순교의 역사를 포함한 이 지역

가톨릭교회의 흐름을 제대로 알 수 있다.

조창 흔적을 살펴보는 것도 필수적이다. 성당으로 오르는 길옆에는 조창이었다는 사실을 알려주는 표석이 있다. 작은 글씨로 길게 적혀 있는데, 한 번쯤 읽어 보는 것이 좋겠다. 성당의 주 출입구인 주차장 서쪽에서 조금만 바다 쪽으로 내려가면 언덕 주변에 옛 성벽의 흔적이 보인다. 아래 밭에는 조창 시절 밥그릇이나 국그릇으로 썼음 직한 조선시대 막사발 조각이 흔하게 굴러다닌다.

공세리성당에서 아산 쪽으로 나가는 길가에는 치성(雉城)처럼 보이는 본격적인 성벽의 흔적이 남아 있다. 그 아래 조선시대 비석이 줄지어 세워져 있는데, 해운판관 선정비다. 해운판관이란 조창을 순회하며 세곡 선적을 감독하고 경창까지 무사히 수송하도록 독려하는 관리였다고 한다.

6. 조선 중화사상의 본향 괴산 화양구곡

충청북도 괴산군 청천면의 화양동계곡은 선계(仙界)가 아닌가 싶을 만큼 아름답다. 일대는 국립공원이자 국가 지정 자연문화유산인 명승이다. 더불어 조선 중기 정치와 사상을 좌지우지한 우암 송시열 (1637~1689)의 흔적이 곳곳에 남아 있는 역사 유산의 보고이기도 하다. 송시열이 이끈 조선 성리학의 이념을 다양한 방법으로 형상화해 놓은 일종의 거대한 상징물이라고 해도 좋겠다.

화양동의 송시열 유적이라면 만동묘(萬東廟)와 흥선대원군의 일화를 기억하는 사람이 없지 않을 것이다. 만동묘는 송시열의 뜻에 따라 임진왜란 때 원병을 보낸 명나라의 신종과 마지막 황제 의종을 제사지내고자 제자 권상하가 1704년(숙종 30) 지은 사당이다. 전해지는 일화의 하나는 흥선대원군이 부축을 받으며 만동묘 계단을 오르다 묘지기의 발길에 차여 나동그라졌다는 것이다.

수모를 당한 대원군의 이야기는 이렇게 이어진다. 아들 고종이 왕위에 오르고 권력 기반이 확고해지자 만동묘의 제사를 철폐하라는 명령을 내리는 것으로 복수했고, 우암을 제향하는 화양서원을 포함해 650개 남짓하던 서원을 대부분 훼철하고 47개 사액 서원만 남겨두었다는 것이다.

서원은 초기 긍정적 기능을 발휘했지만 갈수록 지연·학연·당파의 거점으로 자리 잡으면서 병폐가 커졌다. 화양서원과 만동묘는 조선 후기 권력을 독점한 서인의 정치적 성지(聖地)였다. 그러니 묘지기의 눈에도 파락호 시절의 대원군이 보일 리 있었겠느냐고 만동묘 일화는 되묻고 있다.

그런데 실제로 화양동을 찾아 만동묘에 오르다 보면 그렇게 나동
그라진 대원군이 어떻게 되었을까 문득 궁금해진다. 만동묘 계단은
비정상적일 만큼 경사지고, 발을 딛는 바닥도 아주 좁다. 그러니 엉
거주춤 게걸음으로 오르내릴 수밖에 없다. 풍수지리적 설계라는 주
장도 있지만, 참배자에게 경건한 자세를 요구하고자 의도적으로 이
렇게 만들었다는 설명이 조금 더 그럴듯하다.

계단은 위험스러울 만큼 가파르다. 이런 데서 발길에 차여 굴러떨
어진다면 최소한 중상이고 고령자나 약골이라면 초상을 치르지 않으
면 다행일 지경이다. 그러니 대원군 일화는 실제 그랬다기보다 위험
한 계단에서 국왕의 종친(宗親)에게 묘지기가 발길질을 서슴없이 해댔
다는 이야기를 세상이 믿을 만큼 화양서원과 만동묘의 위세가 하늘
을 찔렀다는 우회적 표현이 아닐까 싶다.

국립공원관리공단 화양분소 앞 주차장에서 내리면 화양천을 따라
화양구곡이 본격적으로 시작된다. 송시열 유적까지는 1㎞ 남짓 걸어
올라가야 한다. 만동묘와 화양서원이 한데 모여 있다.

1870년 철폐된 만동묘는 대원군이 권좌에서 물러난 뒤 1874년
유림의 상소에 따라 부활했다. 하지만 일제는 1908년 조선통감의 명
령으로 만동묘를 철폐한 데 이어 1942년에는 건물을 헐어 괴산경찰
서 청천면주재소를 짓는 건축 자재로 썼다고 한다. 묘정비(廟庭碑)를
비롯한 석물만 남았던 화양서원과 만동묘는 최근 상당 부분 옛 건물
을 복원했다. 그런데 만동묘정비에 다가서면 새겨 놓은 글자들을 알
아볼 수 없도록 쪼아낸 흔적을 볼 수 있다. 일제가 훼손했다고 한다.
조선과 명나라 군사가 힘을 합쳐 임진왜란을 일본의 패배로 귀결지

은 데 대한 화풀이였을 것이다.

「화양구곡」은 주희(朱熹)의 「무이구곡(無夷九曲)」을 본받은 것이다. 조선은 주희, 곧 주자(朱子)의 성리학을 이념 기반으로 창건한 나라다. 주희는 한때 중국 복건성(福建省) 무이곡(無夷曲)에 은거하면서 무이정사(武夷精舍)를 짓고 후학을 가르쳤다. 더불어 무이산 아홉 굽이에 각각 이름을 붙이고는 「무이구곡가」라고도 불리는 「무이도가」를 지었다. 회재 이언적이 경주 양동마을에 지은 독락당과 사산오대도 주희를 모범 삼았다. 퇴계 이황은 「도산십이곡(陶山十二曲)」을 남겼는데, 이 또한 주희가 「무이정사잡영 병서(武夷精舍雜詠幷序)」에 12편의 시를 남긴 것과 관계가 있다. 제자들은 「도산십이곡」을 「도산구곡」으로 정리해 무이구곡에 비견하기도 했다. 율곡 이이 역시 황해도 해주 석담에 은거할 때 은병정사를 짓고 주변의 자연을 고산구곡이라 했다.

화양구곡은 이런 전통을 따른 것이다. 송시열은 청나라가 명나라를 멸망시킴에 따라 중국에서는 끊어진 주자의 학문적 정통성을 조선이 이어간다는 자부심을 가졌다. 그는 삼전도 치욕 이후 청나라를 친다는 북벌론을 주창하기도 했다. 하지만 가능성이 희박해지자 중원을 회복하지 못하는 남송을 안타까워하며 무이곡에 은거한 주희의 심정으로 화양동에 자리 잡았다는 것이다.

화양동계곡을 두고 실학자 이중환은 『택리지』에서 '금강(金剛) 이남의 제일산수'라는 찬사를 보내기도 했다. 송시열에 앞서 이황도 이곳을 찾았다가 산수의 아름다움에 반해 아홉 달을 머물렀다고 한다. 이황은 이곳을 선유구곡이라 했는데, 송시열의 「화양구곡」과는 명칭의 상당 부분을 공유한다. 그래서인지 「화양구곡」을 확정한 사람이 우암이 아닐 가능성도 적지 않다는 주장이 나오기도 한다.

화양동 연혁을 기록한 『화양지』는 화양동이 '청주 청천현 동쪽 20
리 낙양천 중에 있다.'고 적었다. 송시열이 1666년(현종 7)부터 사약
을 받고 세상을 떠나기 전 해인 1688년(현종 14)까지 23년 동안 한
해 몇 달 동안은 화양동에 머물렀다는 사실도 알려준다. 그러고 보면
화양동이나 낙양천이라는 이름도 송시열식 존주대의(尊周大義)의 분위
기가 짙다. 화산(華山) 남쪽의 화양은 주나라 무왕이 은나라 주왕을 쳐
서 무공을 세웠다는 고사가 있고, 낙양은 한·위·수·당나라의 수도
였다.

화양서원에서 조금만 올라가면 화양천 건너에 작은 집이 있다. 송
시열이 무이정사를 본받아 지은 암서재다. 송시열은 「화양동 바위 위
의 정사에서 읊음(華陽洞巖上精舍吟)」이라는 시를 남겼다.

시냇가에 바위 벼랑이 널찍해
그사이에 집을 지었네.
조용히 앉아 경전이 가르치는 대로
잠시 동안이라도 따르려 애쓰네.

溪邊石崖闢(계변석애벽)
作室於其間(작실어기간).
靜坐尋經訓(정좌심경훈)
分寸欲躋攀(분촌욕제반).

암서재의 분위기 그대로다.

「화양구곡」의 제6곡인 첨성대 주변 바위에는 새겨 놓은 글이 적지

않다. 대표적인 것이 명나라 의종과 신종의 '비례부동(非禮不動)'과 '옥조빙호(玉藻氷壺)', 선조와 숙종의 어필(御筆) '만절필동(萬折必東)'과 '화양서원'이다. 다분히 정치적 의도가 엿보이는 필자 선정과 글 내용이다.

'예(禮)가 아니면 행하지 말라'는 비례부동과 '옥처럼 맑고 투명한 마음'을 가리키는 옥조빙호는 성리학의 가르침이라고 한다. 만절필동은 '강물이 일만 번을 굽이쳐 흐르더라도 반드시 동쪽으로 흘러간다'는 뜻이다. 충신의 절개를 꺾을 수 없음을 비유할 때 쓰는 고사성어다. 명나라에 대한 의리를 저버리지 않겠다는 우암의 뜻이다. 만동묘라는 이름도 여기서 따왔다. 바다가 동쪽에만 있는 중국이다. 강물이 결국은 동쪽으로 흘러 나간다는 인식부터가 중화주의적이다. 이런 설명을 들으면 아이들은 삼면이 바다인 나라에서 도대체 무슨 소리냐는 표정을 짓게 마련이다. 어른들도 조금은 착잡한 마음이 된다. 화양동계곡은 분명 다른 느낌을 주는 조상의 유산이다.

한양도성에는 비슷한 성격의 대보단(大報壇)이 있었다. 역시 명나라 신종의 제사 공간으로 1704년 숙종의 제안에 따라 창덕궁 금원 옆에 설치했다. 노론은 사당 건립을 주장했지만 소론은 정치적 의도를 의심했다. 노론과 소론의 의견이 갈리고 청나라의 반발도 의식하면서 단(壇)의 형식으로 결정됐다고 한다. 대보단은 가평 조종암에도 세워졌으니 서인의 정치적 상징물이었다.

7. 서긍 『고려도경』과 군산 선유도 유적

군산(群山)이라는 땅이름에는 "산이 한데 모여 있다"는 뜻이 있다. 현재의 군산은 주변 지형과 어울리지 않는다는 느낌을 준다. 남서쪽으로 50km 남짓 떨어진 선유도에 있던 군산진이 1426년(세종 8) 지금의 자리로 옮겨 왔기 때문이다. 그렇게 원래의 군산은 옛 고(古) 자가 더해진 고군산군도가 됐다. 군산여객선터미널에서 뱃길로 1시간 반 남짓 걸리던 선유도를 이젠 자동차로 편히 갈 수 있다. 세만금방조제가 신시도와 아미도를 지나면서 무녀도 · 선유도 · 대장도를 잇는 다리가 지어졌다. 새만금 개발의 가장 큰 수혜자는 고군산군도 주민들이 아닐까 싶다.

불과 얼마 전까지 먼바다에 떠 있던 고군산군도의 선유도가 한때 대중국외교의 전초기지 역할을 했다는 사실은 잘 알려지지 않았다. 고려와 북송의 외교와 교역은 애초 산둥반도(山東半島)와 대동강 하구를 거쳐 예성강을 잇는 북로(北路)로 이루어졌다. 하지만 거란이 북방을 휩쓸자 고려와 북송(北宋)은 1074년(문종 28) 남쪽의 명주에서 서해를 건너 흑산도-군산도-마도-자연도-예성항을 잇는 남로(南路)를 이용하게 된다. 외교사절 접대에 필요한 각 거점의 시설도 이때부터 본격적으로 마련됐을 것이다.

북송 휘종(徽宗, 재위 1100~1125)은 1123년(인종 1) 노윤적(路允迪)과 부묵경(傅墨卿)을 정(正) · 부사(副使)로 고려에 국신사(國信使)를 파견한다. 이 사절단에는 당대 글씨와 서화에서 모두 높은 평가를 받던 서긍(徐兢)이 수행원으로 참여했다. 이때 서긍이 글과 그림으로 남긴 일

종의 사행 보고서가 흔히 『고려도경』이라 불리는 『선화봉사고려도경
(宣和奉使高麗圖經)』이다. 북송 사절단을 태운 배가 군산도에 들어오는
장면을 묘사한 『고려도경』의 한 대목을 보자.

아침 밀물을 타고 항해하여 군산도에 정박했다. 열두 봉우리의
산이 잇닿아 성과 같이 둥그렇게 둘러 있다. 배 여섯 척이 맞이하는
데, 무장한 병사들을 태운 채 징을 울리고 호각을 불며 호위했다. 따
로 작은 배에 탄 초록색 도포 차림의 관리가 홀(笏)을 바로 잡고 배
안에서 읍(揖)했다.

배가 섬으로 들어가자 100명 남짓 연안에서 깃발을 잡고 늘어서
있었다. 동접반(同接伴)이 편지와 함께 아침상을 보내왔다. 정·부사
가 국왕선장을 보내니 접반이 배를 보내 군산정으로 올라 만나주기
를 청했다.

국왕선장이란 사신이 국왕과 만나기에 앞서 자신들이 도착했음을
알리는 통고문이다. 동접반은 외교사절단을 맞이하는 총책임자, 접반
은 실무책임자다. 당시 동접반은 우리도 잘 아는 인물이었는데, 바로
『삼국사기』를 지은 김부식이다.

서긍은 『고려도경』의 조정 인물을 다룬 대목에서 '동접반 통봉대
부 상서예부시랑 상호군 사자금어대'라는 직함을 길게 나열하면서
김부식을 별도의 항목으로 중요하게 다루었다. "풍만한 얼굴과 큰 체
구에 얼굴이 검고 눈이 튀어나왔다"고 묘사하면서 '널리 배우고 많이
기억하여 글을 잘 짓고 고금의 일을 잘 알아 학사(學士)들의 신망을

누구보다 많이 받았다.'고 호평하고 있다.

환영 행사가 벌어졌을 군산정은 그림을 그리듯이 이렇게 설명하고 있다.

군산정은 바다에 다가서 있고 뒤에는 봉우리가 둘 있는데, 나란히 우뚝한 봉우리는 절벽을 이루고 수백 길이나 치솟아 있다. 문밖에는 10칸 남짓한 관아 건물이 있고, 서쪽 작은 산에는 오룡묘와 자복사가 있다.

서긍이 지칭한 군산정이 오늘날의 선유도에 있었음을 짐작게 한다. '두 봉우리'는 지금도 선유도의 상징과도 같은 망주봉이다. 당시에는 고군산군도를 이루는 섬을 통틀어 군산도라 불렸던 듯싶다. 고군산군도는 야미도 · 신시도 · 무녀도 · 선유도 · 장자도 · 방축도 · 관리도를 비롯한 63개 섬으로 이루어져 있다. 고려시대에는 수군 진영을 두어 군산진이라 불렀는데, 조선 세종시대 군산진을 육지로 옮기면서 땅 이름까지 가져갔다는 것이다.

무녀도에서 선유교를 건너면 선유도 남섬이다. 조금 더 달려 오른쪽으로 좁은 산길을 따라가면 선유도해수욕장이 펼쳐진다. 활 모양으로 크게 휘어진 해수욕장의 모래사장 너머 북섬 초입에 인상적인 모습의 벌거벗은 바위 봉우리 두 개가 시야에 들어온다. 망주봉이다. 가까이 다가가면 길가에 군산정과 관사, 자복사, 오룡묘, 숭산행궁이 있었음을 알리는 안내판이 세워져 있다.

망주봉 일대에서는 2011년 지표조사 이후 발굴조사가 이어지고 있다. 군산대박물관은 2014년 군산정 터를 확인하고 외교사절 접대에 썼음직한 최상급 청자와 기와를 수습했다. 학계는 군산정과 관사가 두 봉우리 사이의 남쪽, 자복사와 숭산행궁은 동쪽에 자리 잡았을 것으로 보고 있다.

망주봉 동쪽 기슭에 오룡묘가 남아 있는 것은 다행스럽다. 서긍이 "뱃사람들은 그것에 퍽 엄숙하게 제사를 올린다"고 했던 그대로 오룡묘는 고군산군도를 삶의 터전 삼은 사람들이 해신에게 제사 지내는 기능을 이어 오고 있다. 오룡묘에선 국신사 일행의 배가 정박했을 선유도 내해가 한눈에 내려다보인다. 오룡묘 뒤편에 있었을 자복사는 불교국가 고려의 관아 부속 사찰이었다.

군산정 앞바다는 서북쪽으로는 선유도의 북섬과 남섬, 남동쪽으로는 무녀도가 에워싸고 있다. 동쪽의 일부만 바다가 열려 있는데 그것도 신시도가 호위하듯 멀리서 가로막고 있다. 서긍이 '열두 봉우리의 산이 잇닿아 성과 같이 둥그렇게 둘러 있다.'고 묘사한 그대로다. 망주봉 일대 유적을 돌아보고 섬을 나서는 길에 선유교 건너 주차장에 잠깐 차를 세우고 주변 지형을 살펴보기를 권한다. 일대가 군사기지는 물론 먼바다를 건너온 외교사절에게 환영 행사를 베푸는 장소로 최적이라는 것을 알 수 있다.

숭산행궁의 존재를 놓고는 논란이 있다. 우리가 아는 행궁이란 왕이 궁궐 밖으로 행차할 때 머무는 별궁이다. 지역에서는 글자 그대로 고려시대 행궁이 있었을 것으로 믿는 분위기다. 서긍은 "큰 수풀 가운데 작은 사당이 있는데, 사람들이 말하기를 숭산신의 별묘라고 한다"고 했다. 학계는 숭산행궁이 숭산별묘를 가리키는 것으로 이해하기도 한다. 숭산은 개성의 진산인 송악을 가리킨다. "임금이 계신 곳을 그리워한다"는 망주봉의 작명 원리와 일맥상통한다.

서긍은 흑산도를 지나며 "옛날에는 이곳이 사신의 배가 묵는 곳이었다. 관사도 아직 남아 있다"면서도 "그런데 이번 길에는 정박하지 않았다"고 했다. 흑산도 관사는 1987년부터 2000년까지 목포대박물관의 세 차례 지표조사에서 흔적을 찾았다. 이후 전남문화재연구원이 2013년과 2014년 발굴조사를 벌여 건물터를 확인하고 기와와 청자, 희령통보 등 송나라 화폐도 수습했다.

군산정을 떠난 중국 사신의 환영 행사는 다시 마도 안흥정에서 열렸다. 마도라면 고려시대 침몰선이 다수 발견되어 수중고고학의 보고로 떠오른 태안 앞바다 섬이다. 안흥정이 세워진 것은 1077년(문종 31)이다. 자연도는 인천국제공항이 들어선 지금의 영종도다. 자연도에도 사신을 접대하는 경원정이 있었다. 우리에게 외교 유적이란 흔치 않다. 선유도가 사실상 육지가 되면서 높아진 망주봉 유적에 대한 관심이 흑산도·마도·영종도 유적의 실체 확인으로 이어졌으면 좋겠다.

8. 삼별초 항거한 진도 용장성과 명량

삼별초 항전지를 둘러보고자 전남 진도를 찾는다면 먼저 용장성으로 달려가는 게 순서다. 둘레가 12.85㎞에 이르는 용장성은 해상 보급로 역할을 했던 벽파진 및 삼별초 본진이 머무른 궁궐터와 용장사를 아우른다. 『신증동국여지승람』은 용장성이 3만 8,741척이라고 했으니, 3만 7,076척의 강화외성보다도 크다. 울돌목 쪽으로 솟은 선황산은 망루 역할을 톡톡히 해냈을 것이다.

궁궐터는 2009~2010년 목포대박물관 발굴조사로 전모가 드러났다. 경사지를 효율적으로 이용해 조성했는데 고려·몽골 연합군에 쫓기며 허겁지겁 지었다고 보기는 어렵다. 전각의 규모는 크지 않아도 계획적으로 조성한 왕궁터로 보인다. 고려왕조가 강화도를 임시수도로 몽골에 항전하면서도 만일의 사태에 대비한 재천도 계획이 일찍부터 있었던 것은 아닐까 짐작하게 된다.

궁궐터 왼쪽에 용장사가 있다. 고려시대 창건됐다지만, 지금 보이는 절집은 최근 것이다. 불교국가 고려는 관사 주변에 절을 함께 짓곤 했다. 용장사도 용장성에 궁궐을 지으며 조성했을 것이다. 극락전에는 고려시대 석불좌상이 모셔졌다. 아미타여래가 주존인 전각이지만 왼손에 약그릇을 들고 있으니 약사여래다.

용장사 아래 새로 지은 용장산성홍보관은 고려시대 삼별초 저항의 역사를 체계적으로 보여 준다. 발굴 조사에서 수습한 유물을 비롯한 전시 내용을 보면 삼별초의 역사를 어느 정도 이해할 수 있게 된다. 홍보관을 나서 계단식으로 오밀조밀하게 터를 닦은 왕궁터를 돌아보다가 상당히 질 좋은 고려청자 사금파리 한쪽을 주웠다. 삼별초 지도자가 쓰던 그릇이 아니었을까 싶다.

육지에서 용장성에 가려면 울돌목에 1984년 놓인 진도대교를 건너야 한다. 우리말 울돌목을 한자로 옮긴 것이 명량(鳴梁)이다. 외적을 격퇴하고자 울돌목의 빠른 물살을 이용한 우리 조상은 명량대첩에서 왜군에 대대적 승리를 거둔 이순신과 조선 수군에 그치지 않는다. 원나라의 침략에 맞섰던 삼별초 역시 바다가 익숙지 않은 몽골에 저항하며 자연조건을 최대한 활용했다.

배중손이 지휘한 삼별초는 1270년(원종 11) 6월 1일 고려 왕족인 승화후 온을 왕으로 옹립하고 새로운 왕조의 출범을 선포한다. 6월 3일에는 1,000척 남짓한 선박에 나누어 타고 강화도를 출발했으니 규모는 적지 않았다. 삼별초는 임진왜란 당시 명량대첩의 역사에도 등장하는 벽파진으로 진도에 상륙한 다음 용장산성을 닫아걸고 이듬해 5월까지 고려와 몽골의 연합군과 싸웠다.

삼별초는 교과서에 나오는 대로 좌별초·우별초·신의군으로 이루어진 군사 조직이다. 최씨 무신정권의 최우가 수도 개경의 야간 순찰과 방비를 위해 편성한 부대를 야별초라 부른 것이 시초가 됐다. 이후 병력이 늘어난 야별초를 좌별초와 우별초로 나누고, 대몽골항전이 시작되자 포로로 잡혀갔다 탈출한 병사들로 신의군을 편성했다. 삼별초는 도성 수비와 치안유지는 물론 친위대 임무도 수행했는데, 대몽항전 과정에서 혁혁한 공적을 남겼다.

이렇듯 삼별초는 국가 재정으로 군사를 양성하고 이들의 녹봉 또한 국고에서 지출한 만큼 고려의 공적 군대라고도 할 수 있다. 하지만 국가보다 권신에 예속된 사병 성격으로 정변이 일어날 때마다 무력 기반이 되곤 했다. 그 결과 삼별초의 항전을 두고는 고려에 침입한 몽골과 침략자에 복속을 선택한 왕조에 대한 반발이라는 긍정적 평가도 있는 반면 국왕을 허수아비로 만들고 국가를 좌지우지한 무신정권을 도와 일으킨 난(亂)에 불과하다는 시각도 있다.

진도는 제주도와 거제도에 이어 한반도에서 세 번째로 큰 섬이다. 진도를 돌아보면 섬답지 않게 상당한 규모의 농토가 곳곳에 있음을 알게 된다. 여기에 품만 들이면 먹거리를 제공해 주는 바다가 둘러싸고 있으니 어느 시대든 크게 풍요로운 것은 없어도 크게 아쉬운 것도 없는 고장이었을 것 같다.

고려가 몽골의 침략에 맞서 강화도로 천도한 것은 내륙 국가 군대가 수전(水戰)에 약할 것이라는 판단 때문이었다. 실제로 고려왕조는 몽골의 침략이 시작되자 산성과 섬에 들어가 싸우는 이른바 입보 전략을 폈다. 산으로 갔던 사람들도 더 이상 버티기 어려워지면 다시 섬으로 옮겨 가는 양상을 보였다. 그런 점에서 진도는 장기 항전에 최적의 여건을 갖추었다고 해도 좋겠다.

최씨 정권은 경상도의 사천, 진주, 하동, 남해와 전라도의 군산, 화순, 보성, 강진, 순천, 진도 일대를 거대한 영지(領地)로 삼고 있었다. 한반도의 곡창지대를 망라한 꼴이다. 울돌목은 경상도나 전라좌도 세곡선이 개경이나 강화로 가려면 반드시 거쳐야 하는 길목이었다. 고려 조정의 시각에선 '진도를 점령한 반란군'이란 그 자체로 국가 재정에 엄청난 손실을 입히는 존재였다. 반대로 삼별초엔 적의 침입을 막는 방어선이자 세곡선을 확보하는 요충이었다.

최씨 무신정권이라고 하면 최충헌, 최우, 최항, 최의 4대가 이어서 집권한 1196년(명종 26)부터 1258년(고종 45)까지를 일컫는다. 이 기간 명종, 신종, 희종, 강종, 고종이 왕위를 잇기는 했지만 최충헌이 명종과 희종을 폐위시키는 등 모든 권력은 사실상 한 사람에게 집중되어 있었다.

최씨 무신정권의 3대 실력자인 최항과 진도의 인연은 흥미롭다. 어린 시절 이름이 만전이었던 최항은 순천 송광사에서 출가해 화순 쌍봉사 주지를 지내다 아버지 최우의 명으로 환속했다. 그런데 『고려사』에는 "최우의 아들인 승려 만전이 진도의 한 절에 머물고 있었다"는 기록도 있다. 불교국가에서 승려란 정치인과 동의어였다. 순천이나 화순, 진도는 모두 최씨 정권의 소유물이었다. 최항이 진도를 주무대로 전라도는 물론 경상도에서 나오는 이익을 모두 챙긴 결과 후계자로 부상한 것은 아닐까 추측하게 한다. 그러니 진도는 무신정권의 '강화도 이후' 항전지로 최적이었다.

용장산성 궁궐터에서 벽파진은 자동차를 타고 명량해협, 곧 울돌목이 있는 북쪽으로 10분쯤 달리면 나타난다. 벽파진 언덕에는 1956년 세워진 '이충무공 벽파진 전첩비'가 우뚝하다. 그 아래 최근 복원한 벽파정이 바다를 바라보고 있다. 벽파정은 1207년(고려 희종 3) 처음 지었다. 서울을 비롯한 수도권에서 찾아가려면 멀게만 느껴지는 울돌목이다. 벽파정에 앉아 명량해협을 바라보고 있으면 고려시대에도 조선시대에도 국난의 현장이었다는 사실이 착잡하기만 하다.

삼별초가 왕으로 추대한 승화후 온의 것으로 전하는 무덤은 진도 읍내를 지나 운림산방으로 가는 왕무덤재 너머에 있다. 제주도로 가는 금갑포로 이어지는 길이라는데 용장산성에서부터 뒤쫓은 몽골장수 홍다구가 이곳에서 온을 참살했다고 한다. 금갑포 쪽으로 더 가면 삼별초궁녀둠벙이 있다. 여몽 연합군에 쫓기던 궁녀들이 집단으로 뛰어들어 목숨을 끊었다는 전설이 있다.

배중손의 사당인 정충사는 국립남도국악원에서 남도석성 쪽으로 가는 굴포리에 있다. 배중손은 이곳 뻘밭에서 최후를 맞았고 삼별초의 진도 시대도 막을 내렸다. 김통정이 남은 병력을 이끌고 제주도로 항파두리로 건너가 항전을 이어갔지만 삼별초는 결국 1273년 4월 28일 패망한다.

9. 이성계의 남원 황산대첩비와 왜구

전라북도 남원이 고려시대 이후 왜구에 줄곧 시달린 것은 뜻밖이다. 왜구라면 작은 해적 집단이라고 상상하기 마련이지만 당시 규모는 상상하기 어려울 만큼 컸다. 남원은 바다에서 멀리 떨어진 지리산 기슭이다. 그럼에도 외적의 표적이 된 이유는 곡창의 중심이자 사통팔달 교통 요지이기 때문이었다. 2023년 '가야고분군'이라는 이름으로 유네스코 세계문화유산에 등재된 7개 유적에 남원 유곡리와 두락리 고분이 포함된 것도 영남지역과 소통이 활발했음을 보여 준다.

남원이라면 이도령과 성춘향의 광한루가 먼저 생각나지만 만복사도 춘향전과 인연이 있는 절이었다. 남원 시내에서 순창으로 방향을 잡아 시내를 막 벗어나면 오른쪽으로 널찍한 절터가 나타난다. 만복사가 있던 자리다. 『춘향가』의 몇몇 고전소설 판본에는 이몽룡이 암행어사가 되어 남원관아로 행차하기에 앞서 만복사를 찾아 노승들이 춘향을 위해 재를 올리는 모습을 구경하는 장면이 나온다. 이 대목은 김연수제 판소리 『춘향가』에도 보인다. 월매가 만복사에 시주하고 불공을 드린 공덕으로 낳은 자식이 춘향이라는 것이다. 만복사는 남원을 상징하는 절이었던 것 같다.

매월당 김시습(1435~1493)은 『금오신화』를 이루는 소설 5편의 하나로 「만복사저포기」를 남겼다. 저포(樗蒲)란 윷놀이다. 양생은 부처님과 내기에서 이겨 아름다운 처자와 이승의 3년에 해당하는 꿈같은 사흘을 지내고 헤어진다. 이 처자는 왜구에 죽은 혼령으로, 이후 양생도 장가들지 않고 지리산에 들어가 약초를 캐며 살았다는 줄거리다. 여인의 축원문에는 당시 사정이 담겨 있다.

> 지난번 변방의 방어가 무너져 왜구가 쳐들어오자, 싸움이 눈앞에 가득 벌어지고 봉화가 여러 해나 계속되었습니다. 왜적이 집을 불살라 없애고 노략질하였으므로, 사람들이 동서로 달아나고 좌우로 도망쳤습니다. 그런데 날이 가고 달이 가니 이제는 혼백마저 흩어졌습니다.

지금도 만복사에 가면 텅 빈 마당에서 높이 1.6m의 당당한 석불좌(石佛座)를 만날 수 있다. 소설에서도 양생이 불좌 뒤에 숨어 아름다운 처자가 나타나기를 기다리는 대목이 나온다. 김시습과 시간을 초월해 같은 공간에서 호흡하고 있다는 느낌이 든다.

임진왜란 직후에도 비슷한 내용이 소설이 나온다. 현곡 조위한 (1567~1649)의 「최척전」이다. 현곡은 의병장 김덕령 휘하에서 종군한 인물이다. 이 소설은 최척과 운명을 스스로 개척하는 여성 옥영의 사랑 이야기가 뼈대다. 더불어 정유재란 당시 남원이 왜군에 함락되는 바람에 가족이 붙들려 가거나 뿔뿔이 흩어지는 모습과 기적적인 재회를 그렸다. 소설 속에서 최척은 만복사와 가까운 동네에 살았다. 『춘향전』이 조선 후기 남원의 사회상을 드러냈다면 「만복사저포기」와 「최척전」은 각각 조선 초기와 중기 왜적의 침입에 따른 살육과 파괴의 비인간적 실상을 적나라하게 보여 준다.

「만복사저포기」가 묘사한 대로 왜구는 고려 말, 조선 초에 가장 극성을 부렸다. 특히 14세기 후반기 피해가 가장 커서 고려가 멸망하고 조선이 개국한 중요한 원인의 하나가 됐다는 시각마저 있다. 역사학계는 고려시대 왜구의 발생을 크게 두 시기로 나누고 있다. 1223년 현재의 김해인 금주에 나타난 것을 시작으로 1265년까지 10차례 이상 침입했는데, 이때는 선박 2~3척 규모였다.

왜구는 1350년부터 내륙에도 출몰한다. 해안 조창에서 걷은 세곡을 수도로 나르는 조운선이 왜구의 공격 목표가 되자, 고려가 세곡 운송의 상당 부분을 육운으로 전환한 것이 이유의 하나가 됐다. 대형 선단을 이룬 왜구는 개경이 지척인 예성강 하구의 강화 교동도에도 출몰했고, 조정은 천도를 고민하는 단계에 이른다. 왜구는 조선 태조 즉위 이후에도 5년 동안 53차례나 침입했다.

황산대첩비는 여말선초의 상황을 생생하게 보여 준다. 『조선왕조실록』에 다음과 같은 대목이 보인다.

신우(辛禑) 6년(1380) 8월, 왜적의 배 500척이 진포에 배를 매고 하삼도에 들어와 연해 주군을 도륙하고 불살라 거의 없어지고, 인민을 죽이고 사로잡은 것도 이루 헤아릴 수 없었다.

조선은 우왕을 신돈의 자식이라고 신우라 불렀다. 왜구가 휩쓴 참상은 「만복사저포기」와 매우 닮았다.

당시 고려는 금강 하구 진포에 정박한 왜구의 선단을 최무선 장군의 화포로 모두 불사르는 큰 승리를 거두었다. 그러자 퇴로를 잃은 왜구는 지금의 충북 옥천, 경북 상주, 경남 함양 등 내륙을 이리저리 떠돌며 살인, 약탈, 방화를 자행하게 된다. 이후 남원으로 몰려들어 운봉 인월역 황산에 진을 친 왜구를 당시 양광·전라·경상 삼도도순찰사 이성계가 섬멸한 것이 곧 황산대첩이다.

황산대첩비는 1577년(선조 10) 싸움의 현장에 세운 것이다. 황산대첩비를 찾아가려면 남원 시내에서 자동차를 타고 동쪽으로 20분쯤 달려야 한다. 어린 두목 아지발도(阿只拔都)가 이끈 왜구를 이성계가 무찌른 현장이다. 당시 지명 인월(印月)은 이후 인월(引月)로 바뀌었다. 부처의 교화가 세상 곳곳에 비친다는 월인천강(月印千江)에서 따온 불교적 이름이 황산대첩 당시 피아를 구분할 수 없는 어두운 밤 보름달을 끌어올려 왜구를 물리쳤다는 설화 속 이야기로 대체된 것이다.

황산대첩비는 일제강점기에 수난을 겪는다. 조선총독부는 태평양전쟁 막바지에 황산대첩비를 두고 "학술상 사료로 보존의 필요성이 있기는 하지만 그 존재가 현 시국의 국민사상 통일에 지장이 있는 만큼 철거함은 부득이한 일이다. 서울로 가져오기엔 수송의 곤란이 적지 않고, 처분을 경찰 당국에 일임하는바"라고 했다. 결국 1945년 1월 폭파했고, 지금의 비석은 1957년 복원한 것이다.

그러니 대첩비는 받침돌과 지붕돌만 옛것이다. 하지만 파비각에 비석 조각이 남아 역사적 의미는 오히려 커졌다. 100m 남짓 떨어진 곳에는 어휘각이 있다. 이성계는 대첩 이듬해 함께 싸운 원수와 종사관들의 이름을 바위에 새겼다. 일제는 이 글씨도 정으로 쪼아내 알아볼 수가 없다.

황산에 승전의 역사가 있다면 남원 시내에는 패전의 역사가 있다. 임진왜란 초기 왜군은 곡창 호남에 진입하지 못했다. 이를 패전의 원인으로 지목한 왜군은 정유재란 때는 전라도를 먼저 점령하는 계획을 세웠다. 우키타 히데이에가 이끈 5만 6,000명 병력은 1597년 8월 13일 남원을 공격했다.

남원성은 전라 병사 이복남과 명나라 부총병 양원의 3,000명 군사가 지키고 있었다. 남원 백성들까지 모두 1만 명이 합심해 싸웠지만 모두 순절하고 말았다. 왜란이 끝난 뒤 시신을 합장하고 사당을 세우니 만인의총이다. 옛 남원역 근처에 있던 것을 1964년 지금의 자리로 옮겼다. 격렬한 전투가 벌어졌을 남원읍성의 흔적은 시내에서 만인의총으로 가는 중간에 일부가 남아 있다.

시내 남문로 골목 안에 있는 관왕묘도 왜란의 흔적이다. 남원싸움 이듬해 명나라 장수 유정은 대군을 이끌고 왔는데, 1599년 중국의 수호신인 관우의 사당을 지었다. 성 동문 밖에 있던 것을 1741년 지금의 자리로 옮겼다고 한다. 남원을 찾은 날 관왕묘는 문이 잠겨 있어 담 너머로 바라볼 수밖에 없었다.

10. 충주댐에 잠긴 청풍도호부의 옛터

이집트 남쪽 수단과 경계인 누비아 지역에는 람세스 2세의 아부심벨 신전이 있다. BC 13세기 거대한 암벽을 깎아 만든 아부심벨 신전은 모래 속에 묻혀 있다가 19세기 초 발견됐다. 1960년대 나일강 아스완하이댐 건설로 수몰 위기에 처한 것을 국제사회의 노력으로 살렸다. 아부심벨 신전을 개당 30t짜리 조각 1,000개 남짓으로 잘라 65m 높은 안전한 자리에 재조립한 것이다. 이렇게 일대 24개 문화유산이 살아났지만 훨씬 더 많은 유적과 마을은 그대로 물밑에 잠겼다.

우리나라에서도 댐 건설에 따른 문화유산 이전과 수몰은 적지 않았다. 안동 도산서원 앞 안동호에는 물 위에 뜬 거북이 등에 비각이 세워진 듯한 모습의 시사단(試士壇)이 있다. 정조가 퇴계 이황을 기리고자 도산별과 과거시험을 만들어 지방 인재를 선발한 것을 기념하는 비석이다. 1974년 안동댐 건설로 원래 자리에 10m의 축대를 쌓아 그 위에 비석과 비각을 올렸다. 하지만 원효가 주석하던 고선사 터는 1997년 토함산 덕동댐 준공과 함께 물에 잠겼다.

충주댐 건설 과정에서도 문화유산 수몰은 심각했다. 충청북도 제천시 청풍이 대표적이다. 청풍도호부는 현종의 정비이자 숙종의 어머니인 명성왕후 김씨의 관향이어서 고을 규모에 비해 읍격이 높았다. 남한강 수운으로 한양을 오가기도 수월했고 무엇보다 주변 풍광이 절경이어서 실력자들이 끊이지 않고 찾았다. 자연히 큰 고을이 아니었음에도 청풍부사는 인기 있는 자리였다.

청풍도호부는 고종의 1894년 전국 행정구역 개편 때 도호부에서

군으로 다시 낮아졌다. 그 청풍군이 일제강점기인 1914년에는 다시 제천군에 편입됐다. 위세를 떨치던 청풍이 일개 면 단위로 지위가 낮아져 오늘에 이른다. 청풍도호부의 범위는 제천시의 청풍·금성·한수·수산면에 해당한다. 그런데 청풍 읍치는 1985년 충주댐이 준공되면서 아예 물에 잠겼다. 당시 문화유산은 물론 충주·중원·제천·단양 등 4개 시·군의 11개 면 101개 이·동에서 7,105가구 3만 8,663명이 동시에 삶의 터전을 잃었다.

상류지역인 단양은 충주댐 건설로 단양읍 중심지의 80%가 수몰되어 단양군 청사와 주민들이 신단양으로 이전해야 했다. 전체 수몰 면적의 절반은 제천이었는데 청풍면이 가장 피해가 컸다. 1,665가구, 9,514명의 주민이 옛집을 떠났다. 청풍면사무소와 파출소, 학교, 우체국도 물에 잠겼다. 청풍면 대부분이 사라진 것이다. '청풍 신도시'라 할 수 있는 새로운 면 소재지는 청풍도호부의 읍치였던 읍리의 서남쪽 언덕 물태리에 세워졌다.

물에 잠긴 옛 읍치에는 청풍의 상징인 한벽루를 비롯해 문화재가 여럿 남아 있었다. 이것들도 물태리로 옮겨갔는데 오늘날의 청풍문화재단지다. 한벽루와 청풍도호부의 동헌인 금병헌, 청풍향교, 황석리 고가(古家)를 비롯한 여러 채의 민가에 불상과 각종 선정비까지 옮겨 놓았다. 제자리를 떠나기는 했어도 청풍 고을의 옛 분위기를 짐작게 하는 야외 박물관이 탄생한 것이다.

서울대 규장각 한국학연구원이 소장한 조선 후기 지도 「청풍부팔면(淸風府八面)」을 보면 옛 읍치의 모습을 상상할 수 있다. 청풍관아를 중심으로 고을 8개 면을 원형으로 배치한 아이디어가 돋보인다. 이 지도를 보면 청풍 읍치는 청풍호가 넓게 열린 청풍문화재단지의 서북쪽에 자리 잡고 있었음을 알 수 있다. 남한강의 남쪽에 있던 읍리는 물길을 따라 길게 이어진 마을이었다. 상류 쪽에서 하류 쪽으로 읍상리, 읍중리, 읍하리가 나란히 이어지고 있었다.

지금도 청풍 고을의 관문이었던 팔영루는 예전의 그 자리인 듯 청풍문화재단지의 정문 노릇을 하고 있다. 물길 의존도가 높았던 청풍이다. 배를 타고 청풍 관아에 가려면 북진에서 내려 팔영루로 들어섰을 것이다. 팔영루 앞 사적비에는 1702년(숙종 28) 부사 이기홍이 현덕문 자리에 중건해 남덕문이라 했다는 기록이 적혀 있다. 당시 팔영루는 서향이었지만, 이전한 지금은 남향이다.

경양 민치상이 청풍부사 시절「팔영시」를 현판으로 내걸면서 이런 이름이 붙여졌다. 청풍팔경은 청풍호에서 조는 백로, 미도에 내리는 기러기, 청풍강에 흐르는 물, 금병산의 단풍, 북진의 저녁연기, 무림사의 종소리, 한밤중 목동의 피리, 비봉의 해지는 모습이라고 한다. 편액에 청풍팔경을 나열했지만 시는 아니다. 아마도 각각을 주제로 지은 8편의 시가 있었을 것이다.

팔영루로 들어서면 오른쪽에 감옥이 있었다.「청풍부팔면」지도에는 영어(囹圄)라고 적혀 있는데 둥그런 모습이다. 감옥은 충주댐 건설 당시에도 이미 흔적을 찾을 수 없었다고 한다. 팔영루로 문화재단지에 들어선 관람객의 발걸음은 자연스럽게 왼쪽으로 난 길을 따라가는데, 청풍부 아문이었던 금남루가 보일 때쯤 오른쪽 솔밭 사이에 세 칸짜리 맞배지붕이 나타난다. 보물로 지정된 제천 물태리 석조여래입상이다. 읍리에서 옮겨진 고려불상이지만 이름에는 청풍도 읍리도 간데없다. 요즘 식 표현으로 '출신지 세탁'이 이루어진 꼴이니 부처님에게는 미안한 일이다.

앞서 청풍은 고려시대 이 고을 출신 승려 청공이 왕사에 오르면서 1317년 군으로 승격한 역사도 있다. 물태리 여래입상은 높이가 341㎝에 이른다. 날씬한 몸매여서 당당하다고 할 수는 없지만 상당한 규모다. 불상이 조성되던 시기 불교국가 고려의 청풍 고을에선 중요한 존재였을 것이다.

금남루를 지나면 금병헌, 응청각, 한벽루 등 복원된 건물의 모습이 줄지어 있다. 한벽루가 객사의 누각이라면 응청각은 관아의 누각이다. 한벽루와 응청각은 제자리에서도 나란히 세워져 있었다고 한다. 객사는 왕의 위패를 모시는 시설이자 지방에 파견된 중앙관이 머무는 숙소다. 응청각은 별도 숙소이자 연회장 역할을 했다. 소홀히 할 수 없는 방문객이 그만큼 많아 객사와 한벽루로는 수요를 충족하기 어려웠던 것이 아닐까 싶다. 연회도 그만큼 자주 열렸을 것이다.

한벽루는 밀양 영남루, 남원 광한루처럼 본채 옆에 부속채가 딸려 있다. 정치적 비중이 높은 인물이 찾으면 따르는 사람도 많았을 것이다. 내부에는 우암 송시열과 곡운 김수증의 편액과 추사 김정희의 현판이 걸려 있다. 우암은 조선 후기권력을 오로지했던 노론의 영수, 곡운은 역시 노론의 정신적 지주로 영화 「남한산성」에도 척화파의 대표로 등장했던 청음 김상헌의 손자다.

한벽루 왼쪽 망월산에는 산성이 보인다. 삼국시대 처음 쌓은 것이라는데, 서남쪽과 남쪽 성벽은 거의 완벽한 모습이다. 청풍문화재단지 안팎에서 유일하게 진정성을 유지하고 있는 문화재다.

금병헌과 망월산성 중간 골짜기에는 청풍향교가 복원되어 있다. 옛 향교는 청풍 읍치와 남한강을 사이에 두고 마주 보던 교리에 있었다고 한다. 「명륜당 중수기」에 따르면 청풍향교는 고려 충숙왕 시절 물태리에 세워진 것을 조선 정조 시대 교리로 이건했다. 이것을 다시 물태리로 옮겼으니 이 동네와는 인연이 있다. 문화재단지에는 수몰 역사관도 있다. 댐이 지어져 물이 차오르는 강가에서 마지막 잔치를 벌이는 주민들의 모습이 담긴 사진에 자꾸 눈길이 간다. 문화유산은 문화재단지에라도 옮겨져 남았지만, 사람의 흔적은 이 사진 말고는 모두 물밑으로 사라졌다는 사실이 실감 났다.

11. 영괴대 비석만 남은 온양온천 행궁

고려시대 가장 각광받은 온천은 황해도 평주 온천이었다고 한다. 온정원이라는 이름으로도 알려진 온천이다. 고려는 오늘날의 개성인 송악에 도읍했으니 역대 임금은 자연스럽게 가까운 평주 온천을 자주 찾았다. 고려를 무너뜨린 조선의 왕들도 이 온천을 즐긴 것은 다르지 않았다. 태조 이성계는 즉위한 바로 그해에도 평주 온천에 갔다. 태조는 이후에도 해마다 평주 온천을 찾았다. 그러다 즉위 5년째를 맞은 1396년 충청도 온천으로 행선지를 바꾸게 된다. 온양온천이다. 그런데 온양은 평주보다 훨씬 멀다. 왕이 도성을 비우는 기간이 늘어나고, 비용도 더 많이 들었다.

태조의 온양온천 행차를 두고 『조선왕조실록』에 다음과 같은 대목이 보인다.

> 간관 이정견 등이 중지하기를 청했으나 윤허하지 않으므로 대간에서 다시 연명으로 상소하여 그만두기를 청했는데, 임금이 말하기를,
> "온천에 가고자 함은 병을 치료하기 위함인데, 대간에서 애써서 말리는 것은 무슨 뜻이냐?"
> 하고 마침내 거둥했다.

왕조시대 '임금의 건강'이란 모든 것에 앞서는 명분이었다.

태조는 이후에도 평주에 갔다. 태조의 아들 정종도 평주 온천에 갔

다. 간관들은 이번에도 극력 말렸다. 정종은 "내가 작은 병이 있어서 목욕하러 가는 것이지, 사냥을 위한 것은 아니다. 하물며, 사시(四時)의 사냥은 고전에 있는데, 나는 다만 1년에 한 번 나가는 것뿐"이라며 듣지 않았다.

정종이 말한 사시, 즉 네 계절의 사냥이란 '봄에는 새끼 배지 않은 짐승을 사냥하고, 여름에는 곡물의 싹을 해치는 조수를 사냥하고, 가을에는 추격하고 물러나는 것을 익히는 사냥을 하고, 겨울에는 땅을 지키듯 영역을 침범하는 짐승을 사냥하니 다 농한기에 일을 익히는 것'이라는 『춘추좌전』의 가르침을 말한다. 견강부회도 이런 견강부회가 없다. 실제로 정종이 평주 온천에 머물다 해주로 사냥을 가려고 하자 조정에서 반대 상소가 잇따랐다. 정종은 강행한다.

조선 초기 왕의 온천욕이란 신병 치료를 구실로 사냥을 하기 위한 수단이었던 듯하다. 아버지 이성계를 닮아 무인 기질이 있던 태종 이방원은 좀 더 노골적이었다. 1413년 『태종실록』에는 "임금이 풍해도로 가다가 광탄에서 머물렀다. 임금이 해주로 거둥하고자 하면서 핑계 삼아 평주 온천에서 목욕한다고 하였다"는 대목이 보인다. 황해도라는 이름은 1417년 풍해도에서 고친 것이다.

그런데 풍질과 안질, 피부병에 시달렸던 세종은 온천수의 치료 효과에 실제로 크게 의지했다. 세종이 온수현의 온양온천에 처음 간 것은 즉위 15년째 1433년이었다. 세종은 효험이 있었다고 생각한 듯하다. 이후 도성에서 멀지 않은 곳에서 온천을 찾는 데 공력을 기울인다.

『세종실록』에는 「용비어천가」를 짓는 데도 참여했던 이사맹을 1434년 부평으로 보내 온천을 찾아보게 했다는 기록이 있다. 1438

제1부 역사를 찾아가는 발걸음

년에는 '경기 지방에서 온천을 찾는 사람에게는 후한 상을 주고 해당 읍의 칭호를 승격시킬 것'이라고 명하기도 한다. 하지만 도성에서 가까운 온천을 찾는 세종의 노력은 실패로 돌아갔다. 세종은 부평 사람들이 온천의 존재를 알고 있으면서도 신고하지 않는 것으로 생각했다. 세종은 1438년 10월 4일 '번거롭고 소요스러운 폐단이 있을까 염려하여 감춘다면 고을의 명칭을 깎아내려 그 죄를 징계할 것'이라고 경고한다. 임금의 행차는 백성들에게는 환영하기 어려운 일이었다. 결국 세종은 11월 8일 부평부를 부평현으로 강등했다. 그만큼 온천이 절실했다. 세종실록지리지에 나타난 전국 온천은 31개에 이르지만 경기도와 전라도에는 없다.

반면 온양현은 1442년 온양군으로 승격한다. 온양에 행궁을 지은 것은 세종이다. 행궁이란 궁궐 밖에 지은 임금의 거처다. 25칸의 행각은 1433년 정월 완성됐다. 정청을 중심으로 동·서 침전과 목욕시설인 상탕자와 차탕자를 두었다. 상탕자는 왕과 가족, 차탕자는 수행원들이 사용했다.

정유재란으로 파괴된 온양행궁이 100칸 규모로 복원된 것은 1665년(현종 6)이다. 이후 숙종과 영조, 정조가 다녀가면서 시설이 조금 더 늘어났을 것으로 보인다. 정조 때 그려진 「온양별궁전도」는 전성기 모습을 보여 준다. 고종 시대에는 전각이 퇴락하자 함락당과 혜파정을 신축하기도 했다.

한말 일본인 자본 온양온천주식회사는 온양행궁을 차지하고 1904년 일본식 온천여관인 온양관을 짓는다. 행궁 시설의 상당 부분은 파괴했고, 상당 부분은 재활용했다. 장항선 철도를 부설한 경남철도로 주인이 바뀌어 온양관이 신정관이라는 일종의 온천 리조트로 탈바꿈

11. 영괴대 비석만 남은 온양온천 행궁

한 것은 1928년이다. 신혼여행지로 각광받는 계기가 됐다. 1953년 교통부는 6·25전쟁으로 불탄 신정관 자리에 온양철도호텔을 세웠다. 이것이 1967년 민영화에 따라 온양관광호텔로 이름을 바꾸어 오늘에 이른다.

모르는 사람이 없겠지만 현충사가 있는 아산은 이순신 장군의 고장이다. 퇴락하던 온양 온천은 수도권 전철 개통 이후 손님이 조금은 늘었다지만 온양행궁의 역사는 잊히고 있다. 옛 행궁 건물은 남아 있는 것이 없다. 다만 호텔 귀퉁이에 두 개의 행궁 시절 석물이 초라하게 자리를 지키고 있을 뿐이다.

그렇다 해도 온양행궁의 분위기라도 느껴보려면 온양관광호텔로 가야 한다. 온양온천역에서 내리면 걸어서 10분이 채 걸리지 않는다. 호텔 정문으로 들어서면 왼쪽의 주차장 너머로 작은 비각이 보인다. 신정비(神井碑)다. 세조가 온양에 머물 때 온천 옆에서 냉천을 발견한 것을 기념해 성종시대 세운 것이다. 신정을 상징하는 돌우물은 그러나 흙에 묻혀 기능을 하지 못한다.

호텔 오른쪽에는 영괴대(靈槐臺)가 있다. 사도세자가 1760년 영조를 따라 온양행궁에 왔을 때 무술을 연마하던 활터다. 영조는 사도세자가 학문에 집중해 현명한 군주가 되기를 바랐다. 하지만 사도세자는 무술에 더 흥미를 느꼈고, 마음껏 화살을 날리던 온양행궁 시절을 가장 행복하게 회상하곤 했다. 정조는 뒤주에 갇혀 불행하게 죽은 아버지 사도세자를 기려 이곳에 회화나무 세 그루를 심고 단을 쌓아 영괴대라 했다. 그 옆에 친필로 '영괴대'라 쓴 비석을 세웠다.

아산 지역 사회는 온양행궁 복원을 숙원 사업으로 여긴다. 행궁이 옛 모습을 찾으면 관광자원으로 역할을 할 수 있을 것이란 기대가 있다. 하지만 발굴조사조차 제대로 이루어지지 못한 듯하다. 천문학적 예산이 필요한 호텔 이전은 더욱 쉽지 않을 것이다. 그럴수록 호텔 측도 지금처럼 행궁 터를 무심하게 버려두기보다 일정 부분 정비하는 것이 영업에 도움이 되지 않을까 싶다.

세종이 찾은 충청도 지역 온천으로는 온양온천 말고도 초수온천이 있었다. 충청북도 청주시 초정의 세종 당시 땅이름은 청주목 초수(椒水)였다. 『세종실록』에는 '물맛이 호초 같은 것이 있어 이름하기를 초수라 한다.'는 대목이 보인다. 세종은 1444년 초수 행궁에 123일 동안이나 머물렀다. 하지만 초수행궁은 지은 지 4년 만인 1448년 불타고 말았다. 세종은 실수로 불을 낸 사람을 국문한다는 소식에 "농사일이 바쁘니 속히 놓아 보내라"고 했다. 청주시는 초정약수온천 단지에 숙박 및 목욕 시설을 갖춘 '초정행궁'을 지어 운영하고 있다. 하지만 초수행궁 터는 아직 찾지 못하고 있다.

12. 임진왜란 이치전적지의 무명의병비

대첩이란 큰 대(大) 자에 이길 첩(捷) 자, 곧 크게 이긴 싸움을 이른다. 흔히 임진왜란의 3대첩이라면 1592년 8월 이순신 장군의 한산도대첩과 같은 해 10월 김시민 장군의 진주대첩, 이듬해 2월 권율 장군의 행주대첩을 이르곤 한다. 모두 꺼져 가던 조선의 목숨을 가까스로 잇는 역할을 했다. 하지만 당시 일본 시각의 3대 싸움은 이치 전투, 평양성 전투, 벽제관 전투라고 한다. 이치 전투는 일본에 가장 아쉬운 싸움이었다. 호남 진출에 실패하면서 전쟁에서 지는 결정적 계기가 됐다. 곡창 호남은 왜군의 군량 조달이라는 의미도 있지만, 조선 조정과 군사가 버틸 수 있는 정신적 바탕이었다.

임진왜란은 1592년 4월 14일 첫 전투가 시작됐다. 고니시 유키나가와 소 요시토시가 지휘하는 왜군 1만 8,700명을 태운 배는 이미 4월 13일 밤 부산진 앞바다를 가득 메우고 있었다. 왜군은 이튿날 안개가 걷히자 상륙해 부산진성을 포위했고 첨사 정발이 이끄는 500명 남짓 조선 수군은 전원이 장렬하게 전사한다. 이후 왜군은 우리가 잘 아는 대로 도성을 향해 파죽지세로 북상한다.

북변 방비에서 용맹을 떨치던 삼도순변사 신립이 충주 탄금대에서 배수의 진을 치고 왜군과 싸우다 처참한 패배를 당한 것이 4월 28일이다. 탄금대 패전 소식이 알려지자 조정은 우왕좌왕했고, 선조는 한양을 떠나 의주로 피난길에 오르게 된다.

한편으로 왜군은 호남으로 진출하려 안간힘을 썼는데 당연히 안정적으로 군량미를 조달하기 위함이었다. 왜군이 장악한 부산진-한양 라인에서 호남으로 가는 방법은 수군(水軍)이 해로를 장악하거나, 보군(步軍)이 진주를 공략해 서진하거나, 금산에서 이치를 넘어 전주로 가는 방법이 있었다.

그런데 왜 수군은 5월 7일 옥포해전에서 이순신 장군의 조선 수군에 대패해 기세가 꺾였고, 보군은 곽재우, 김면, 정인홍이 이끄는 경상도 의병에 가로막혀 쉽사리 서쪽을 넘보지 못했다. 결국 왜군은 고바야카와 다카카게가 점령한 금산성의 1만 병력으로 하여금 이치를 공격하게 했다.

이치는 오늘날 충남 금산과 전북 완주의 경계에 해당한다. 금산은 임진왜란 당시에는 전라도 땅이었다. 이치 고갯마루에 서면 완주 쪽으로 '호남의 금강산'이라 불릴 만큼 수려한 대둔산이 병풍처럼 두르고 있다. 정상에는 '이치전적지'라 새긴 비석이 있고 그 안쪽으로 무민공 황진 장군 이현대첩비가 세워졌다. 전적지 비석은 1993년, 대첩비는 2006년 세운 것이다. 대첩비 뒤편에 이치대첩유허비에서는 그래도 세월의 흔적이 조금은 느껴진다.

광주목사 권율은 7월 8일 1,500명 남짓한 군사를 지휘해 이치의 험준한 지형을 최대한 이용한 복병전으로 왜군을 격퇴한다. 임진왜란이 일어난 이후 조선 관군이 육상에서 거둔 첫 번째 대승이었다. 권율은 이 승리로 전라도순찰사에 올랐고, 같은 직함으로 이듬해 행주대첩의 명장이 된다.

권율의 휘하에는 전라도 화순 동복현감 황진이 있었다. 황진도 이치 승리로 익산군수 겸 충청도 조방장에 올랐다. 이듬해는 충청도 병마절도사로 경기도 죽산 전투 이후 패퇴하는 적을 경상도 상주까지

추격했다. 그는 2차 진주성 전투에서 수성장으로 분전하다 조총을
맞고 전사했다.

황진은 어려서부터 무예가 남달랐는데 특히 활을 잘 쏘았다. 1576
년 27세에 별시 무과에 급제해 선전관이 됐고, 이듬해 주청사 황림의
수행군관으로 명나라에 다녀왔다. 1590년 조선통신사 황윤길과 김
성일의 호위군관으로 일본의 침략 의지를 직접 확인하고는 무술을
단련하는 데 힘썼다.

황진은 1591년 12월 동복현감에 임명됐다. 『선조수정실록』은 다
음과 같이 적었다.

> 황진은 무인으로 문자는 알지 못했으나 용략이 있었다. 조선통
> 신사를 따라 일본에 다녀와 왜변이 일어나리라는 것을 알고 있었으
> 므로 매일 공무가 끝나면 곧바로 말타기와 활쏘기를 부지런히 익혔
> 다.

실록에 종종 등장하는 "문자를 알지 못했다"는 표현은 대과를 거
친 문관만큼은 성리학이 깊지 않았다는 뜻이다.

『선조실록』에는 이런 대목이 보인다.

> 왜장이 또 대군을 출동시켜 이치를 침범하자 권율이 황진을 독
> 려해 동복현의 군사를 거느리고 부장 위대기·공시억 등과 재를 점
> 거해 크게 싸웠다. 적이 낭떠러지를 타고 기어오르자 황진이 나무를
> 의지해 총탄을 막으며 활을 쏘았는데 맞지 않는 것이 없었다. 종일토
> 록 교전해 적병을 대파하였는데, 시체가 쌓이고 피가 흘러 초목에서

피비린내가 났다. 황진이 탄환에 맞아 조금 사기가 저하되자 권율이
장수들을 독려했기에 이길 수 있었다.

이치에 가려면 대전통영고속도로는 금산, 호남고속도로는 논산이
나 전주를 경유하게 된다. 그런데 이치전투라는 하나의 역사를 기리
건만 유적은 '금산 이치대첩지'와 '완주 이치전적지'로 나뉘어 있다.
이치대첩지는 충청남도 기념물 154호, 이치전적지는 전라북도 기념
물 26호로 각각 지정되어 있다. 금산이 1963년 충남에 편입되면서
이런 현상은 더욱 굳어졌다.

이치 정상이 이치전적지다. 전적지 옆에는 주차장이 있는 휴게소
가 있다. 전적지는 전북 완주군 운주면, 휴게소와 주차장은 충남 금
산군 진산면으로 행정구역이 갈린다. 이곳에서 금산 쪽으로 1.5㎞쯤
달리면 이치대첩지가 나타난다. '이치대첩문'이라는 한글 현판이 걸
려 있는 외삼문으로 들어서면 권율을 기리는 충장사와 대첩비각이
다. 도원수권공이치대첩비는 1902년 금곡사와 함께 세운 것이지만
1940년 일본 경찰이 모두 파괴했다. 지금의 비석은 1964년 다시 세
운 것이다.

이치전적지와 이치대첩지는 행정구역뿐 아니라 기리는 주체도 갈
려 있다. 전적지는 황진의 기념물이 중요한 비중을 차지한다면 대첩
지는 완벽하게 권율 중심이라는 것을 알 수 있다. 전적지든 대첩지든
승리한 관군의 역사만 기억할 뿐 의병의 희생은 외면하고 있다는 반
성도 뒤따랐다.

왜군은 의병에 큰 타격을 입고 있었다. 이치전투 당시 권율 휘하에
는 의병도 가세해 있었다. 뿐만 아니라 전라도 담양에서 의병을 일으

킨 고경명은 7월 3일 관군과 금산성을 공격하다 순국했다. 조헌 의병과 영규 의승군도 8월 18일 금산성을 공격했지만 모두 순절하고 말았다. 고경명 의병과 조헌·영규 의병은 모두 크게 패했지만 왜군에도 타격을 입혔다. 왜군이 이치를 돌파하지 못한 것은 무모함에 가까운 의병의 공격으로 전력에 손실이 컸기 때문이다.

전라도 익산 유생 이보와 소행진은 금산에서 들려온 고경명과 조헌 의병의 잇따른 순절 소식에 향리에서 400명 남짓한 의병을 규합한다. 이들은 금산으로 향하다 8월 27일 왜군과 맞닥뜨렸다. 의병은 활, 낫, 쇠스랑 같은 농기구를 들고 왜군과 백병전을 벌이다 모두 순국했다. 소행진의 큰아들 소계는 아버지 장사를 마치자 금산으로 달려갔고, 작은아들 소동도 형의 순국 소식에 금산으로 달려가 모두 전사했다. 소동의 부인 민씨는 강화 친정에서 남편이 죽었다는 소식을 듣고 자결했다.

2016년 이치 전적지에 400명의 무명 의병을 기리는 작은 비석이 세워진 것은 다행스러운 일이다. 이름하여 임란순국무명사백의병비다. 자연석 모양의 비석에는 이런 글귀가 보인다. '관군의 주력부대가 승리를 거둔 7월 전투는 세상에 자세히 알려져 있다. 하지만 의병이 주도한 8월 전투는 제대로 기억되지 못한 채 묻히고 있다. 그것이 아쉬워 이 비를 세워 바로 알리고자 한다.'

13. 청황제 매부 사살한 승전지 광교산

병자호란을 우리는 치욕스러운 역사로만 기억한다. 하지만 조선군이 당시 모든 전투에서 청나라 군대에 패한 것은 아니다. 승리한 전투도 있었고, 그 전과도 놀랄만했다. 김준룡 장군이 이끈 광교산 전투가 그렇다. 군관 박의는 이 싸움에서 청대종 홍타이지의 매부 양고리를 사살했다. 청나라에 항복한 마당에 조선이 광교산 전투를 기리지 못한 것은 이해가 가기도 한다. 하지만 21세기 대한민국에서도 김준룡과 박의의 이름을 많은 사람이 알지 못하고 있는 것은 생각해 볼 문제다.

병자년인 1636년 청나라가 침입하자 전국에서 근왕병(勤王兵)이 일어났지만 누구도 남한산성에 진입하기는커녕 산성 아래도 당도하지 못했다. 추위에 떨고 굶주림에 지친 조정 대신들의 무인들에 대한 평가는 인색하기만 했다.

『인조실록』은 다음과 같이 적었다.

> 임금이 외로운 성에 두 달이 되도록 포위당하여 군사는 고단하고 양식은 적어 조석을 보전할 수 없었으므로 머리를 들고 발돋움하며 구원병이 이르기만을 날마다 기다렸지만 팔도의 군사를 거느린 신하로 한 사람도 성 밑에서 예봉을 꺾고 죽기를 다투는 이가 없었으니, 군신(君臣)의 분수와 의리가 땅을 쓴 듯 없어졌다.

하지만 포위된 사람들의 기대에 못 미쳤을 뿐 격문이 닿기도 전에 군사는 남한산성을 향하고 있었다. 다만 충청도 군은 성남 분당 동막천, 강원도 군은 하남시와 광주시 사이 검단산, 경상도 군은 광주시 쌍령동까지 진출했지만 패퇴했을 뿐이다. 물론 관망만 하던 장수도 아주 없지는 않았을 것이다. 그렇다고 산성에 피신한 대신들이 패전 책임을 군사들에게 돌리는 것은 비겁하다.

조정은 승리한 전투도 주목하지 않았다. 전라병사 김준룡은 1637년 1월 4일 2,000명 남짓한 병력을 이끌고 수원과 용인 사이의 광교산에 진을 쳤다. 이들은 다음날 청군 5,000명을 격퇴한 데 이어 그 이튿날에도 화포를 동원한 적의 공격을 물리쳤다. 김준룡은 유격 부대를 투입했는데 이 전투에서 적장 양고리(揚古利)를 사살했다. 당대 대학자 미수 허목은 이날의 상황을 다음과 같이 묘사했다.

공이 칼을 들고 화살과 돌이 쏟아지는 가운데 필사의 의지를 보이자, 병사들이 모두 죽기로 작정하고 싸웠다. 어떤 오랑캐가 산꼭대기에 큰 깃발을 세운 뒤 갑옷 차림으로 말에 올라 군사를 지휘하자 공이 그 "저자를 죽이지 않으면 적병이 물러가지 않을 것이다"하고 외치니 군사를 지휘하는 자와 좌우 장수가 일시에 탄환을 맞았다. 죽은 장수는 선한의 사위 백양고라였다.

백양고라가 곧 양고리다. 선한이란 청태조 누르하치를 말한다. 양고리는 14세 때 아버지를 살해한 원수의 귀와 코를 씹어먹었다는 인물이다. 누르하치의 사위이니 청태종 홍타이지의 매부가 된다. 누르하치가 '전장에서는 몸을 좀 사리라'고 당부했을 만큼 양고리는 겁이 없었다고 한다.

김준룡 부대가 '오랑캐의 시신이 겹겹이 쌓여 헤아릴 수 없을 만큼' 큰 승리를 거두자 임금과 대신들은 처음에는 환호했다. 하지만 김준룡 부대는 군량과 화약이 떨어져 물러날 수밖에 없었다. 엄청난 전공에도 김준룡은 이때의 철군을 이유로 훗날 파직된 것은 물론 유배 위기에 처하기도 했다.

중국 쪽 기록인 『청사고』의 분위기는 완전히 다르다. 이날의 패전은 충격이었다. 양고리의 시신이 광교산에서 진지로 돌아오자 태종 홍타이지가 직접 제사를 지내며 곡을 했고 임금의 의복을 내려 염하게 했다. 심양에서는 양고리의 상여가 조선에서 도착하자 태종이 교외까지 나가 맞이했고, 누르하치의 무덤인 복릉에 배장했다. 홍타이지는 이때도 직접 제사를 주관했다고 한다.

이런 상황에서 박의라는 이름이 역사에 남아 있는 것만으로도 다행스러운 일이 아닐 수 없다. 박의는 1624년(인조 2) 무과에 급제한 군관이었다. 어떤 역사책은 "박의가 적장을 죽인 공을 인정받아 평안도 권관이 됐다"고 적었다. 하지만 상징성 있는 적장을 사살했는데도 종9품 권관이라면 포상이 아니라 징벌이다. 박의를 좌천시켜 평안도 북방 압록강 변에 숨겨 놓다시피 한 것은 청나라 눈치를 봤기 때문이다. 인조가 삼전도에서 홍타이지에게 충성을 맹세한 마당에 그의 매부를 사살한 것을 치하할 수는 없는 노릇이다. 유득공은 '고려의 김윤후는 몽골의 살례탑을 활로 쏴 죽여 대장군에 제수됐다. 그런데 박의는 직동 만호에 그쳤으니 사람들은 애통해한다.'고 했다.

김준룡의 승전을 재평가하는 논의는 정조시대 본격적으로 이루어진다. 1791년 사직 신기경이 "병자년 난리 때 김준룡은 오랑캐를 섬멸하여 공을 세웠으니 마땅히 상을 주어 장려해야 한다"고 상소한 것이다. 화성 축조를 앞두고 수원 지역의 현안을 점검하는 자리였다. 정조는 이듬해 김준룡에게 충양(忠襄)이라 시호했다. 의정부의 차관급 벼슬인 찬성도 추증했다. 그럼에도 박의에 대해서는 어떤 조치도 없었다. 『조선왕조실록』에는 박의의 이름이 단 한 차례도 나오지 않는다.

해발 582m의 광교산은 경기도 수원시 장안구 상광교동과 용인시 수지구 신봉동과 고기동, 의왕시 일부에 걸쳐 있다. 전라도에서 북상한 김준룡 부대는 광교산의 서남쪽인 수원 방향에서 접근했다. 청군은 남한산성이 있는 반대편 동북쪽에서 몰려왔으니 광교산 전체가 싸움터가 됐다.

시루봉 남쪽 토끼재 아래 해발 400m 자연 암반에 김준룡의 승전을 알리는 각자(刻字)가 있다. '충양공 김준룡 장군 전승지'라는 큰 글자 좌우에 '병자청란 공제호남병 근왕지차 살청삼대장'이라 새겼다. '김준룡 장군 전승지'가 현대적 글귀인 데다 '병자청란'이라는 표현도 익숙지 않아 후대 누군가 글자를 고친 것으로 보기도 한다. 어쨌든 광교산 대첩을 알리는 유일한 기념물이다.

『수원군읍지』에는 '화성을 축조하는 데 필요한 석재를 구하러 광교산에 갔던 사람들로부터 김준룡 장군의 전공을 전해 들은 좌의정 채제공이 새기게 했다.'는 일화가 담겨 있다. 정조 시대 개혁을 주도한 번암 체제공은 당시 성역총리대신을 맡고 있었다. 그러니 화성 건설의 총책임자였다.

김준룡 전승지에 가려면 수원에서 광교유원지를 거치거나 용인 신봉도시개발지구에서 오르는 방법이 있다. 수원 쪽 들머리에는 창성사 터, 용인 산자락에는 서봉사 터가 있다. 각각 고려 고승인 진각국사탑비와 현오국사탑비가 있다. 진각국사 천희 탑비는 이제 방화수류정 옆으로 옮겨졌다.

발굴 조사 결과 창성사는 신라 말 창건 이후 중창과 폐사를 반복했다는 사실이 드러났다. 17세기에 폐사됐고 18세기 후반에 중창이 이루어졌다. 17세기 폐사는 병자호란과 관련이 있을 것으로 짐작한다. 이때 서봉사도 해를 입었다. 서봉사 터에서는 병장기가 적지 않게 수습됐다.

김준룡의 무덤은 경기도 시흥시 군자동에 있다. 김준룡은 전라도와 경상도의 병마절도사를 지내고 1642년 타계해 고향 양천에 묻혔다. 현재의 서울특별시 강서구 화곡동이다. 도시화로 1972년 지금의 자리로 옮겼다. 박의의 고향인 전북 고창에는 양고살재라는 고개가 있다. 박의가 누르하치의 사위이자 청나라 개국공신을 사살한 것을 기념하고자 붙여진 이름이라고 한다. 박의는 1653년 세상을 떠났는데 무덤은 고창군 고수면 예지리에 있다.

14. 내포 역사 그대로 간직한 홍주읍성

내포는 충청도 가야산을 중심으로 주변 10개 고을을 지칭한다고 이중환은 『택리지』에서 설명했다. 태안, 서산, 당진, 홍주, 예산, 덕산, 결성, 해미, 신창, 면천이 내포라 불리던 고장이다. 내포는 바닷물이 내륙으로 드나들던 지역을 뜻하는 일반명사였지만, 서쪽으로는 바다와 만나고 내륙으로는 평야가 넓어 살기 좋은 이 지역을 가리키는 고유명사로 일찌감치 탈바꿈한 것이다. 충청남도의 새로운 도청 소재지 이름이 내포신도시로 지어진 것도 이런 역사에서 비롯됐다.

홍주, 곧 오늘날의 충청남도 홍성은 내포의 중심부에 해당한다. 홍주읍성의 입지는 볼수록 절묘하다. 성이란 적의 침입에 효과적으로 맞설 수 있게 대비하는 시설이다. 홍주읍성은 벌판이라고 해도 좋을 개활지에 지어졌다. 그럼에도 주변 지형 조건을 최대한 활용해 방어력을 극대화하려 했다.

읍성 곁으로는 남쪽 홍성천과 북쪽 월계천이 서쪽에서 동쪽으로 흐른다. 두 하천은 동쪽에서 합류하는데 이렇게 만들어진 삼각형 지형의 내부에 읍성을 앉혔다. 동·남·북 쪽은 하천이 자연 해자(垓子)의 역할을 하도록 맡겼다. 홍주읍성에 별도의 해자를 파지 않은 것도 이 때문이다. 서쪽은 해발 40m 남짓한 작은 언덕을 방어벽으로 삼았다. 홍주성역사공원이 조성된 언덕 주변은 옛 성벽이 잘 남아 있다. 발굴조사에서 드러난 남문의 흔적은 최근 되살려 홍화문이라 이름 붙였다.

홍주의 고려시대 이름은 운주다. 『고려사』는 태조 원년인 918년

"웅주, 운주 등 10개 남짓한 주현이 배반해 후백제에 귀부했다"고 적었다. 『세종실록』에는 "백제 때 칭호는 알 수 없다. 김씨의 지지(地志)에도 실리지 않았다"고 했다. '김씨의 지지'란 김부식이 지은 『삼국사기』의 지리지를 말한다.

고려 태조 왕건은 개국하고 17년이 지난 934년 이 지역을 되찾는다. 친(親)궁예 노선을 걷던 운주 호족이 30곳 남짓한 주변 성을 이끌고 고려에 투항한 것이다. 태조의 제12비 흥복원 부인이 바로 운주 출신이다. 충남 서부 일대를 세력권으로 두었던 호족의 딸로 봐야 한다. 운주 호족의 거점이었을 토성의 흔적도 나왔다. 서문 주변에서 9세기 후반 이후 토성이 50m가량 확인됐다. 홍주읍성의 진산인 백월산 기슭에서는 제법 규모 있는 고려 초기 건물터가 드러나기도 했다.

당시에는 외적이 침입하면 바닷가나 들판을 비우고 산성으로 올라가 안전을 도모하는 청야책을 썼다. 그러니 평지성보다는 산성이 중요했다. 하지만 평야지대의 생산성이 높아지면서 모든 것을 버려두고 산으로 갈 수는 없게 됐다. 조선 세종시대 군사제도를 정비하면서 평지성의 중요성을 강조하기 시작했다. 바다에서 가까운 지역부터 산성 대신 읍성을 쌓는 것을 원칙으로 삼았다. 이렇게 조선은 세종부터 문종 시대에 걸쳐 충청도 서해안 지역에만 모두 14개의 읍성을 새로 쌓거나 보강했다. 당진, 면천, 서산, 태안, 덕산, 홍주, 대흥, 결성, 보령, 남포, 홍산, 비인, 서천, 한산 읍성이 그것이다. 홍주읍성을 고쳐 쌓는 공사는 1451년(문종 1) 마무리됐다고 한다.

『문종실록』은 공사가 끝난 뒤 홍주읍성의 둘레가 4,856척에 높이가 11척, 여장(女墻)은 608개라고 했다. 여장은 적의 화살이나 총탄으

14. 내포 역사 그대로 간직한 홍주읍성

로부터 아군을 보호하는 동시에 적을 효과적으로 공격할 수 있도록 성벽에 낮게 쌓은 담장을 가리킨다. 세종실록 지리지는 보강 이전 홍주읍성의 둘레가 533보(步) 2척이라고 했다. 1보는 3척이니 1,601척에 해당한다. 세종시대 건축에 쓰던 영조척은 1척이 31.22㎝였다. 그러니 문종시대 읍성 길이는 대략 1,516m였다. 이전에 500m 남짓이었으니 3배 남짓 확장한 것이다. 이후 성벽은 1,772m로 늘어나기도 했다. 오늘날 남은 성벽은 810m 정도다.

지금 홍주읍성 주변은 사통팔달 도로가 뚫려있다. 홍성 읍내에 들어서면 가장 먼저 마주치는 읍성의 흔적이 조양문이다. 조양문은 읍성의 동문이지만, 당당한 모습처럼 사실상 홍성의 관문이자 상징으로 인상지워져 있다. 반면 언덕 위의 남문은 수성전을 지휘하는 망루의 개념이 짙다.

홍성군은 최근 조양문 서쪽 옛 홍주관아와 읍성 남문 주변을 홍주성역사공원으로 조성하고, 홍주성역사관도 새로 지었다. 전국적으로 조선시대 읍성을 복원하는 노력이 경쟁적으로 벌어지고 있다. 하지만 홍성처럼 옛 읍성의 분위기를 느끼게 해주는 고을은 그리 많지 않은 듯하다. 굳이 주변 관광지를 묶지 않더라도 홍주읍성만 둘러보는 여행 일정으로도 후회하지는 않을 것 같다.

이렇게 장담하는 것은 옛 흔적이 거의 없어 사실상 무에서 유를 창조하다시피 해야 하는 다른 지역과 달리 홍성은 옛 관아가 상당 부분 남아 있기 때문이다. 홍주성역사공원에 접어들면 홍성군청과 홍성군의회가 나타난다. 그 앞에는 홍주관아의 외삼문이었던 홍주아문이 보인다. 군청 정문은 곁에 별도로 냈지만, 지금도 여전히 군청과 의회의 상징적인 정문 역할을 하고 있다.

그런데 홍주아문만 살펴보고 돌아서면 안 된다. 아문으로 들어서 고려 공민왕 때 심었다는 느티나무를 지나 군청사 사이로 가면 뒤편에 격식 있게 지은 조선시대 건물이 나타난다. 당당한 모습이지만 주변에 새로운 건물을 붙여 지어 조금 옹색하게 보이는 것은 아쉽다. 1870년(고종 7) 중건한 홍주목의 동헌 안회당이다. 뒤뜰에는 여하정이 있다. 1896년(고종 33) 지은 것이다. 작은 정자 주변에 파놓은 연못, 그리고 물가 풍경에 격조를 더하는 늙은 버드나무 한 그루가 인상적이다.

홍성의 근세사는 항일운동을 빼놓고는 이야기할 수 없다. 청산리 대첩을 이끈 백야 김좌진 장군과 3·1운동 당시 민족 33인의 한 사람으로 서대문형무소에서 옥고를 치른 만해 한용운의 고향이 홍성이다. 생가와 기념관을 비롯해 이들을 기리는 공간이 적지 않으니 찾아봐도 좋을 것이다.

외세가 밀려들던 한말, 의병의 홍주성 전투도 기억해야 한다. 홍주 의병은 단발령 공포 직후인 1896년과 을사늑약 체결 직후인 1906년 각각 거병했다. 특히 1906년 민종직이 충청도 서부지역에서 규합한 1,000명 남짓한 의병은 홍주성을 점령하고 일본군과 공방전을 벌였다. 하지만 일본군의 화력에 밀려 82명의 전사자를 내며 물러서야 했다. 조양문에는 포격전의 흔적이 남아 있다.

홍성천과 월계천이 합류하는 홍성읍 대교리에는 당시 산화한 의병의 유골을 모신 홍주의사총과 홍주의병기념탑이 있다. 홍주읍성 남문이 바라보이는 홍주성역사공원 언덕에는 병오항일기념비도 세워졌다. 1906년 병오년의 홍주성 전투를 기리는 비석이다. 기념비 밑에는 또 하나의 비석이 묻혀 있다고 한다. 이른바 애도지비(哀悼之碑)다.

홍주성전투 당시 의병에 사살된 일본군을 추도하는 비석이다. 국권을 빼앗겨 일본에 강제로 동원될 수밖에 없었던 관군도 사망자를 냈다. 글을 지은 사람은 개화파에서 친일파로 변신한 김윤식이고, 글씨를 쓴 사람은 대표적인 친일파 이완용이다. 지금은 흔적을 찾을 수 없지만 일제강점기 이 언덕에는 신사도 있었다고 한다.

홍성이라는 땅 이름은 일제가 홍주를 1904년 이웃 결성과 합치면서 한 글자씩을 따와 지었다고 한다. 홍주는 충남의 양대 도시 공주와 일본어 발음이 '고슈'로 같아 바꾸지 않을 수 없었다는 것이다. 하지만 홍주가 가진 항일의 상징성을 희석시키려는 의도였다는 시각도 있다.

15. 진산사건 현장과 두 순교자 무덤

충청남도 금산군은 동쪽으로 태백산에서 속리산을 거쳐 지리산으로 이어지는 백두대간이 버티고 있다. 서쪽은 마이산에서 대둔산과 계룡산을 지나 부소산에서 마무리되는 금남정맥이 가로막고 있다. 동서는 물론 남북도 사방팔방 끝없이 이어지는 봉우리에 포위돼 있다. 금산은 줄곧 전라도 땅이었다. 1914년 진산군이 금산군에 합쳐졌고, 통합된 전라북도 금산군은 1963년 충청남도에 편입됐다.

진산에 가보지 못한 사람에게도 땅 이름이 익숙한 것은 아무래도 진산사건 때문일 것 같다. 역사는 1791년(정조 15) 전라도 진산에 사는 윤지충과 권상연이라는 선비가 천주교 교리에 따라 부모의 제사를 거부하고 위패를 불태운 사건이라고 적고 있다. 두 사람은 전주 풍남문 밖에서 참형에 처해졌다. 최초의 가톨릭 순교자가 된 두 사람은 2014년 프란치스코 교황 방한 당시 복자의 반열에 올랐다. 이렇게 '전라도 진산'으로 기억되고 있으니 '충청도 진산'은 조금 낯선 분들도 있겠다.

진산은 금산군의 서쪽 끝에 해당한다. '호남의 금강산'이라 불리는 대둔산이 진산면, 전북 완주군 운주면, 충청남도 논산시 벌곡면이라는 3개 자치단체에 걸쳐 있다. 진산은 대둔산 동쪽 기슭에 아늑하게 파묻힌 청정지역이다. 아름다운 풍광에 농사지을 땅도 제법 넓어 보이니 얼핏 봐도 살기 좋은 고을이다.

윤지충과 권상연의 흔적을 찾으려면 진산성지성당으로 가야 한다. 화려한 것과는 거리가 먼 조촐함의 극치여서 더욱 아름다운 진산성당은 프랑스인 파르트네 신부가 1927년 지었다고 한다. 성당 이전의 지방리공소 시절 사진을 보면 1983년 개조했다는 종탑의 모습이 지금과 다르다.

신축할 당시 성당에는 남동쪽에 남성용, 북서쪽에 여성용 출입문이 따로 있었다. 우리나라 천주교와 기독교 전래 초기 성당이나 교회에서 흔히 볼 수 있는 구조다. 진산성당의 남녀 출입문은 이제 쓰이지 않는다. 성당은 한식 목구조의 슬레이트 지붕이다. 하지만, 내부로 들어서면 가운데 신랑(身廊) 좌우로 나무 기둥이 측랑(側廊)을 상징하는 모습이다. 유럽 가톨릭교회의 대표적 양식인 3랑 구조의 바실리카를 소박하게나마 재현한 것이다. 제단 오른쪽에는 윤지충과 권상연의 초상화가 놓여있다. 순교자를 기리는 교회답다. 최근 진산성지성당은 등록문화재가 됐다.

성당 앞 두 순교자를 기리는 기념비에 다가가니 다음과 같은 이야기가 적혀있는 것을 볼 수 있었다.

윤지충과 권상연의 친척들은 처형된 지 9일 만에 순교자들의 시신을 거둘 수 있었다. 이때 그 시신이 조금도 썩은 흔적이 없고, 형구에 묻은 피가 방금 전 흘린 것처럼 선명한 것을 보고 매우 놀랐다. 교우들은 여러 장의 손수건을 순교자의 피에 적셨으며, 그중 몇 조각을 베이징의 구베아 주교에게 보냈다. 당시 죽어 가던 사람들이 이 손수건을 만지고 나은 일도 있었다고 한다.

당연한 이야기겠지만 『정조실록』에는 매우 다른 시각의 기사가 실려 있다. 윤지충과 권상연을 가리켜 이렇게 말하고 있다.

84

이처럼 지극히 흉악하고 패륜한 일은 인류가 생긴 이래로 들어 보지 못한 일이다. 이런 자들에게 극률을 시행하지 않는다면, 인심을 맑게 하고 윤리를 바르게 할 수가 없다. 양적(兩賊)은 여러 백성이 보는 앞에서 부대시(不待時)로 참형에 처하고 5일 동안 효수함으로써 하여금 강상이 지극히 중요하다는 사실과 사학(邪學)은 절대로 경계해야 한다는 것을 알게 해야 한다.

시간을 늦추지 않는 것이 '부대시'다. 조선시대 참형은 추분까지 기다려 집행하는 것이 원칙이었지만 중죄인은 예외로 즉시 처형할 수 있었다. 강상은 유교의 기본 덕목인 삼강과 오상을 이른다.

이어 정조는 "진산군은 5년 기한으로 현으로 강등하라. 그리고 해당 수령이 그 죄를 짓도록 내버려두었는데 감히 몰랐다고 말할 수 있겠는가. 군수가 먼저 적발했다는 것을 가지고 용서할 수는 없다. 군수는 먼저 파직하고 이어 잡아다가 법에 따라 무겁게 처벌토록 하라"고 명령했다.

윤지충과 권상연의 무덤이 2021년 전북 완주군 이서면 초남이성지 바우배기에서 확인된 것은 천주교회사를 넘어 한국사 차원에서도 뜻 깊은 일이 아닐 수 없다. 무덤에서 발굴된 윤지충 시신의 목뼈에서는 날카로운 도구에 잘린 흔적이 생생했다고 한다. 소박한 백자 사발로 만든 묘지(墓誌)에는 순교자에 대한 최소한의 정보만 적혀 있다. 천주교 관련 글귀가 보이지 않는 것은 주위 시선을 의식하지 않을 수 없었기 때문이다. 죽은 이에 관한 얘기를 적어 무덤에 묻는 것이 묘지다.

바우배기는 신유박해(1801)로 순교한 윤지충의 이종사촌 유항검의 고향이다. 그는 조선 천주교의 독자적 제도인 가성직자단(假聖職者團)

의 신부로 지명되기도 했다. 능지처참당한 유항검의 집터는 집을 헐어 못을 만드는 파가저택에 처했다. 윤지충과 권상연의 진산 집도 같은 처분을 받았는데 아직 그 터를 찾지 못하고 있다고 한다. 두 사람의 집터가 확인되면 또 다른 성지가 될 것이다.

바우배기는 유항검 가족의 무덤이 1914년 전주 치명자산성지로 옮겨지기 전까지 있었던 곳이다. 무연고 분묘로 남아 있던 주변 10기의 무덤을 발굴한 결과 윤지충·권상연과 함께 윤지충의 아우이자 또 한 사람의 순교자 윤지헌의 시신도 찾아낼 수 있었다. 감당하기 어려웠을 당대 대역죄인 윤지충과 권상연 등의 시신을 유항검이 거두어 자기 집안 선산에 모셨음을 짐작하게 한다.

윤지충의 6대조는 「어부사시사」로 잘 알려진 고산 윤선도이고, 증조부는 수염 난 모습의 자화상으로 유명한 화가 공재 윤두서다. 윤지충에게 가톨릭 교리를 전해준 사람은 다산 정약용 형제라고 한다. 다산 정약용에게 고산 윤선도는 외가 쪽 6대조가 된다. 권상연은 윤지충보다 여덟 살이 많은 외사촌이다. 모두 천주교 전래 초기에 신앙으로 이리저리 얽혀있는 집안이다.

한국 천주교는 이승훈이 1784년(정조 8) 베이징(北京)에서 세례를 받고 돌아와 최초의 신앙 공동체를 형성한 직후에는 이렇다 할 어려움이 없었다. 물론 양반가 젊은이 사이에 천주학이 유행처럼 번지는 분위기에 걱정스러운 시선이 없는 것은 아니었다. 하지만 사제 파견을 요청하러 베이징에 갔던 훗날의 순교자 윤유일이 뜻밖의 소식을 전하자 상황은 크게 달라졌다. "천주교 신자는 조상에 대한 전통적 제사를 지내서는 안 된다"는 베이징교구장 알렉산드르 드 구베아의 명령을 들고 온 것이다.

이후 천주교 신자들은 양자택일을 강요받았고 많은 이들이 신앙을 버렸다. 윤지충에게 신앙을 전한 정약전과 정약용도 교회를 떠났다. 전통적 유교 윤리에 포용적이던 예수회 신부들의 저서로 천주교를 배운 조선의 신자들은 파리외방선교회가 중국 교회의 주도권을 잡은 이후 '제사는 이단'이라 주장하자 혼돈에 빠질 수밖에 없었다. 이때 많은 이들이 배교했다지만, 정확하게 표현하면 조선 사람들에게 예수회의 천주교와 파리외방선교회의 천주교는 사실상 다른 종교였다.

윤지충과 권상연이 순교한 전주감영의 남문 밖 형장 터에 1914년 전동성당이 세워졌다. 전동성당의 풍남문 쪽 길가에는 두 사람이 십자가를 메고 순교장으로 향하는 모습을 상징하는 조각이 보인다. 진산에서 이치, 곧 배티를 넘어 전주로 가는 길은 그대로 두 사람이 관군에 압송된 루트다. 천주교 신자가 아니라도 의미 있는 순례 코스가 되지 않을까 싶다. 대둔산의 풍광은 덤이다. 바우배기가 정비되면 한국천주교를 대표하는 새로운 성지가 될 것이다.

16. 백제 불비상에 얽힌 흥미로운 의문

불비상(佛碑像)은 중국에서는 흔히 볼 수 있는 불교조각이라고 한다. 네모난 석재에 불보살을 비롯한 다양한 이미지를 새긴 조형물이라 할 수 있다. 불비상은 불교조상비(佛教造像碑)라고도 부른다는데 중국에서는 5~6세기 이후 당나라 시대에 제작이 이루어졌다는 것이다. 우리나라에는 흔치 않은데, 백제 패망 직후 오늘날의 세종특별자치시 지역에서 짧은 시기에 집중적으로 조성된 것이 흥미롭다. 존재가 알려지지 않던 불비상이 학계에 소개된 과정도 재미있다.

1960년 동국대 불교학과에 다니던 이재옥 학생은 집 주변 문화재를 탁본해 오라는 방학 과제를 받았다. 지도교수는 훗날 국립중앙박물관장을 지내고 2011년 타계한 미술사학자 황수영이었다. 학생의 고향은 세종특별자치시 연서면 쌍류리로 행정도시가 건설되기 이전엔 충청남도 연기군 서면 쌍류리였다. 그는 고향집에서 언덕을 하나 넘으면 나타나는 비암사에서 어릴 적부터 봤던 비석들을 떠올렸다. 극락보전 앞 삼층석탑의 3층 지붕에는 세 점의 검은색 비석이 올려져 있었다.

학생은 스님이 출타하기를 기다려 절에 '잠입'한 뒤 사다리를 놓고 석탑에 올라갔다. 하지만 처음 해 보는 탁본이라 표면의 이끼를 제거해야 한다는 것을 몰랐던 데다 스님이 언제 돌아올지 몰라 서두르느라 찍힌 모양이 선명치 않았다. 황수영 교수는 탁본을 새로 해 오라고 했고, 이재옥 학생은 다시 고향에 내려가 이끼를 벗겨내고 제대로 탁본을 했다. 그런데 시간이 오래 걸리는 바람에 외출했던 스님이 돌아왔고 크게 혼이 났다고 한다. 부처의 진신사리나 말씀을 경전에 담은 법사리 등을 봉안하고 예배하는 '부처님의 무덤'에 허락도 받지 않고 올라갔으니 당연한 일이다.

탁본에 찍힌 명문을 보고 놀란 황수영 선생은 조사단을 구성해 9월 10일 비암사로 향했다. 이날 조사단이 확인한 것이 계유명전씨아미타불삼존석상과 기축명아미타불비상, 미륵보살반가사유비상이었다. 국내에서는 처음 알려진 이른바 불비상이었다. 비석 모양의 돌에 부처를 새긴 것이다.

이듬해 오늘날의 세종시 조치원읍 서창리에 있는 서광암에서 계유명삼존천불비상, 연서면 월하리 연화사에서 무인명석불비상과 칠존불비상이 각각 조사됐다. 공주시 정안면 평정리에서도 삼존불비상이 확인됐다. 모두 삼국시대 백제 땅이었다. 한반도 다른 지역에는 없는 특정 불교조각이 일정 시기에 좁은 지역에서 집중적으로 조성됐으니 역사적·종교적 가치는 매우 컸다.

자연스럽게 비암사 아미타삼존석상과 서광암 삼존천불비상은 국보로, 다른 5점의 불비상은 모두 보물로 지정됐다. 비암사 불비상 3점은 국립중앙박물관으로 넘겨져 지금은 국립청주박물관의 가장 중요한 전시품으로 대접받는다. 이재옥 선생은 역사에 남을 발견을 했지만 그 결과 비암사는 이름과 달린 비암(碑巖) 없는 절이 됐고 미안한 마음에 한동안 찾아가지 못했다고 술회했다.

서광암 삼존천불비상은 국립공주박물관, 정안 삼존불비상은 동국대박물관으로 옮겨졌다. 연화사의 두 불비상은 지금도 그곳에 있다. 서광암과 연화사는 일제강점기 이후 세워진 사찰이다.

당시 황 교수는 비암사 불비상을 조사하고 「비암사 소장의 신라재

명석상(新羅在銘石像)」이라는 논문을 발표한다. 이후 최근까지 적지 않은 미술사학자와 역사학자가 불비상이 남겨 놓은 의문을 푸는 노력을 해 오고 있다. 의문이란 이런 것이다. 비암사 계유명삼존석상에는 "국왕·대신 및 칠세부모와 모든 중생을 위해 절을 짓고 불상을 만들었다"는 내용과 함께 불사를 주도한 이들의 벼슬과 이름을 새겼다. 그런데 신라 관등인 내말·대사와 백제 관등인 달솔이 한데 명기되어 있다.

이 때문에 학계는 계유년을 백제가 망하고 13년이 지난 673년(신라 문무왕 13)으로 추정한다. 조각 양식이 8세기로 내려가지 않는다는 것도 이렇게 보는 중요한 이유라고 한다. 같은 이치로 무인년은 678년(문무왕 18), 기축년은 689년(신문왕 9)으로 보고 있다. 망국민이 새로운 지배 치하에 막 들어서고 조성한 불비상에 새긴 '국왕·대신'이 백제왕인지, 신라왕인지 궁금할 수밖에 없다.

불비상에 대한 미술사학자들의 묘사도 의문을 뒷받침한다. 계유명삼존석상의 경우 '협시보살상은 본존 쪽으로 몸을 약간 튼 자세로 연화좌 위에 서 있는데, 삼국시대의 엄격한 정면 직립의 자세에서 벗어나 있다. 그러나 아직 통일신라시대의 삼곡(三曲) 자세로까지는 발전되지 못한 형태이다. 보살상 좌우에 있는 금강역사상 또한 본존을 향하여 몸을 돌리고 있는데, 왼쪽의 금강역사상은 왼손에 긴 창을 들고 있다. 그런데 여기에 표현된 금강역사상은 당시의 금강역사상 표현과는 달리 갑옷을 입은 모습이며, 허리에서 X자형으로 교차되는 영락 또한 특이하다.'는 것이다.

백제왕과 대신으로 보는 학자들은 불비상을 백제 옛 땅에서 백제 유민이 만들었다는 데 주목한다. 신라가 당나라와의 혈전을 앞두고 백제인들에게 관작을 주면서 회유하던 시기 망국의 군주와 대신의 극락왕생을 비는 내용이라는 것이다. 일각에선 백제부흥운동과 연결시키기도 한다. 비암사 계유명삼존석상의 갑옷 차림 금강역사상도 백제부흥군의 모습을 상징한다는 주장이다.

신라왕과 대신을 위한 조각으로 보는 학자들은 명문의 백제 유민 대부분이 신라 관등을 갖고 있는 데다 백제부흥운동에 관한 언급이 없다는 것은 근거로 삼는다. 특히 계유명 불비상을 조성한 673년은 당나라가 백제 옛 땅에 설치했던 통치기관인 웅진도독부를 신라가 내쫓은 이듬해라는 데 의미를 부여한다. 신라가 백제 유민들의 역량까지 한데 모아 당군 축출에 나서려면 황폐해진 민심을 수습하는 것이 급선무였던 만큼 불비상과 사찰 조성을 지원해 위무하려 했다는 것이다.

하지만 신라왕과 대신을 위해 조각했다고 보는 학자들도 불비상을 발원한 백제 유민이나, 조상(造像)에 참여한 백제 조각가들이 마음속으로도 새로운 지배자들의 발복을 빌었는지는 당연히 장담하지 못하고 있다. 백제 유민과 조각가들은 망국의 현실은 인정하면서도, 백제인으로서의 정체성은 쉽게 떨쳐버릴 수 없었기에 지나간 백제 양식으로 불상을 조성하지 않았겠느냐는 해석이다.

그래서 나온 것이 절충론이다. 불비상은 죽은 뒤 서방정토에서 다시 태어나고자 하는 아미타신앙에 기반한다. 따라서 '국왕·대신 및 칠세부모와 모든 중생'에는 백제 패망과 부흥운동 과정에서 죽은 중생, 당나라에 끌려간 1만 2,000명도 포함되어 있다는 것이다. 표면적인 조성 목적은 신라왕과 대신들을 위해서라지만, 심정적으로는 백제왕과 대신들을 위하는 것이라는 설명이다.

결국 일련의 불비상은 신라라는 새로운 통치자를 인정할 수밖에 없는 백제 옛 땅 유민들의 복잡한 심사를 보여 준다고 할 수 있다. 어쩔 수 없이 신라인으로 삶을 이어 가야 하는 망국민이기에 불상 및 사찰 조성에는 타협하는 자세를 보여 줄 수밖에 없다. 그럴수록 백제 스타일로 불상을 만들어 사라진 사람들을 마음 한구석에 담아 두고자 하는 처연함을 드러내고자 했다는 것이다.

제1부 역사를 찾아가는 발걸음

17. 제주 유배선 출항지 해남 이진포

　제주의 유배 역사는 일찌감치 관광자원으로 발돋움했다. 추사 김
정희가 위리안치됐던 서귀포 대정에는 김정희의 제주 시절 대표작인
세한도(歲寒圖)에 그려진 집 모양의 기념관이 세워졌다. 탐방로도 만
들어졌는데, 추사 유배길, 성안 유배길, 면암 유배길이 그것이다. 성
안 유배길은 제주목 관아를 나서 제주읍성터를 따라 면암 최익현, 우
암 송시열, 광해군, 성호 이익의 흔적을 만나도록 짜여졌다. 면암 유
배길은 최익현이 유배에서 풀린 다음 배소에서 출발해 한라산에 올
랐던 루트라고 한다.

　육지와 제주를 잇는 바닷길도 궁금하다. 뱃길은 유배인과 관리뿐
아니라 모든 문물의 통로였다. 조선시대 제주를 대표하는 양대 항구
는 화북포와 조천포였다. 송시열과 김정희, 최익현은 화북포로 제주
에 들어갔다. 하지만 청음 김상헌은 해배(解配)되고 조천포에서 제주
를 떠났다. 제주를 방문한 점필재 김종직은 조천관에서 순풍을 기다
리다가 한 편의 시를 남기기도 했다.

　한양을 오가는 관리들의 숙소였던 조천관은 터만 남았다. 하지만
조천 연북정(戀北亭)은 이른바 유배 문화가 각광 받으며 인기 있는 탐
방지로 떠올랐다. '궁궐이 있는 북쪽을 바라보며 그리워한다'는 이름
부터 유배자의 정서와 맞물려 감회를 자아낸다. 물론 임금의 관심을
간청하는 마음은 벼슬아치들도 다르지 않았을 것이다. 화북리도 19
세기에는 공북리(拱北里)라는 이름이었다고 한다. '공북'이란 임금을
향해 손을 모은다는 뜻이니 연북정의 작명 원리와 일맥상통한다.

헌종시대 제주목사를 지낸 응와 이헌조는 조천항 일대의 풍경을 묘사한 「연북정(戀北亭)」이라는 시를 남겼다.

바닷가에서 가장 번듯한 마을
조천관 밖에 깃발을 멈추었다.
이진(梨津) 사공은 바람 맞으며 배를 움직이고
선흘 사람들은 가랑비 맞으며 밭을 가네.

海曲繁華第一村(해곡번화제일촌)
朝天舘外駐行旛(조천관외주행번).
長風客艤梨津櫂(장풍객의이진도)
細雨人耕善屹原(세우인경선흘원).

선흘은 조천의 마을이고 이진은 바다 건너 해남의 포구다. 조천으로 들어오는 육지 배가 출항하는 대표적 포구가 이진이었음을 짐작게 한다.

하지만 지금은 이진포에 가도 임진왜란에 얽힌 스토리만 부각되고 있다. 전라남도 해남군 북평면의 이진리는 반농반어(半農半漁)의 한적한 시골 마을이 됐다. 마을 앞 포구에선 왼쪽으로 달도를 거쳐 완도를 잇는 완도대교의 주탑이 보인다. 땅끝도 멀지 않다. 그야말로 한반도 최남단이다.

조선은 1588년(선조 21) 이진에 군진을 세운 데 이어 1627년(인조 5) 종4품 만호가 지휘하는 만호진으로 승격시킨다. 이 지역은 고려시대부터 왜구의 침범이 잦았던 데다 을묘왜변과 임진왜란으로 이진포의 중요성이 더욱 커졌기 때문이다. 이진성은 방어를 위한 목책과 해자까지 갖추었던 것으로 알려진다. 몰려드는 적군으로부터 성문을 방어하는 옹성도 일부가 남아 있다.

이진성 안팎에서는 최근 세운 친절한 안내판을 만날 수 있다. 이른바 관방유적(關防遺蹟)으로 이순신 장군과의 인연을 강조하는 내용이 주류를 이룬다. 하지만 이곳이 한양과 제주를 잇는 간선로를 이루는 중요한 거점의 하나였다는 사실을 알리는 안내판은 포구에서도 찾지 못했다.

군선이며 관공선의 거점이었을 이진에는 지금 1t에도 미치지 못하는 연근해 조업용 작은 고깃배들만 한가롭게 떠 있다. 그런데 포구에서 가장 가까운 민가의 나지막한 돌담에 눈이 간다. 담장을 이루는 돌은 구멍이 숭숭 뚫린 현무암이 대부분이다. 마치 제주도의 담장을 연상시킨다.

제주말의 하역항으로 이진의 역사를 말없이 보여 준다. 먼바다를 항해하는 선박은 바람과 파도에 중심을 잃지 않도록 평형수를 채우는데 과거에는 돌을 실어 그 역할을 하도록 했다. 하지만 말을 내리면 제주에서 싣고 온 현무암은 더 이상 쓸모가 없으니 항구에 그대로 버렸다.

제주도는 고려시대 이후 군마(軍馬) 사육장이었다. 물론 제주말을 반입하는 남해안 항구가 이진이 유일하지는 않았다. 강진 마량의 마도진에서도 비슷한 현무암이 발견된다고 한다. 땅 이름으로 짐작해 봐도 마량은 중요한 제주말 반입항의 하나였을 것이다. 강진의 옛 이름인 탐진도 탐라, 곧 제주를 오가는 항구였기에 붙여진 이름이라는 주장이 있다. 그렇다 해도 이진포의 현무암은 마량의 그것보다 많다.

현무암의 많고 적음은 운항한 회수와 운송한 말 숫자와 비례할 수밖에 없다.

이진은 조선 후기 제주를 오가는 선박의 출입 통제소 역할을 했던 것 같다. 제주로 가는 또 다른 항구였던 강진 남당포를 출발한 배도 큰 바다로 나가기에 앞서 완도 북쪽의 이진포를 거쳤다. 「대동여지도」로 유명한 고산자 김정호는 『대동지지(大東地志)』에 "이진진은 한양에서 950리 떨어져 있고, 성에는 해월루가 있다. 제주로 들어갈 사람은 모두 여기서 배를 타고 떠난다"고 기록했다.

조선 중기의 문인 임제 백호는 1577년(선조 10) 제주목사로 있던 아버지를 만나고 돌아와 『남명소승(南冥小乘)』이라는 기행문을 남겼다. 임제는 12월 6일 강진 남당포를 출발해 저녁 늦게 이진보(梨津堡)에 이른다. 남당포는 강진읍 남포리로 추정하고 있다. 임제는 이진에서 배웅 나온 관리들과 작별해 12월 9일 밤 제주 조천포에 도착한다. 돌아올 때는 화북포에서 출발해 해남 관두포로 상륙했다. 해남반도 서쪽의 관두포 역시 오래된 제주 뱃길의 출발점이자 종착점이었다.

서울과 이진포나 관두포, 제주를 잇는 길이 삼남대로다. 도성을 출발해 동작나루, 과천, 청호역(수원), 진위, 성환역, 천안, 차령, 공주, 노성, 은진, 여산, 삼례역, 태인, 정읍, 갈재, 장성, 나주, 영암, 해남을 거쳐 이진에서 배를 타고 조천포로 건너간 다음 제주목관아에 이르는 노정이다.

해남군은 이진 동쪽 남창리에 달량진성과 해월루를 복원했다. 북평면 소재지인 남창리는 해남과 완도를 잇는 땅끝대로를 사이에 두고 서쪽의 이진리와 마주 본다. 달량진성은 수군 만호성이었지만, 만호진이 이진으로 옮겨가면서 환곡을 위한 곡식 창고로 바뀌었다. 김정호는 「대동여지도」에도 해월루를 이진이 아닌 동쪽 달량진성에 그렸다. 만호진이 이동하면서 착각했다는 것이다. 해월루 아래는 해변 산책 데크도 만들어 놓았으니 달량진 유적도 찾아보면 좋을 것이다.

이진포 북쪽은 기기묘묘한 암봉이 인상적인 달마산이 병풍처럼 두르고 있다. 이진포의 반대편 달마산 기슭에는 아름다운 절 미황사가 있다. 미황사 창건설화는 이렇다. 신라 경덕왕 시절 황금빛 피부의 외래인이 범패 소리를 울리며 노를 저어 사자포 앞바다에 나타나 경전과 불상 및 탱화를 의조화상에게 건네주었고, 싣고 왔던 바위를 부수고 나온 검은 소가 점지한 자리에 절을 세우니 곧 미황사라는 것이다. 흔히 인도 불교가 바다로 직접 전래된 증거로 이 설화를 들기도 한다. 그 사자포는 미황사에서 최단 거리 항구인 이진포로 상정하는 것이 자연스러울 듯싶다.

18. 예산 남연군 무덤과 삽교천 구만포

　가야산이라면 경상남도 합천 해인사를 떠올리는 사람이 많을 것이다. 하지만 충청남도 내포의 가야산 역시 합천의 가야산을 뛰어넘는 상징성을 가진 한국 불교 역사의 중심이라고 할 수 있다. 합천 가야산 정상은 해발 1,430m 상왕봉이다. 내포 가야산에도 해발 310m의 상왕산이 있다. 조선시대 사찰의 단아한 아름다움을 자랑하는 서산 개심사를 찾아본 분들이 많을 것이다. 근대명필 해강 김규진이 '상왕산 개심사(象王山 開心寺)'라고 큼지막하게 쓴 예서체 편액이 눈이 어른거리는 듯하다.

　그런데 상왕, 곧 코끼리는 부처를 상징한다고 한다. 부처가 깨달음을 이룬 인도 동북부 비하르주의 보드가야로 가려면 거점도시 가야를 경유하기 마련이다. 이곳에는 팔리어로 가야시사라는 산이 있어 부처 당시에 초대형 사원이 지어졌다. 꼭대기가 코끼리 머리를 닮았다고 중국에서는 가야시사를 상두산으로 의역하기도 한다. 인도의 가야, 보드가야, 가야시사는 부처의 수행, 깨달음, 설법이 이루어진 곳이다. 우리도 같은 상징성을 가진 성지를 갖고 싶어 했다.

　내포란 가야산을 둘러쌓고 있는 주변의 10개 남짓한 살기 좋은 고을을 가리킨다. 삽교천을 따라 바닷길이 깊숙하게 내륙으로 들어왔다는 지형적 특징이 일종의 고유명사가 된 듯하다. 가야산의 서쪽 서산시 운산면에는 개심사와 함께 '백제의 미소'로 알려진 서산 마애불과 백제 사찰 보원사 옛터가 있다. 가야산 동쪽 예산군 덕산면에는 역시 백제시대 거찰인 가야사가 있었다. 이름만으로 짐작하면 과거

가야사는 보원사를 뛰어넘어 내포 가야산을 대표하는 사찰이었을 수도 있다.

덕산의 가야사 옛터는 흥선대원군이 아버지 남연군의 무덤을 쓴 것으로 유명하다. '2대에 걸쳐 천자(天子)가 나올 길지(吉地)'라는 지관의 말에 1844년(헌종 10) 경기도 연천에 있던 아버지 무덤을 옮겼다. '2대천자지지(二代天子之地)'라는 예언은 흥선대원군의 아들과 손자가 고종황제와 순종 황제에 올랐으니 그대로 맞아떨어졌다고 할 수 있다. 하지만 2대 황제 이후 대한제국이 망했으니 흥선대원군이 '2대 천자만 나온다'는 의미를 제대로 깨우쳤어야 했다는 우스개도 있다. 어쨌든 남연군 무덤에 서면 풍수지리에 아무런 관심이 없어도 "과연 명당이네" 하는 감탄이 절로 나온다.

대원군이 가야사를 불태우고 아버지 무덤을 썼다는 주장도 있다. 하지만 가야사는 대원군 당시에도 폐사 상태였던 듯하다. 개화파 문인 김윤식의 『속음청사』에도 '남연군묘를 가야사의 빈터에 썼다.'는 기록이 있다. 대원군은 불교를 적극 후원한 인물이었다. 집권 이전에도 영종도 용궁사를 원찰로 삼은 것은 물론 흥천사, 화계사, 보광사를 중창했다. "불교를 즐겨 좇았다"거나 "술이 있으면 신선을 배우고, 술이 없으면 부처를 배우리라"는 글귀가 새겨진 인장도 즐겨 썼다. 조선 후기를 대표한다고 해도 좋을 친불교적 인사가 유서 깊은 큰절에 불을 지르는 일은 없었을 것이다.

대원군이 불교를 잘 아는 인물이었다는 것은 보덕사에서 확인할 수 있다. 비구니 도량이어서 한때 일반인 출입을 막은 적도 있지만, 지금은 열려있다. 보덕사는 한마디로 남연군 무덤의 원찰이다. 대원군이 아버지의 극락왕생과 후손의 발복을 빌고자 1864년 세웠다. 이름처럼 자식을 왕으로 만들어 준 부처의 은혜에 보답하겠다는 뜻이 아주 없지는 않았겠지만 부수적이었을 것이다.

무덤의 원찰이니 큰법당은 서방정토를 주재하는 아미타불을 모신 극락전이다. 큰법당 앞에 바짝 붙여 지은 디귿 모양의 대방(大房)은 충청도에서는 이례적이다. 폐쇄적인 구조의 대방은 내부에 다양한 용도의 공간을 두고 있다. 왕실 여인들이 다른 사람의 눈에 띄지 않고 편하게 머물 수 있도록 기능하는 절집이다. 그러니 왕실 무덤이 많은 서울 근교 사찰에 주로 지어졌다. 보덕사는 화려하지는 않지만 정성껏 지었다는 느낌을 준다. 게다가 비구니 사찰답게 아주 깔끔하게 관리하고 있다. 절의 들머리에는 가야사 터에서 가지고 왔다는 화사석으로 다시 세운 석등이 있다.

흥선대원군은 보덕사를 아버지의 원찰로 품격을 갖추고자 많은 공력을 쏟았다. 대원군이 직접 쓴 보덕사 현판은 대방에 걸려 있다. 큰법당인 극락전의 아미타여래도와 지장시왕도, 현왕도, 신중도 역시 흥선대원군의 발원으로 1864년 봉안한 것이다. 지장시왕도 하단의 화기(畵記)에는 '대시주자는 경성 내수동 흥선대원군 경진생 이씨와 여흥부대부인 무인생 민씨'라 적혀있다. 흥선대원군은 극락전 내부 불사가 있을 때 보덕사에 머물고 있었다. 『고종실록』에는 "대원군이 남연군묘에서 별다례(別茶禮)를 행하고자 덕산에 머물렀다"고 했다. 극락전 탱화 불사 시기와 일치한다.

가야사는 백제시대 창건됐다지만 고고학적으로는 증명된 사실은 아니다. 2012년부터 이루어진 발굴조사에서는 통일신라시대 기와가 쏟아져 나왔다. 머리 부분이 없는 소조 불상도 10점 남짓 출토됐다. 고려와 조선시대 건물 유구도 찾아냈다. 가야사 역사의 본격 재구성이 시작됐다고 할 수 있다. 발굴조사에서는 절 뿐 아니라 남연군묘 제각인 명덕사의 위치도 확인할 수 있었다.

가량갑(加良岬)이라 새겨진 통일신라 기와는 흥미롭다. '가량'과 '가야'는 같은 발음이었던 듯하다. 가야국과 관련된 역사 기록에도 '가량'과 '가야'를 혼용한 사례가 보인다. 가야사라는 절 이름은 『고려사』에 처음 나온다. 『신증동국여지승람』에는 사찰 가야사와 사당 가야갑사의 기록이 함께 보인다. 가야사 터 발굴 조사에서는 일정한 두께로 깎은 석재로 조성한 유구도 확인됐다. 절의 시설로 보기는 어렵다고 한다. 삼국시대 이후 국가적 차원에서 명산에 제사 지내던 흔적일 수 있다.

잘 알려진 대로 남연군 무덤은 대원군에게 통상을 요구하겠다며 오페르트가 저지른 도굴 사건의 현장이기도 하다. 독일 상인 에른스트 오페르트는 1868년 아산만 행담도에 1,000t급 차이나호를 정박시킨 뒤 작은 배로 삽교천을 거슬러 구만포에 상륙한다. 일당은 덕산 관아를 습격해 무기를 탈취하고 가야산으로 향했지만 남연군 무덤의 회곽은 단단하기만 했고, 결국 간조 시간에 쫓겨 퇴각할 수밖에 없었다. 국사 교과서에도 서술돼 있으니 역사적 의미는 각자 새기면 될 것이다.

오페르트 일행이 상륙한 예산 고덕면의 구만포도 찾아보기 권한다. 삽교호 방조제에 물길이 가로막혀 기능을 잃어버렸지만 삽교천 중류 구만포는 지역 중심 항구의 하나였다. 남연군 무덤에서는 자동차로도 20분 이상 걸린다. 이 길을 걸어서 오갔을 오페르트 일당은 조급했을 것이다. 이제 구만포에서 뱃길의 흔적을 찾기는 어렵다. 그래도 내포 역사를 더듬기에 이만한 곳이 없다.

1534년과 1658년 각각 설립된 예수회와 파리외방선교회는 조선을 비롯한 아시아 선교에 경쟁적으로 나섰다. 오페르트 도굴사건 당시 차이나호에는 파리외방선교회 페롱 신부도 타고 있었다. 반면 토착문화를 배려하는 예수회는 공자와 조상숭배를 인정하며 유연하게 선교활동을 펼쳤다. 예수회가 동양선교에 주도권을 갖고 있던 시절 천주교는 조선에서도 박해받을 일이 없었다. 구만포에서 이제는 행담도 바다와 소통이 끊어진 삽교천을 바라보며 이런저런 생각을 하게 된다.

제2부 인물을 찾아가는 발걸음

1. 고창 동리 고택과 소리꾼 양성 시스템

　동리 신재효(1812~1884)는 『춘향가』를 비롯한 판소리 여섯 마당을 개작하고 소리판이 나아가야 할 방향을 모색한 이론가이자 연출가였다. 그는 소리꾼을 양성하고 후원한 조선 후기 소리판의 최대 후견인이었다. 특히 신재효의 광대 양성 시스템은 K팝의 세계적 열풍을 이끌어낸 하이브, SM엔터테인먼트, YG엔터테인먼트, JYP엔터테인먼트의 그것을 연상시킬 만큼 진보적이었다.

　고창읍성 일대는 지금도 거대한 신재효의 기념 공간이라고 해도 지나치지 않다. 신재효 옛집을 중심으로 고창읍성, 동리국악당, 고창판소리박물관, 판소리전수관, 고창문화의전당처럼 동리와 관계가 있는 갖가지 유적과 시설이 주위를 에워싸고 있다. 판소리의 체계적 연구와 교육, 공연이 이루어진 옛집이 사랑채만 남아 있는 것은 조금 아쉽다. 행랑채와 연못, 누각 등 신재효 당시 모습으로 옛집을 재건한다는 고창군의 계획은 이미 오래전에 공표됐지만 실천은 늦어지고 있다.

　고창읍성은 1453년(단종 원년) 왜구의 침입을 막고자 전라도민이 힘을 합쳐 쌓은 석성이다. 1,684m에 이르는 성곽이 드물게 대부분 보존되고 있는 데다, 내부의 고창현 관아도 단계적으로 옛 모습을 되찾고 있다. 현감이 정무를 보던 동헌과 현감의 살림집인 내아와 함께 아전의 사무공간인 작청(作廳)을 먼저 복원한 것은 동리를 염두에 두었기 때문이다. 신재효는 고창현의 아전이었다.

　동리의 집안은 대대로 고창과 무장의 경주인(京主人)이었다. 한양에 머물며 지방관이 올라오면 접대하고 보호하는 책임을 지는 것이 경주인이다. 그의 옛집은 읍성 정문인 공북루를 나서자마자 나타나는데, 이런 핵심 위치에 집을 지었다는 것도 고을에서 차지하고 있던 위상을 반영한다.

동리의 아버지 신광흡은 1808년을 전후해 고창에 자리 잡았다고 한다. 이 집안은 약방으로 돈을 모았는데, 고창현의 「관약국 절목(節目)」에는 신광흡이 독점적 지위를 누리는 관약국을 허가받은 내용이 나타난다. 앞서 그는 1795년 무장현에 진휼미 300석을 기부하고 1807년에는 고창현의 작청을 중건하는데 100냥을 냈다. 금력을 적절히 활용해 다시 특권을 부여받는 수완을 보여 준다.

국가지정문화재인 중요민속자료로 지정된 신재효의 사랑채는 그의 아호를 따서 동리정사(桐里精舍)라고도 불린다. 동리는 이 사랑채에서 자신의 열정을 응축시켰다고 해도 좋을 여섯 마당 판소리의 사설을 정리했다. 사랑채는 정면 6칸의 초가다. 동리 당대에는 작은 집이 아니었겠지만 작은 마당에 답답해 보이기만 하는 지금의 모양새는 신재효 당시와는 거리가 멀어도 한참 멀다.

고창판소리박물관에는 신재효와 교유하던 인물로 알려진 서호생(西湖生)이 동리의 옛집을 둘러보고 묘사한 시구가 담긴 여섯 폭 병풍이 전시되고 있다. 운율을 살리는 표현이어서 옛집의 구조와 전체 스케일을 구체적으로 파악하기는 쉽지 않지만 대강의 면모는 짐작할 수 있다.

'열 이랑 집 백 이랑 터에, 하나의 못이 있고 대나무 천 그루 있으니, 땅이 비좁다 말하지 말고 처소가 구석지다 말하지 말라. 무릎을 들이어 움직일 만하고, 짐을 내려놓고 편히 쉴 만하네. 작은 집이 있고, 정자가 있고, 다락도 있고, 배도 있고, 시도 있고, 그림도 있고, 노래도 있고, 거문고도 있는데, 그 가운데 내가 있어 흰 수염 날리며 분수를 알고 족한 줄 안다.'

서호생이 소박한 듯 그리고 있는 것과는 달리 신재효의 집은 어윤중이 전라도 암행어사 시절 법도에 어긋난다고 지적했다는 일화가 전해질 만큼 크고 화려했던 듯하다. 지역역사전문가인 이기화 전 고창문화원장이 문헌과 증언을 토대로 재구성한 동리 옛집의 풍경은 좀 더 구체적이다.

관아 입구 통로 쪽에는 열네 칸 줄행랑을 지어 위엄을 갖추었고, 서쪽 안채와의 사이 넓은 마당 가운데 큰 동산을 지어 중심을 삼았다. 사랑채 서쪽에는 동쪽에서 끌어들인 시냇물 줄기에 연방죽을 파고 그 위에 연당을 지어 전원생활을 상징했으며, 연당을 지나 서쪽으로 시냇물을 따라가면 안채와 사랑채의 사잇문으로 들어가 안채에 이르도록 했다. 연당은 네 칸 외짝으로 두 칸은 연방죽 위에 세워진 넓은 대청마루이고, 두 칸은 방죽에 연대어 있는 넓은 방 하나로 꾸며졌다.

이런 옛집의 구조는 동리가 광대를 후원하여 판소리 음악교육기관을 설립해서 운영했을 뿐 아니라 공동생활권을 형성하여 판소리 전문교육을 실시했다는 학계의 연구 결과에도 부합한다.

우선 사랑채는 서재이면서 소리꾼을 지도한 교육장이자 공연장이었다. 툇마루를 가진 두 개의 안방과 대청, 그리고 건넌방은 평소 판소리를 가르치는 공간으로 쓰다가, 네 짝 미서기문을 열어젖히면 청

1. 고창 동리 고택과 소리꾼 양성 시스템

중이 모일 수 있는 공연 공간으로 탈바꿈했다. 연못의 누각도 훌륭한 공연장이자 훈련 및 리허설 공간이었다. 동리 옛집이 아니더라도 당시 소리판은 누각이나 사랑채에서 열리곤 했다.

초보 소리꾼은 동리정사에 머물며 사설의 의미를 비로소 깨우칠 수 있었고, 프로 소리꾼은 거친 표현과 비속어를 순화시켜 양반 계층에 어필할 수 있는 세련된 판소리를 습득해 나갔다. 동리의 제자인 대명창 김세종이나 이날치로부터 수준 높은 성음을 구사하는 방법도 배울 수도 있었다. 초보 소리꾼은 명창의 반열에 오른 소리꾼이 목을 푸는 모습만 봐도 배울 게 많은 법이다. 요즘 식 표현으로 레슨과 워크숍 공연이 이루어지면서 소리꾼들은 기량을 높여갔다.

이렇듯 신재효의 판소리 공동체에서는 소리꾼의 발굴, 교육, 공연, 그리고 평가와 재교육에 이르는 일련의 과정이 원스톱으로 관리되고 있었다. 동리의 체계적 소리꾼 관리는 아이돌 스타를 키워내는 요즈음 대형 연예기획사의 매니지먼트 시스템을 연상시킨다. 실제로 동리정사의 열네 칸 줄행랑은 오늘날 아이돌 그룹의 합숙소 같은 개념으로 이해해도 좋을 것 같다.

고창판소리박물관 자료는 신재효 옛집이 4,000평에 이르렀을 것으로 추정한다. 일가붙이와 기생·광대에게도 처소를 마련해 주었으니 50가구 남짓이 한 울타리 안에서 살았다는 것이다. 일제강점기 안채 13칸이 헐리고 고창경찰서 건물이 들어섰다. 사랑채는 경찰서 관사로 쓰이면서 살아남았다. 신재효가 태어나던 해 마당에 심어져 동리(桐里)라는 아호를 낳은 벽오동은 장롱 재목이 됐다. 사랑채 북쪽 경찰서가 들어섰던 판소리박물관 정원과 판소리박물관 본관 및 미술관, 판소리박물관 서쪽에 지금도 남아 있는 옛 경찰서의 또 다른 관사 자리까지가 모두 동리의 집터였다는 것이다.

신재효는 19세기 판소리 역사에서 비교 대상을 찾을 수 없는 독보적 존재이지만 후대 평가는 엇갈리고 있는 것도 사실이다. 판소리 사설을 합리적이고 사실적이며 세련되게 개작해 판소리의 문학적 가치를 높였다는 긍정적 평가가 있는 반면 판소리의 발랄하고 반중세적인 성격을 거세해 퇴화적 경향이 농후해졌다는 비판적 평가도 있다.

한편으로 동리 같은 중인에게는 양반적 속성과 평민적 속성이 동시에 존재할 수 있음을 인정해야 한다는 분위기도 있다. 신재효의 '광대 매니지먼트'가 이 집에서 어떻게 의도되고 실천될 수 있었는지를 이해할 수 있도록 어느 정도 옛집 복원이 이루어졌으면 좋겠다는 바람을 갖는다.

2. 청주 탈환하고 금산에서 순절한 중봉 조헌

우리가 아는 중봉 조헌(1544~1592)은 임진왜란 당시 의병을 이끌고 청주탈환 전투에서 승리한 다음 금산에서 곡창 호남으로 진출하려는 왜군을 저지하다 순절한 기개 있는 선비다. 금산 칠백의총의 중봉 조선생 일군 순의비(重峰 趙先生一軍 殉義碑)에 새겨진 "죽을지언정 국난이 닥쳤는데도 구차하게 살 수는 없다"는 사실상의 유언이 일러주듯 그의 인생은 극적이다. 그럴수록 붕당정치가 본격화하던 시절 서인의 사상적 행동대장 같은 역할을 했다는 사실은 그리 부각되지 않았다.

조헌은 수없는 상소로 조정을 당혹스럽게 했다. 상소문에는 격렬한 표현의 강경한 비판이 담기기 일쑤였다. 조헌의 또 다른 아호는 '율곡 정신을 계승한다'는 후율(後栗)이다. 그런데 율곡조차 "경세제민(經世濟民)의 큰 뜻을 가지고 있다고는 하나 재능은 미치지 못하며 고집이 극심하여 시세를 헤아리지 않는다"고 비판했다. 제자의 앞뒤 가리지 않는 성격이 마땅치 않았던 것 같다.

조헌은 임진왜란 직전인 1589년(선조 22) 도요토미 히데요시가 조선에 사신을 보내오자 강경 대응을 촉구하는 「청절왜사소(請絶倭使疏)」를 올렸다. 상소는 일본 사신의 목을 베라는 「청참왜사소(請斬倭使疏)」로 이어졌고 일본과 외교를 끊으라는 상소도 거듭했다. 상소를 받아들이지 않으려거든 도끼로 목을 치라는 지부상소(持斧上疏)에 이르자 선조는 그를 함경도 길주로 유배 보낸다.

조헌은 유배가 7개월 만에 풀려 한양으로 돌아오는 길에도 대신들을 꾸짖는 상소를 다시 했다. 선조는 '조신들을 다 탄핵하고 몇 사람만 찬양하면서 직언이라 하니 소가 웃을 일'이라며 노했다. 그러면서 '조헌은 간귀'라면서 '아직도 두려워할 줄 모르고 조정을 경멸하여 더욱 거리낌 없이 날뛰니, 다시 마천령을 넘게 될 것'이라고 했다. 또다시 함경도로 귀양보낼 것이라는 경고였다.

임진왜란 이전 이야기를 꺼낸 것은 칠백의총에서 마주친 부자 때문이다. 마흔 안팎의 아버지와 초등학교 5~6학년으로 보이는 아들이었다. 아버지는 봉분 앞에 세워진 조헌 선생 일군 순의비의 복제비 내용을 읽으면서 분개했다. 의병이 관군의 도움을 받기는커녕 방해에 시달렸다는 대목을 읽었나 보다. 아버지는 "이것 봐, 조선시대나 지금이나 정부가 문제야"라는 말을 되풀이했다.

하지만 조헌의 생애를 돌아보면 관군과 협력은 어차피 불가능하지 않았을까 싶다. 관군 지휘관들은 돈키호테와 다름없는 조헌과 더불어 싸울 마음이 애초부터 없었을 것 같다. 옳다고 믿으면 물불 가리지 않고 저지르고, 집착에 가까울 만큼 매달리는 조헌의 품성은 부정적 평가와 순탄치 못한 벼슬길을 자초했다. 하지만 이런 성격이 또한 영웅적 순국의 역사를 낳은 것도 사실이다.

조헌을 중심으로 임진왜란의 역사를 따라가는 여정은 아무래도 금산이 중심이어야 한다. 칠백의총은 조헌과 의승장 영규가 순절한 자리에 조성됐다. 불교계에서는 800명 의승이 가세했으니 모두 1,500 의병이었는데 척불의 역사가 의승군의 자취를 감춰 칠백의총이 됐다고 목소리를 높인다.

조헌의 제자들은 금산싸움 나흘 뒤 순절한 의사들의 유해를 한 무덤에 모셨다. 1603년(선조 36) 순의비를 세우고 1647년(인조 25)에는

2. 청주 탈환하고 금산에서 순절한 중봉 조헌

사당을 지었다. 헌종은 사당에 종용사(從容祠)라는 이름을 내렸다. 그런데 일제는 의총을 파헤치고 순의비는 폭파했으며, 종용사는 허물었으니 치욕은 되풀이됐다.

칠백의총의 정문에 해당하는 의총문으로 들어서면 오른쪽에 비각이 나타난다. 1940년 당시 금산경찰서장 이시카와 미치오가 산산조각 냈던 그 중봉 조선생 일군 순의비다. 당시 주민들은 몰래 비석의 파편들을 땅에 파묻었고, 1971년 파내고 조각을 이어 붙여 다시 세웠다. 2009년 국립문화재연구소는 전면 해체해 최대한 원상에 가깝게 복원하고 몸돌에서 분리된 상태였던 머릿돌도 이어 붙였다.

하지만 유불(儒佛) 협력 의병의 총대장이었던 조헌은 뜻밖에 칠백의총이 아닌 충북 옥천에 묻혔다. 금산 전투가 끝나자 조헌의 동생 조범이 전장에서 형의 시신을 거두어 옥천 안읍에 장사 지냈고, 이후 1636년(인조 14) 지금의 안남면으로 옮긴 것이다. 안읍은 조헌이 옥천에 낙향해 살던 곳이었다. 조헌의 안남 무덤에서 금강을 막은 대청호는 지척이다. 가슴으로 파고드는 공기가 티끌 하나 느껴지지 않을 만큼 청정하다. 무덤 아래는 사당 표충사와 재실 영모재가 그림처럼 자리 잡았다.

무덤으로 오르는 길 신도비를 모신 비각이 먼저 나타난다. 1656년 (효종 7) 세웠다는 신도비는 김상헌이 비문을 짓고 송준길이 글씨를 썼다. 머리글은 김상용의 전서체다. 청음 김상헌이라면 병자호란 당시 척화파의 대표다. 선원 김상용은 병자호란이 일어나자 강화도에서 스스로 순절한 인물이다. 동춘당 송준길도 당대를 대표하는 문인으로 모두가 당대 서인의 영수급이다.

조헌의 고향은 경기도 김포다. 김포시 감정동의 옛집 터에는 조헌

선생 유허 추모비와 우저서원(牛渚書院)이 있다. 조헌이 옥천을 상징하는 인물이 된 것은 보은 현감을 지낸 뒤 고향 대신 이곳에 자리 잡았기 때문이다. 그가 옥천에 지은 공부방 후율정사는 이제 후율당이 됐다.

이지당(二止堂) 역시 조헌이 주도해 인재를 배출한 장소로 알려진다. 금강지류 소옥천이 휘감아 도는 이지당 주변은 그야말로 선경을 방불케 한다. 처음에는 마을 이름을 따서 각신서당이라 했으나 송시열이 『시전(詩傳)』의 '고산앙지 경행행지(高山仰止 景行行止)'라는 문구에서 이지당이라는 이름을 따왔다. "큰 산을 우러르며 그 뜻을 따르기를 그치지 않는다"는 뜻이라고 한다.

조헌이 의병을 모은 곳이 옥천이고 영규와 뜻을 모은 곳도 옥천 가산사다. 안내면 채운산 기슭 가산사에는 조헌과 영규의 영정이 모셔져 있다. 흥미로운 것은 조헌과 영규, 충청도 관찰사 윤선각의 관계다. 훗날 윤국형으로 이름을 바꾸는 윤선각은 의병 활동을 방해한다며 조헌이 불만스러워했던 인물이다. 하지만 영규를 두고는 '청주성 전투로 안팎에서 명성이 났다. 청주전투 이후 승병이 곳곳에서 일어났으니, 실로 영규가 불러일으킨 것'이라고 높이 평가했다. 윤선각은 조정에 올린 장계에도 '영규가 저희 무리를 많이 모았는데, 모두 낫을 가졌고 기율이 매우 엄해 적을 보고도 피하지 않았다.'고 했다. 윤선각과 대립한 조헌이 영규와는 어떻게 뜻을 모았는지 궁금하다.

조헌의 흔적은 청주에도 진하게 남아 있다. 시내 한복판 중앙공원에서 조헌 전장기적비를 만날 수 있다. 1710년(숙종 36) 청주 서문동에 세웠던 것이라고 한다. 함께 싸운 영규대사 기적비도 나란히 세워졌다. 금산 전투에 앞서 조헌 의병과 영규 의승군, 화천당 박춘무의

향토 의병이 합세해 임진왜란 개전 초기 왜군에 빼앗겼던 청주성을 탈환한 것을 기념한다. 사실 금산 전투도 패배했다고 할 수 없다. 『조선왕조실록』은 "비록 조헌 등의 군사가 순절하기는 했지만, 죽거나 다친 왜군이 매우 많았고 관군이 이를 틈 타 공격할까 두려워해 도망가니 호남이 다시 완전하게 되었다"고 적었다. 그러니 금산 전투 역시 왜란 승전의 주춧돌이 된 싸움으로 평가해야 마땅하다.

3. 다산 사상의 터전 한강 변 남양주 마재

　경기도 남양주시 운길산 산허리의 수종사에 오르면 발아래 두물머리는 물론 멀리 양평과 광주에서 흘러드는 남한강과 경안천이 한눈에 바라보인다. 다산 정약용은 수종사를 두고 "신라의 옛 절인데, 샘이 있어 돌 틈으로 맑은 물이 흘러나와 떨어질 때 종소리를 내므로 이렇게 부른다"고 했다. 실제로 신라시대 절인지는 알 수 없지만, 조선 전기에도 '옛 가람'이라 불릴 만큼 역사가 깊다. 수종사에서는 다산 정약용 집안의 터전 마재도 보인다. 정약용은 '운길산 수종사는 옛적 우리 집 정원, 마음만 먹으면 날아가 절 문에 이르렀네'라는 시를 남길 만큼 어린 시절부터 이 절을 자주 찾았다.

　운길산에 종종 올라 산들한 바람과 호쾌한 풍광으로 눈을 씻곤 한다. 그때마다 어쩔 수 없이 마재를 바라보면서 다산에 얽힌 이런저런 일화를 떠올리게 된다. 정약용은 강진 유배 10년째를 맞은 1810년 두 아들 학연과 학유에게 편지첩을 보냈다. 부인 홍씨가 강진으로 보내온 치마를 자른 천에 적은 『하피첩』이다. 이 서첩은 국립민속박물관이 소장한 이후 종종 특별전에 나오는데 내용을 접할 때마다 "잔소리깨나 하는 아버지였군" 싶은 생각이 들곤 한다. 자식들을 곁에서 이끌어 주지 못하는 아버지의 안타까움이 묻어난다고나 할까. 두 아들은 그동안 28세와 25세로 장성했다.

　조선은 1417년(태종 17) 전라도의 도강현과 탐진현을 통합한다. 강진이라는 땅이름은 짐작처럼 두 현에서 한 글자씩 따온 것이다. 그럼에도 치소(治所)가 자리 잡고 있던 고을은 여전히 탐진이라고들 불렀다. 다산이 강진이 아닌 탐진이라 칭하는 이유다. 지금도 강진에는 탐진강이 흐른다.

내가 탐진에 유배 중인데, 병든 아내가 낡은 치마 다섯 폭을 부쳤다. 시집올 때 입었던 예복이다. 홍색은 바래고 황색도 옅어져서 서첩으로 만들기에 꼭 맞다. 재단하여 작은 첩을 만들어 경계하는 말을 붓 가는 대로 써서 두 아들에게 물려준다. 하피첩이란 붉은 치마라는 말을 숨기고 바꾼 것이다.

정약용이 적은 『하피첩』의 머리글이다. 하피란 어깨에 두르는 겉옷이라고 한다.

부인 홍씨가 혼인 때 입었던 치마를 유배지의 정약용에게 보낸 것을 두고 색다른 의미를 부여하는 시각도 있다. 남편에 대한 영원한 사랑의 다짐이란 해석도 있지만 "초심을 잃지 말라"는 메시지가 담겼다는 주장도 없지 않다. 남편 정약용에게 "객지에서 한눈팔지 말라"는 부인의 경고라는 것이다.

정작 정약용은 『하피첩』에 그렇게까지 깊은 뜻을 부여하지는 않은 듯하다. 정약용이 유배지에서 사제의 연을 맺은 시골 아전 황상에게 건넨 서첩에서도 짐작할 수 있다. 그는 1814년 28조각의 천에 가르침을 적어 애제자에서 보냈는데 크기도, 빛이 바랜 정도도 모두 제각각이었다. 궁핍하기 이를 데 없었을 유배지의 정약용은 부인의 치마, 자신의 낡은 옷자락을 되는대로 잘라 종이 대신 썼다. 빛바랜 천에 편지를 쓸 수밖에 없는 사정을 이해하는 가족이나 제자에게만 이렇게 했을 것이다.

『하피첩』의 내용을 살펴보면서 개인적으로는 "서울을 떠나지 말라"는 대목에 눈길이 갔다. 정약용은 '중국은 문명이 훌륭한 풍속을 이루어 궁벽한 시골에서도 성인이나 현인이 되는 데 장애가 없지만, 우리는 도성에서 수십 리만 떨어져도 인간의 법도에 눈뜨지 못한 동네'라고 했다. 벼슬이 끊어지면 바로 서울에 살 곳을 정해 세련된 문화적 안목을 떨어뜨리지 않아야 한다는 것이 다산의 생각이었다.

정약용은 자식들에게 '지금은 너희를 물러나 살게 하고 있지만, 훗날 계획은 도성 십 리 안에 살도록 하는 것'이라고 했다. 왕십리(往十里)라는 서울 동대문 밖 땅이름도 혹시 옛사람의 이런 인식과 관계가 있는 것은 아닌지 모르겠다. 다산은 서울에서 살아야 한다고 강조하면서도 "고가(古家)와 세족(世族)은 저마다 상류의 명승을 점거하고 있다"며 옛 터전 또한 굳게 지킬 것을 당부했다.

마현(馬峴), 곧 마재는 다산이 태어나 살던 곳이다. 오늘날의 행정 구역으로는 경기도 남양주시 조안면 능내리다. 남한강과 북한강이 두물머리에서 합류한 한강이 마재에 이르면 다시 용인을 거쳐 광주에서 흘러드는 소내와 만난다. 지금의 경안천이다. 마재에서 도성까지 뱃길로는 그야말로 순식간이었다. 다산의 인식처럼 '한다하는 집안'들이 한강 상류에 터를 잡은 것도 이 때문이었다.

마현이라는 땅이름은 정약용이 『다산시문집』에 유래를 설명해 놓았다. 임진왜란 당시 왜구들이 조선 산천의 정기를 누르고자 쇠말을 만들어 묻어 놓았고, 이후 주민들이 콩과 보리를 삶아 제사를 지내 마현이라 불렀다는 속설이 있다고 했다. 그런데 다산은 왜구가 산천의 정기를 누른 것을 알았으면 뽑아내거나 식칼로 만들어 버리는 게 정상이지 하물며 제사를 지내겠느냐고 일축했다.

117

현재의 철마산은 마재 북쪽으로 20㎞도 넘게 떨어져 있다. 다산이 언급한 철마산은 한강 하류로 멀지 않은 예빈산을 가리키는 것으로 추측할 수 있다. 팔당댐은 예빈산과 검단산을 가로질러 세운 것이다. 이웃 마을에 역참(驛站)이 있어 마재라 이름하게 되었다는 이야기도 있다.

정약용 집안의 시조는 고려 유민으로 조선 개국 이래 황해도 배천에 은거한 정윤종이다. 집안에서 벼슬한 인물이 나오기 시작한 것은 다산의 12대조 정자급부터인데, 이후 9대가 문과에 급제했다. 그런데 서울에서 기반을 쌓아가던 나주 정씨는 정쟁이 치열해지면서 숙종 무렵 흩어져 새로운 터전을 찾아 나서게 된다. 다산의 5대조 정시윤이 마재에 들어온 것이 이때라고 한다.

정약용은 정시윤이 마재에 정착한 과정을 시문집에 남겼다.

> 공은 만년에 소내 북쪽에 오래 머물러 살 곳을 찾아 초가 몇 칸을 짓고 임청정이라 했다. 술을 마시고 시를 지으면서 소요하고 한가히 지내며, 깨끗한 마음을 지켜 당세에 뜻을 두지 않았다.

그런데 「임청정기」에 "공은 세 아들이 있었는데, 동쪽에 큰아들, 서쪽에 둘째 아들이 살고, 막내에게는 이 정자를 주었다. 유산(酉山) 아래는 작은 집을 지어 측실에서 낳은 자제를 살게 했다"는 기록이 있다. 유산 아래 작은 집은 훗날 여유당(與猶堂)으로 불리는 다산의 집으로 탈바꿈했고, 그 뒷산인 유산은 다산의 무덤이 됐다.

설명만 들으면 어디가 어딘지 짐작조차 어렵지만 마재에 가면 이해가 된다. 정약용 유적지는 오늘날 그의 위상만큼이나 깔끔하게 정비되어 있다. 넓게 둘러친 담장 안에 묘소와 살던 집, 사당인 문도사와 다산문화관, 다산기념관이 규모 있게 배치된 모습이다. 문도는 정약용의 시호다. 다산 유적 앞에는 실학박물관이 세워졌다. 정약용이라는 인물의 상징성 때문에 이곳에 자리 잡았을 것이다.

마재를 찾으면 다산 유적뿐 아니라 마을 서쪽의 마재성지도 둘러봐야 한다. 약현, 약전, 약종, 약용 4형제 가운데 약현을 제외한 3형제는 천주학에 깊이 공감했다. 정약종은 아우구스티노, 정약용은 요한이라는 세례명을 받았다. 신유박해 당시 정약종과 부인 유조이, 큰아들 철상, 작은아들 하상, 딸 정혜는 참수형에 처해졌다. 정약전이 흑산도, 정약용이 강진으로 유배된 것도 이 때문이었다. 천주교는 이들에게 결정적 영향을 미쳤고, 이들 또한 천주교 역사에 진한 흔적을 남겼다.

4. 매월당 김시습을 따라가는 경주 여행

경주 여행이라면 흔히 대릉원과 월성, 황룡사 터, 국립경주박물관을 돌아본 뒤 불국사와 석굴암을 찾는 것으로 마무리하곤 한다. 중고교 시절의 수학여행 코스가 딱 이랬는데 지금도 단체여행은 크게 달라지지 않았다고 한다. 최근 대릉원과 월성 주변의 황리단길이 새로운 문화중심으로 떠올라 많은 관광객을 불러 모으는 것은 그래서 더욱 반갑다. 더불어 기존의 판에 박힌 유적 탐방에서 벗어나 다른 시각에서 경주를 바라보는 역사 문화 관광코스 발굴에도 적극적으로 나섰으면 좋겠다.

얼마 전에는 신라의 불교 수용을 주제로 경주 일대를 돌아본 적이 있다. 신라의 정치중심지인 월성에서 출발한 다음 국립경주박물관에서 이차돈 순교비를 찾아보는 것이 순서다. 불교라는 새로운 종교를 놓고 논쟁을 벌인 곳도, 이차돈을 사형에 처한 현장도 월성이었을 것이다. 다음은 이차돈의 순교로 세워진 신라 최초의 사찰 흥륜사로 간다. 기존에 흥륜사로 알려진 사찰과 최근 발굴조사에서 실제 흥륜사일 가능성이 높아진 경주공고 주변을 차례로 돌아보면 좋다. 그러고는 월성에서 잘린 이차돈의 목이 하늘로 솟구쳐 떨어졌다는 경주 북쪽의 소금강 백률사를 찾아간다.

경주 남산 용장사에 머물며 『금오신화』를 지은 매월당 김시습(1435~1493)의 흔적을 따라가는 문학적 코스는 더욱 풍성하다. 금오산은 문화유산의 보고라는 남산을 이루는 봉우리의 하나다. 월성에서 바라보면 신라 사람들이 이 산에 애정을 갖는 것을 넘어 신성시한

제2부 인물을 찾아가는 발걸음

이유가 조금은 짐작이 간다. 서라벌 남쪽을 안정감 있게 두르고 있는 남산이 없었다면 월성의 포근함도 훨씬 덜했을 것이다.

『금오신화』는 경주 남산에서 씌어졌다. 물론 김시습이 7년 동안 머물렀다는 용장사의 금오산실은 이제 흔적조차 남아 있지 않다. 그럼에도 매월당의 체취를 느끼고자 두 시간 남짓 산행을 마다하지 않는 탐방객이 적지 않다. 매월당은 용장사에 머무는 동안 『금오신화』 말고도 『유금오록』을 남겼다. 경주 일대 신라의 자취를 돌아본 감회를 문학적으로 형상화한 기행 시집이라 할 수 있다.

김시습이 태어난 곳은 한양도성의 성균관 부근이라니 오늘날의 서울시 명륜동 언저리다. 그럼에도 그는 연고가 깊지 않은 경주에 남다른 애착을 가졌다. 김시습은 경주를 두고 "산수와 절이 아름답고 고도의 풍속이 온화하여 다른 고을과는 다른 데가 있으니 어찌 좋아하지 않을 수 있겠는가"하고 읊었다. 김시습은 강릉 김씨로 그 시조는 김주원이다. 김주원은 김알지의 후손으로 선덕왕을 잇기에 모자람이 없는 왕위 계승자였으나 원성왕에 밀려 강릉으로 축출된 인물이다.

『유금오록(遊金鰲錄)』에는 자신의 뿌리를 더듬어 북천 건너 김주원의 집터에서 감회에 젖는 시 「북천의 김주원공 터에서(北川金周元公趾)」가 보인다.

> 원성왕과 김주원이 서로 왕위를 양보할 때
> 장맛비로 북천 물이 크게 넘쳐흘렀지.
> 백이숙제와 태백만 아름다운 소문을 독점하겠는가
> 천 년 전부터 강릉에는 유서 깊은 사당이 있었네.

元聖周元相讓時(원성주원상양시)

北川霜雨漲無涯(북천상우창무애).

夷齊太白那專美(이제태백나전미)

千古江陵有舊祠(천고강릉유구사).

　어머니의 고향인 강릉 또한 김시습과 깊은 인연을 가진 고장이다. 2007년 경포대에 매월당 김시습기념관이 세워졌다.

　김시습에 관심이 있다면 『유금오록』은 훌륭한 경주 가이드북이 될 것이다. 김시습을 따라가는 경주 여행을 하루 일정으로는 가능하지 않을 만큼 풍성하게 만든다. 『유금오록』을 살펴보면 김시습의 탐방 폭은 매우 넓었다. 당연히 용장사를 비롯한 선방사, 흥륜사, 황룡사, 영묘사, 백률사, 분황사, 불국사, 천왕사 등 옛 절터가 망라됐다. 황룡사를 두고 "동인(銅人)이 언덕을 향해 우뚝 선 것은 흥망을 말하려 하지 않음이라"고 노래한 것을 보면 김시습 당시만 해도 본존불이 제자리를 지키고 있었던 듯싶다. 황룡사의 큰법당 터에는 이제 삼존불 대좌의 기단석만 남아 있다.

　이웃 분황사는 원효대사가 머무른 적이 있어 김시습이 더욱 사랑한 절이다. 분황사의 모전석탑은 이제 3층까지만 남아 있어 조화롭다고 하기에는 부족한 모습이다. 하지만 "돌탑이 그야말로 드높아 쳐다보기는 해도 올라가기는 어렵네"라는 구절을 보면 매월당이 찾았을 무렵에는 온전한 모습이 어느 정도 남아 있었던 것 같다.

　분황사에서는 모전석탑 바로 곁의 비석 대좌를 눈여겨봐야 한다. 위에는 비석을 세웠던 홈이 패어 있고, 그 아래 '이것은 화쟁국사 비석의 받침(此和靜國師之碑趺)'이라고 새긴 추사 김정희의 필적이 있다.

사라진 화쟁국사비는 원효에게 대성화쟁국사라 시호한 고려 숙종이 세운 것이다. 비문 일부가 탁본으로 전하며, 1976년 발견된 화쟁비의 손바닥만 한 조각은 동국대박물관에 있다.

매월당은 이 비석을 보고 「무쟁비(無諍碑)」라는 시를 남겼다. '그대는 보지 못했나 신라의 이승(異僧) 원욱(元旭)씨가 저자에서 도를 행한 것을…'으로 시작한다. 욱(旭) 자와 효(曉) 자는 마침내 환한 깨달음을 얻는다는 같은 뜻을 지니고 있다고 한다. 그러니 '원욱씨'란 원효대사다. 이렇듯 화쟁국사 비석은 원효와 김시습, 김정희의 흔적이 한데 어우러진 보기 드문 흔적이다.

분황사 터에서 황룡사 터를 다시 가로질러 동해남부선 폐선로를 건너면 국립경주박물관이다. 흔히 에밀레종이라고도 불리는 성덕대왕신종이 박물관 마당에 자리 잡고 있다. 김시습은 들판에 나뒹구는 신종을 바라보면서 다음과 같이 한탄했다.

> 절은 사라져 자갈에 묻히고
> 종도 들판에 버려졌네.
> 주나라 석고(石鼓)와 다르지 않아
> 아이들이 두드리고 소는 뿔을 비비는구나.

> 寺弊沒沙礫(사폐몰사력)
> 此物委棒荒(차물위봉황).
> 恰似周石鼓(흡사주석고)
> 兒童牛礪角(아동우여각).

> — 「봉덕사 종(奉德寺 鐘)」 부분

신라시대 이후 터전을 잃은 신종은 1460년 영묘사로 옮겼지만 북천 범람으로 다시 벌판에 버려지는 신세가 됐다.

흥륜사는 544년(진흥왕 5) 완성된 신라 최초 사찰이다. 이차돈이 순교를 각오하고 지으려 했던 절이다. 김시습이 찾았을 때는 "전각의 남은 터는 마을로 변했구나"라는 시구처럼 절집은 모두 허물어져 지금은 경주박물관으로 옮겨진 돌구유만 남아 있었다. 그런데 흥륜사 터로 알려지던 곳은 최근의 발굴 조사 결과 영묘사 터일 가능성이 높아졌다고 한다. 경주공업고등학교 마당에서 '흥(興)' 자가 새겨진 수키와 조각이 출토됐는데 흥륜사를 의미할 가능성이 높다는 것이다.

김시습 당시에도 사천왕사는 오늘날처럼 폐허였다. 사천왕사는 「도솔가」와 「제망매가」를 남긴 월명사가 주석한 절이다. 최초의 쌍탑식 가람으로 두 기의 목탑 기단부의 면석을 녹유소조상으로 장식해 건축사와 미술사에 중요한 기준을 제공하기도 했다. 679년(문무왕 19) 부처의 힘으로 낭나라 군사를 퇴치하고자 세웠다는 절이다. 하지만 김시습은 "아무리 믿음이 있다고 해도 그렇게 해서 변방이 편안할지는 잘 모르겠다"며 이른바 호국불교의 비현실성을 경계했다.

경주에는 『유금오록』 시대에는 존재하지 않았던 김시습의 흔적도 있다. 토함산 너머 기림사의 김시습 영당이다. 1670년 용장사에 오산사라는 이름으로 세웠던 영당이 1863년 훼철되자 경주 유림이 1873년 기림사에 다시 세웠다. 기림사라는 절 이름은 원효대사가 붙였다고 한다. 석가모니 부처가 오랫동안 머물며 설법을 베푼 사찰이 기원정사(祇園精舍)다. 그 기원정사가 있는 숲이 기림(祇林)이다. "경주에는 불국사 말고 기림사도 있다"는 말이 무엇을 뜻하는지 한번 찾아봐도 좋겠다.

5. 강릉의 수호신 범일국사와 굴산사 터

우리 문화의 스케일에 아쉬움을 느낀다면 강릉 굴산사 터 당간지 주를 찾아보기를 권하고 싶다. '당간지주'란 사찰의 신성한 영역을 알리는 당간이라는 깃대를 세워 놓기 위한 일종의 하부구조물이다. 그런데 굴산사 것은 당간지주 높이만 5.4m에 이른다. 금속제 원통을 겹겹이 쌓아 올리는 방식으로 세우는 당간이 온전히 남아 있었다면 하늘로 솟구친 모습은 그야말로 장관이었을 것이다.

당간이 사라진 굴산사 터 당간지주는 사람이 아니라 태백산 산신 (山神)의 대범한 손길이 거쳐 간 듯 꾸밈이 없다. 잘 다듬어진 조각이 라는 일반적인 당간지주의 이미지와는 달라도 많이 달라 거석문화의 원초적 신앙 대상인 듯 경외감마저 든다. 무엇보다 풍경의 배경이 되 는 백두대간 줄기와 절묘하게 어울린다. 당간지주 서쪽으로는 강릉 을 '커피의 도시'로 만드는 데 일조한 테라로사 본점이 1㎞ 남짓 떨 어져 있다. 최근에는 당간지주 주변으로도 카페 건물이 살금살금 다 가서는 분위기다. 거대한 당간지주와 그 사이 아무 거칠 것 없이 펼 쳐진 태백산맥 풍경도 무슨 이름이든 문화재로 지정해 영원히 보존 했으면 좋겠다는 생각을 처음 찾았던 오래전부터 가졌다.

굴산사 터 당간지주는 당연히 같은 이름의 사찰 들머리에서 속세 와 성소(聖所)를 경계 짓는 역할을 오랫동안 했다. 847년(신라 문성왕 9) 굴산사를 창건한 선승이 범일국사(810~889)다. 범일이 당나라에 유학했을 때 명주 개국사에서 왼쪽 귀가 없는 승려를 만났다. 그 승 려는 자신이 신라 사람으로 고향이 명주계 익령현 덕기방이라고 했다. 명주는 오늘날의 강릉이다. 그는 범일에게 신라로 돌아가거든 자신의 집을 지어 줄 것을 간청했다. 847년 귀국한 범일은 그 승려가 일러준 곳에 절을 짓고 가르침을 실천했으니 곧 굴산사라는 것이다. 『삼국유사』에 나오는 이야기다.

굴산사는 선문구산(禪門九山)의 하나인 사굴산파의 본산으로 발전했다. 전성기에는 사찰 당우의 반경이 300m에 이르렀다고 한다. 스님이 200명을 넘나들었으니 쌀 씻는 뜨물이 동해까지 흘렀다고 전한다. 그러나 이 절의 역사와 폐사 시기는 자세히 전해지지 않고 있다. 다만 1936년 홍수로 6개의 주춧돌이 노출되고, '闍掘山寺(사굴산사)'라는 글씨가 새겨진 기와가 수습되면서 굴산사 터였음이 밝혀졌다.

범일을 주목해야 하는 것은 그가 굴산사와 사굴산문의 개창자를 넘어 명실상부한 강릉의 수호신으로 받들어지고 있기 때문이다. 이렇게 단오제는 민간신앙의 산신이 되어 대관령국사성황신에 오른 범일에 대한 제사를 겸한 제신(諸神) 위안행사다.

수도권을 비롯한 영서지역에서 강릉에 가려면 대관령을 넘어야 한다. 물론 지금은 대관령 아래를 터널로 통과해 옛날처럼 백두대간을 넘는다는 감흥은 느낄 수 없다. 영동고속도로 대관령나들목에서 나가 오랜만에 옛 대관령 길을 따라 강릉 쪽으로 태백산맥을 넘는다. 대관령양떼목장이 나타나고 다시 좁은 산길로 1㎞ 남짓 가면 대관령국사성황사와 대관령 산신당이 있다. 세 칸짜리 국사성황사는 의례가 있을 때만 개방하지만 단칸의 산신당은 무속인의 발걸음이 끊이지 않는 모습이다.

산신당에 위패와 함께 모셔진 대관령 산신은 뜻밖에 신라의 삼국통일을 이끈 김유신 장군이다. 성황사에는 두 마리 호랑이가 호위하는 백마를 타고 있는 대관령국사성황신이 그려져 있는데 바로 범일국사다. 김유신과 강릉의 관계는 향토지인 『동호승람』에 나타나 있다.

> 신라 무열왕 8년(661) 말갈을 북쪽으로 쫓아내라는 왕명에 따라 명주에 와서 오대산에서 말 타는 훈련을 하고 팔송정에서 토벌 계획을 도모하니 적이 두려워 모두 도망갔고 지역민들이 그를 의지하고 따랐다.

지역의 안위를 지켜 주기를 바라는 마음에서 그를 대관령 산신으로 모셨다는 것이다.

해마다 음력 4월 15일 산신당과 국사성황사에서 강릉단오제 의례의 하나인 대관령 산신제와 국사성황제가 열린다. 대관령 옛길 주변은 산불로 잦은 피해를 입는 지역이다. 산신제와 국사성황제에서는 신주(神酒)를 산신과 성황신에게 바치며 자신들의 터전이 피해 없이 번영하기를 빌곤 한다.

강릉단오제는 대관령국사성황신, 대관령국사여성황신, 대관령산신을 모시고 한바탕 잔치를 벌인 다음 돌려보낸다는 줄거리다. 대관령국사여성황사는 강릉 홍제동에 있다. 국사성황사와 같은 세 칸 집이다. 국사성황사의 위패를 모시고 국사여성황사로 내려가 합사하는 봉안제를 올린다.

전설에 따르면 국사여성황신은 동래부사 정현덕의 딸이라고 한다. 국사성황신이 꿈에 나타나 청혼하자 정현덕은 거절한다. 국사성황신은 결국 호랑이에게 처녀를 대관령으로 데려오게 했다는 것이다. 봉안제가 끝나면 단오제 행렬은 범일국사의 고향인 강릉시 구정면 학

127

산마을 서낭당으로 가서 서낭제를 올린다. 범일의 탄생설화가 깃든 학산마을은 굴산사가 있던 옛 터전이기도 하다. 이렇게 보면 강릉단오제의 세 분 신 가운데서도 진짜 주인공은 국사성황신이라는 것을 알 수 있다.

굴산사는 그동안 몇 차례 발굴 조사에서도 여전히 전모는 드러나지 않을 만큼 넓다. 굴산사 터는 2002년 태풍 루사가 강릉지역을 강타하면서 큰 피해를 입었다. 이후 단계적 발굴조사가 이루어져 동쪽과 서쪽 건물군이 확인됐는데, 모두 12~13세기 고려시대 조성됐다는 사실이 밝혀졌다.

굴산사 터 곁에는 범일국사의 탄생 설화가 담긴 석천(石泉)과 학바위가 있다. 1728년(영조 4) 편찬된 강릉지역 인문지리서 『임영지』에는 "굴산에 사는 처녀가 석천의 물을 뜨려다 표주박에 해가 떠 있는 것을 보고 13개월 만에 아이를 낳았다"는 전설이 담겨 있다. 그런데 학바위에 비린 아기를 멧돼지가 젖을 먹이고 학이 날개로 감싸 주는 모습에 다시 데려와 키우니 범일이라는 것이다.

6세기 중국의 달마에서 시작된 선불교는 7세기 육조혜능과 대통신수에 의해 남종선과 북종선으로 갈라졌다. 남종선이 수행의 단계를 거치지 않고 단번에 깨달음의 경지에 이르는 돈오(頓悟)를 추구한 반면 북종선은 차근차근 깨달음을 이뤄 나가는 수행법, 곧 점수(漸修)를 중요시한다.

통일신라 남종선은 도의선사가 당나라 유학을 마치고 돌아온 821년(헌덕왕 3)을 출발점으로 삼는다. "일거에 깨달음을 얻을 수 있다"고 외치던 도의선사는 그러나 현실의 높은 벽에 부딪혀 양양 진전사에 은거해야 했다. 하지만 "깨달으면 누구나 부처가 될 수 있다"는 선사상(禪思想)은 지방 호족이 왕권에 도전할 수 있는 사상적 배경으로 떠오른다. 구산선문이 열린 것도 호족의 지원이 결정적 역할을 했다. 결국 지방 호족인 왕건이 신라를 무너뜨렸으니 선종의 역할은 엄청난 것이었다.

굴산사를 선종 대표 사찰의 하나로 키운 범일은 양양 낙산사를 중창하기도 했다. 한국 선종의 발상지라고 해도 좋을 진전사는 낙산사에서 지척이다. 사굴산문은 진전사도 영향권 아래 두었을 것이다. 통일신라에서 선종이 주도적 신앙으로 자리 잡는 데 범일국사의 역할은 작지 않았다.

강릉 여행을 계획하고 있다면 한 번쯤은 바닷가에서 벗어나 대관령 신당과 굴산사를 묶어 찾아봐도 좋겠다. 불교와 민간신앙이 어떻게 결합해 강릉단오제로 발전할 수 있었는지도 생각해 볼 수 있다. 도의선사 부도가 있는 양양 진전사를 찾아 선종의 역사를 더듬는 기회를 가져도 좋겠다.

6. 삼척에 진하게 남은 미수 허목의 체취

휴일에 텔레비전을 건성으로 시청하다가 차를 몰고 경기도 연천으로 방향을 잡는다. 미수 허목(1595~1682)의 무덤을 찾아가기로 한 것이다. 이황과 정구의 학통을 이어받아 이익에게 연결시킴으로써 기호 남인의 선구이자 남인 실학파의 기반으로 작용했다는 인물이다. 오늘날에는 정치가나 사상가보다는 특유의 전서체로 많은 팬을 불러 모으면서 조선시대 대표적 예술가의 한 사람으로 대접받고 있다.

내비게이션을 따라가니 뜻밖에 민통선 푯말과 함께 검문소가 나타난다. 그냥 차를 돌릴까 하다가 초병에게 이러저러해서 왔다고 하니 정중한 자세로 상관에게 보고하고 결과를 알려 주겠다고 한다. 하지만 초소에서 니온 초병은 역시 미안한 표정을 지었다. 나 또한 미안해하며 돌아섰다.

허목의 글씨 가운데 보물로 지정된 「애군우국(愛君憂國)」이 있다. 처음엔 「애민우국(愛民憂國)」으로 알려진 것을 나중에 바로잡아 화제가 되기도 했다. 추상화를 방불케 하는 전서체다 보니 일어날 수 있는 해프닝이다. 허목의 무덤 들머리에서 행동과 말씨 하나하나가 아름다운 젊은 군인을 만나고 이 글씨를 떠올린다. 그대로 애민우국이면 좋을 뻔했다는 생각도 들었다.

허목은 조선 후기의 사상과 문화를 이끌어 간 주역의 하나다. 정치적으로는 우암 송시열과 예학을 놓고 논쟁했던 남인의 핵심이었다. 산림에 머물던 시절 중국 상고시대 문자를 바탕으로 특유의 전서체 글씨를 완성했다고 한다. 세상은 허목의 전서체를 미전(眉篆)이라 부르며 높인다.

허목은 퇴계 이황과 율곡 이이에서 비롯된 이른바 조선 성리학으로 무장한 서인과는 다른 생각을 가졌다. 우리 고유의 세계관과 정신세계의 가치를 인식한 흔치 않은 인물이었다. 역사서 『동사(東事)』를 편찬하면서 단군신화를 그대로 담아 서인들로부터 황탄비속(荒誕鄙俗)하다는 비판을 받기도 했다.

허목이 처음 벼슬길에 나선 것은 56세이던 1650년(효종 1)이다. "박학능문(博學能文)하며 그 뜻이 고상하다"는 추천에 따라 정릉참봉에 제수됐다. 일찍부터 벼슬에는 뜻이 없었지만 어머니가 "선인께서 아들이 벼슬길에 나가는 것을 바라지는 않았지만 굳이 말리지는 않겠다"고 하자 받아들였다. 사헌부 장령으로 제수된 1659년에는 북벌론을 두고 "실현 불가능한 정책으로 백성의 고통만 가중시킨다며 군사를 일으키는데 신중을 기해야 한다"는 옥궤명(玉几銘)을 지어 올렸다.

같은 해 효종이 승하하자 인조의 계비 조대비의 복상 기간을 놓고 논쟁이 일었다. 허목을 비롯한 남인은 1년으로 해야 한다는 서인의 기년설에 맞서 3년 설을 주장하다 패배했다. 기해예송이다. 허목은 이듬해 10월 강원도 삼척부사로 좌천됐다. 역설적으로 목민관으로 이상을 펼 기회가 온 것이다.

허목은 삼척부사로 1662년 8월까지 재임했다. 동명 정두경은 「허목을 삼척에 보내며(送許三陟)」라는 시로 허목을 위로했다.

> 대관령 동북에는 이름난 고을 있어
> 삼척에 흐르는 시내가 오십천이네.

부사의 세속 초월한 취향 잘 아니

밤이면 밝은 달이 죽서루 위에 뜨리라.

大關東北有名州(대관동북유명주)

三陟川流五十流(삼척천류오십류).

知道使君多逸興(지도사군다일흥)

夜來明月竹西樓(야래명월죽서루).

경치 좋은 고을에서 마음 편하게 때를 기다리라는 덕담이었지만, 허목의 삼척 시절은 치열했다. 그 결과 허목은 삼척을 대표하는 인물이 됐다. 삼척시립박물관에도 미수는 전시실 한복판에 자리 잡고 있다.

허목을 따라가는 삼척 기행은 죽서루에서 시작하는 것이 좋다. 관동팔경의 하나로 오십천이 내려다보이는 절벽 위에 있다. 죽서루는 최근 국보로 지정되어 지역민을 기쁘게 하고 있다. 죽서루는 삼척부의 객사 진주관의 부속건물이었다. 진주(眞珠)는 삼척의 옛 이름이다. 객사는 지방에 파견된 중앙 관리의 숙소다. 객사 부속 누각은 이들을 접대하는 연회장이었다.

주변에서는 발굴 조사로 진주관과 수령의 업무공간인 동헌, 수령과 가족의 거처인 내아를 비롯한 삼척도호부의 실체가 드러났다. 행정구역으로는 삼척시 성내동이다. '성 내부'라는 동네 이름처럼 고려말 왜구의 침입에 대비하고자 쌓은 판축토성과 조선시대 축조한 석성의 흔적도 확인됐다. 삼척시는 일대를 정비·복원해 역사문화공원으로 조성하는 계획을 추진하고 있다고 한다.

죽서루는 오십천 물길 방향에 맞게 지은 정면 일곱 칸, 측면 두 칸 집이다. 입구로 들어서면 동북면에 '竹西樓(죽서루)'와 '關東第一樓(관동제일루)'라 새긴 현판이 보인다. 삼척부사를 지낸 정묵재 이성조가 1711년(숙종 37) 쓴 글씨다. 내부에 '第一溪亭(제일계정)'이라는 허목의 글씨가 보인다. 과하지 않게 흘려 쓴 묘미가 있다. 가만히 보고 있으면 정묵재의 현판 역시 미수 필적을 닮은 듯하다. 두 사람 모두 삼척부사 시절 죽서루를 중수해 현판 글씨를 남길 수 있었을 것이다.

허목의 체취는 삼척항이 내려다보이는 육향산에서 제대로 느낄 수 있다. 해발 25m에 불과하지만 오르는 길은 가파르다. 삼척군지『진주지』는 "예전에는 죽관도라 했다"고 적었다. 정라진의 작은 섬으로 동해안 일대와 울릉도·독도를 관할하던 삼척포진성이 자리 잡고 있었다고 한다.

산 위에는 척주동해비(陟州東海碑)와 대한평수토찬비(大韓平水土贊碑), 육향정이 있다. 척주동해비는 미수가 조수의 피해를 막고자 세웠다. 육향산 동쪽 만리도에 있었으나 풍랑으로 파손되자 1709년(숙종 35)에 삼척부사 홍만기가 다시 새겼고 이듬해 후임 박내정이 죽관도로 옮겼다.

높이 170.5㎝의 척주동해비는 당당하다. 검은색 비신에 새겨진 전서체 글씨는 문외한의 눈에도 예사롭지 않다. 바다가 심술을 부리지 않도록 동해를 예찬하는 노래를 지어 새겼다. 실제로 파도가 잠잠해졌는지는 알 수 없어도 바닷가 백성을 위로하는 데 적지 않은 역할을 했을 것이다.

192자에 이르는 척주동해비의 「동해송(東海頌)」은 동해 신에게 제사를 올리면서 고하는 일종의 축문이라고 한다. 평수토찬비는 황하의 홍수를 다스려 대우치수(大禹治水) 전설을 남긴 중국 우제 비석의 글씨에서 미수가 48자를 골라 나무판에 새겼던 것을 1904년(고종 41) 다시 돌에 조각한 것이다. '우전각'이라는 비각의 편액은 우제의 전서 글씨를 모신 전각이라는 뜻이겠다.

육향산 동남쪽에는 미수사가 있다. 최근 지은 허목의 사당이다. 사당 앞 도로의 이름은 허목길이다. 육향산으로 오르는 동북쪽 돌계단 한쪽에는 7개의 돌비석이 세워져 있다. 척주동해비가 처음 죽관도로 옮겨졌을 당시 세워졌던 장소라고 한다. 동해비는 1969년 지금의 터전에 자리 잡았다.

삼척에는 허목이 주인공으로 등장하는 다양한 설화가 전하고 있다. 허목이 삼척부사로 재임하면서 민심을 사로잡고 있었음을 실감케 하는 대목이다. 민속학자들은 '허목 설화'의 주제를 '세금 없는 고을을 만들다', '민심을 안정시킨 척주동해비', '원한을 풀어준 명판관', '상속 분제를 바르게 처결하다' 등으로 정리하고 있다. 삼척 사람들에게 허목은 분명 남다른 지방관이었던 것 같다.

허목의 흔적이 한데 모여 있는 육향산은 삼척역에서 오십천을 건너 삼척항과 삼척항활어회센터로 들어가는 초입에 있다. 그러니 마음이 급한 관광객들은 대부분 무심하게 지나치고 만다. 삼척에 간다면 산책 삼아 육향산에 한번 올라 보기를 권한다. 우리 선조 가운데 허목이라는 괜찮은 인물이 있었음을 깨닫는 기회가 될 것이다. 여행이 더욱 풍요로워지는 것은 당연지사다.

7. 당대 명필 성달생 기리는 완주 화암사

　단정하게 세월의 흔적을 머금은 사찰을 흔히 '곱게 늙은 절집'이라고 한다. 안도현 시인이 노래한 '잘 늙은 절 한 채'의 변주(變奏)가 아닐까 싶다. 시인이 '인간세 바깥에 있는 줄 알았다'고 했던 절이 화암사다. 실제로 절에 오르기는 쉽지가 않다. 시인이 노래한 대로 '계곡이 나오면 외나무다리가 되고 벼랑이 막아서면 허리를 낮추었다. 그렇게 마을의 흙먼지를 잊어버릴 때까지 걸으니까' 나타난다. 1441년(세종 23) 화암사 중창비의 분위기도 닮았다. '바위 벼랑의 허리에 한 자 폭 좁은 길이 있어 그 벼랑을 타고 들어서면 절에 이른다. 바위가 기묘하고 나무는 늙어 깊고도 깊다.'

　완주 화암사라면 국보로 지정된 극락전을 먼저 떠올릴 수도 있겠다. 정면 세 칸, 측면 세 칸으로 1605년(선조 38) 중창한 극락전은 이른바 하앙식 구조로 유명하다. 복잡한 설명이 뒤따라야 하지만, 한마디로 지붕을 높여 맵시 있게 보이기 위한 건축적 장치라면 크게 망발은 아닐 것이다. 하지만 건물의 겉모습만으로 구조를 알아차리기란 쉽지 않다. 하앙식이 아니더라도 날아갈 듯 아름다운 지붕은 얼마든지 있기 때문이다. 보통 사람의 눈에는 극(極)·락(樂)·전(殿) 세 글자를 한 글자씩 따로따로 내건 편액이 신선하다. 물론 이것도 하앙식 구조 때문일 것이라고 짐작한다.

　화암사를 말할 때 우화루도 빼놓으면 안 된다. '잘 늙었다'는 이 절의 인상도 처음 만나는 우화루에서 결정되는 듯싶다. 극락전과 우화루, 여기에 적묵당과 불명당이 마당을 감싸며 이른바 산지중정형 사찰의 모습을 완성시켰다. 각각의 전각도 전각이지만 이들이 절묘한 조화를 이루고 있어 아름답다.

화암사에서 가장 작은 전각 철영재도 흥미로운 이야기를 담고 있다. 극락전 동쪽에 자리 잡은 철영재는 한 칸짜리 사당이다. 조선 초기 무신(武臣) 성달생(1376~1444)의 위패를 모셔 놓았다. 절집에 무신의 사당이라니 뜻밖이다. 현판은 자하 신위(1769~1845)가 썼다고 한다. 추사 김정희와 비교되는 문인이다. 자하는 『금강경』을 필사하고 감상을 적은 「서금강경후」를 남겼을 만큼 불교에 심취했던 인물이다. 불교와 인연을 고리로 성달생과 화암사의 인연이 간단치 않음을 짐작게 한다.

화암사는 세종시대인 1425~1440년 대대적인 중창이 이루어졌다. 이때의 대(大)시주가 성달생이었다. 그는 1417년(태종 17)부터 이듬해까지 전라도관찰사 겸 병마도절제사를 지낸 인물이다. 불경(佛經) 간행의 역사에서도 화암사는 중요한 위치를 차지하는데, 그 중심에도 성달생이 있다.

성달생은 개성유후를 지낸 성석용의 아들이다. 태종실록에 있는 성석용의 졸기에는 "글씨를 잘 썼다"는 대목이 보인다. 그런데 글씨라면 성석용은 물론 아들 삼 형제 달생ㆍ개ㆍ허도 일가견이 있었다. 세종은 1422년 "신녕 궁주 신씨가 태상을 위하여 금자로 『법화경』을 등사하려고 한다. 나는 본래부터 옳지 못한 것으로 아나, 그의 원함이 정중하여 중지시킬 수 없으니 경들은 정서하라"고 명한다. 이때 부른 신하가 삼군도총제부 총제 성달생과 판봉상사사 성개 형제, 그리고 집현전 부제학 신장이었다. 신녕 궁주는 태종의 후궁이었다. 세종은 유신들의 반발도 적지 않게 의식했다.

성달생과 성개가 필사한 『안심사판 묘법연화경』은 보물로 지정됐다. 세종의 명으로 필사한 『법화경』이 이것인지도 모르겠다. 완주 안심사는 화암사에서 멀지 않다. 화암사와 더불어 불경 판각이 활발했던 안심사에는 『금강경』, 『원각경』, 『부모은중경』 등 한글 경판도 다수 전하고 있었지만 6·25전쟁 때 모두 불타 버렸다고 한다. 성달생 글씨로 판각한 화암사판 불경은 1443년(세종 25)부터 쏟아져 나온다. 『법화경』, 『능엄경』, 『중수경』, 『부모은중경』, 『지장경』, 『육경합부』, 『시왕경』 등 12종에 이른다.

성달생은 세종대왕의 총애를 받았다. 1390(고려 공양왕 2) 생원시에 합격하고 1402년(태종 2)에는 조선왕조가 처음 실시한 무과에서 장원으로 급제했다. 이후 평안도와 함경도의 군사적 요충에서 활약했다. 명나라에 여러 차례 다녀오고 사신을 접대하는 데도 수완을 발휘했다. 1427년(세종 9) 공조판서에 올랐고 1432년(세종 14) 다시 함길도 도절제사로 국경 방어에 나선다. 황해도 순찰사로 있던 1440년(세종 22)에는 북방의 비변책을 국왕에게 조목조목 제시했다고 한다.

성달생이 불심이 매우 깊은 인물이었던 것은, 세종이 1438년 흥천사 사리각 보수의 책임을 그에게 맡긴 데서도 잘 드러난다. 흥천사라면 태조가 신덕왕후 강씨의 무덤인 정릉을 도성 한복판에 조성하며 그 원찰로 지금의 주한영국대사관 자리에 지었던 사찰이다. 세종은 1441년 사리각 보수가 마무리되자 대대적인 경찬법회를 성달생에게 준비시키기도 했다. 이듬해 닷새에 걸친 경찬법회에서 성달생은 임금의 명을 받드는 행향사로 대장경을 흥천사에 봉안하는 일을 맡기도 했다.

성달생의 아들과 손자는 훗날 단종 복위 운동으로 나란히 목숨을 잃은 성승과 성삼문이다. 성삼문이라면 사육신의 한 사람으로도 이름을 올린 인물이다. 성달생이 필사한 『화암사판 법화경』에는 성승과 성삼문도 발원자로 참여했다. 『화암사판 법화경』은 복각본만 24종이 나왔다. 화암사는 성달생의 존재로 조선시대 불경 간행의 중심에 섰다. 큰법당 곁에 그의 사당을 지은 이유일 것이다.

화암사에 남은 성달생의 흔적은 철영재에 그치지 않을 수도 있다. 중창비는 높이 130cm, 폭 52cm, 두께 11cm이니 그야말로 아담하다. 비석을 세운 것은 1572년(선조 5)이라고 한다. 중창비에는 이례적으로 비문을 누가 짓고, 글씨를 누가 썼는지를 적어놓지 않았다. 그 주인공으로 성달생을 떠올려 볼 수도 있겠다. 비문을 지었다는 1441년은 성달생이 세상을 떠나기 3년 전에 해당한다.

아들과 손자가 역모에 가담한 마당이니 성달생도 무사하지 못했다. 『세조실록』에는 "예조에서 성승의 아비에 연좌를 청하여 그대로 따랐다"는 대목이 보인다. 이때 파주에 있는 성달생 무덤의 석물을 모두 없앴다. 성승과 성삼문이 복권된 것은 1691년(숙종 17)이다. 중창비를 세운 시기에도 여전히 성달생은 '대역죄인'이었으니 이름을 중창비에 새기는 것은 불가능했다.

성달생은 흥미로운 일화를 많이 남긴 인물이다. 전라도관찰사에서 내직인 내금위삼번절제사로 옮긴 1418년 세종이 명나라 사신을 전송할 때 직책상 칼을 차야 했다. 세종이 즉위한 해다. 그런데 상왕, 곧 태종 앞에서 칼을 찼다는 이유로 세종으로부터 질책을 받아 파직됐다. 형제의 난을 일으키는 등 칼로 일어선 태종 이방원이 크게 놀라는 바람에 아들 세종은 뭔가 조치를 취해야 했다.

성달생은 '명나라 황제의 친척'이 되기도 했다. 명나라는 공녀의 악습을 원나라로부터 물려받았다. 『세종실록』 1427년 5월 4일 자에는 "평안도 도절제사 성달생을 불러오게 하니, 그의 딸이 처녀 간택에 뽑혔기 때문이었다"는 기사가 보인다. 공녀의 부친으로는 가장 벼슬이 높았다고 한다.

성달생은 유감동의 간부(奸夫) 명단에도 이름을 올렸다. 유감동은 양반의 딸이자 고위 관리 부인으로 세종시대 39명의 전·현직 관리 등과 스캔들을 일으킨 여성이다. 이후 성달생은 일흔에 가까운 나이에 충청도 초수, 곧 오늘날의 청주 초정온천으로 안질을 치료하러 간 세종을 호종하다 세상을 떠났다. 세종은 사제문으로 각별히 애도하고 장례를 후하게 치르도록 했다.

8. 『설공찬전』 작가 나재 채수와 상주 쾌재정

　국사편찬위원회는 1997년 한글 고서 『묵재일기』에 『홍길동전』보다 1백 년 앞선 조선 중종 때 국문소설 『설공찬전(薛公瓚傳)』이 적혀 있다는 사실을 확인했다고 밝혔다. 승정원 승지를 지낸 이문건이 쓴 일기에 채수의 『설공찬전』이 『셜공찬이』란 제목으로 4,000자 남짓 적혀 있었다는 것이다. 학자들 사이에 '최초의 한글 소설' 타이틀을 놓고 『설공찬전』과 『홍길동전』이 맞섰다. 한쪽에서는 『설공찬전』이 "한문소설을 번역한 것이니 최초의 한글 소설로 보기는 어렵다"고 했고 다른 쪽에서는 '한글로 표기된 소설 가운데 가장 오래됐으니 최초의 한글 소설'이라 했다. 논쟁은 최초의 한글 소설은 『홍길동전』, 한글로 표기된 최초 소설은 『설공찬전』으로 정리되는 분위기다.

　속리산에서 흘리내린 이안천이 내려다보이는 상주 기장리 언덕에 쾌재정이 있다. 나재 채수(1449~1515)가 벼슬길에서 물러난 뒤 부인 안동 권씨 고향에 정착해 지은 정자다. 상주와 점촌을 잇는 경북선 철도의 무궁화호 열차가 급할 것 없이 달려가는 모습을 바라보는 재미가 쏠쏠하다.

　쾌재정은 송나라 시인 소동파가 자주 찾았다는 중국 쉬저우 정자에서 따온 이름이라고 한다. 채수와 쾌재정에 얽힌 이야기는 문장과 글씨에 두루 뛰어났던 남곤(1471~1527)이 지은 나재 무덤 앞 신도비 비문에 보인다.

　　병인년(1506년) 반정 때 공이 공신의 맹약에 참여해 관례에 따라

가정대부로 승진하고 인천군에 봉해졌다. 그런데 동료 벼슬아치들이 거의 다 세상을 떠나고 없는 것을 보고 탄식하여, 남쪽으로 돌아가 아무런 욕심 없이 스스로 즐기며 살았다. 사는 집 남쪽에 뚝 끊긴 산봉우리가 물가에 자리 잡았는데, 작은 정자를 짓고 편액을 쾌재(快哉)로 붙이고는 날마다 술을 마시고 시를 읊으며 다시금 세상의 조그만 일도 마음에 두지 않은 채 여유롭게 노닐며 천수를 마쳤다.

나재는 중종반정에 가담해 공신 반열에 오른 인물이다. 야사에는 이 과정에 얽힌 일화가 전한다. 반정을 주도한 박원종은 "오늘 일은 덕망 높은 선비로 무게 있는 인물이 없어서는 안 될 터이므로 채수를 청해 오라"고 했다. 누군가 "그는 동참하지 않을 것"이라고 하자 박원종은 "오지 않으면 목이라도 취해 오라"고 했다. 채수의 사위 김감은 위기감에 부인으로 하여금 장인을 만취토록 하여 대궐문 앞에 데려갔고, 나재는 무슨 일인지도 모르고 거사에 이름을 올렸다는 것이다. 야사에는 상주로 낙향한 이후 중앙의 정치적 소용돌이에서 벗어나고 싶은 채수의 희망이 담긴 듯하다.

쾌재정은 휴식 공간이자 집필실이었다. '늙은 내 나이 예순일곱인데, 지난 일 생각하니 아득히 멀구나'로 시작하는 시 「쾌재정」은 여기서 태어났다. 소설 『설공찬전』도 쾌재정에서 지었다. 귀신이 주인공인 이 작품은 죽은 이의 혼령이 현실 세계에 나타나 저승 소식을 전한다는 줄거리다.

『설공찬전』은 한동안 제목만 남아 있는 소설이었다. 조정의 공론으로 『설공찬전』을 모두 거두어 불살랐기 때문이다. 1511년(중종 4) 사헌부는 "『설공찬전』은 화복이 윤회한다는 논설로, 매우 요망한 것인데 안팎이 현혹되어 문자로 옮기거나 언어(諺語)로 번역하여 전파함으로써 민중을 미혹시킨다"며 채수를 탄핵했다. 언어란 한글이니 그만큼 인기가 높았다는 뜻이다.

사헌부는 '정도를 어지럽히고 인민을 선동한 율(律)'을 들어 채수를 교수에 처해야 한다고 주청했다. 그런데 훗날 영의정을 지낸 만보당 김수동은 "형벌과 상은 중용을 지키도록 힘써야 한다. 이 사람을 죽여야 한다면『태평광기』나『전등신화』를 지은 자들도 모조리 베어야 하느냐'고 변호했다. 결국 죄는 있지만, 죽이는 것은 지나치다는 중종의 뜻에 따라 채수는 파직에 그쳤다.

『설공찬전』이 조선 사회에서 정치적 탄압을 받은 결정적 이유는 다음과 같은 내용 때문이다. 설공찬이 전하는 저승 소식의 일부다.

이승에서 비명에 죽었어도 임금에게 충성해 간하다가 죽은 사람이면 저승에서도 좋은 벼슬을 하고, 비록 여기서 임금을 했더라도 주전충 같은 반역자는 다 지옥에 들어가 있었다.

주전충(852~912)은 '황소의 난'이 일어났을 때 잔당을 평정해 실력자로 떠오른 뒤 당나라를 멸망시키고 양나라를 세운 인물이다. 중종부터가 가슴이 뜨끔했을 것이다.

『설공찬전』이 다시 햇빛을 본 과정은 이렇다. 국사편찬위원회는 1996년 이복규 서경대 교수에게 이문건(1494~1567)이 지은『묵재일기』의 내용을 살피고, 뒷장에 적힌 한글 기록도 검토해 달라고 의뢰한다. 이 교수는 뒷장 기록의 일부가 사라진 줄 알았던 한글본『설공찬전』이라는 사실을 발견했다.『셜공찬이』라는 한글 제목 아래 3,472자가 남아 있었다. 『홍길동전』을 제치고 한글로 적힌 최초의 소설로 떠오른 순간이다. 필사를 도중에 중단해 소설의 전체 분량은 알기 어렵다고 한다.

쾌재정은 중부내륙고속도로 북상주 나들목에서 멀지 않다. 지금의 건물은 18세기 중반 다시 지은 것이다. 벌판 가운데 솟은 봉우리니 거칠 것 없는 시야를 자랑했을 것이다. 지금은 나무와 풀에 둘러싸여 바깥 풍경이 보이지 않는다. 이안천 건너에서도 쾌재정은 지붕만 어렴풋하다.

채수의 무덤은 쾌재정 남쪽 공검면 율곡리에 있다. 율곡리 길가에는 최근 세운 신도비도 있다. 옛 신도비가 풍우에 시달려 비문을 읽을 수 없게 되자 1996년 후손들이 다시 세웠다고 한다. 『셜공찬이』의 발굴이 채수를 새롭게 기리는 계기가 됐음을 짐작게 한다. 북쪽 야산으로 난 좁은 길을 따라 들어가면 옛 신도비각이 보인다. 비석은 당당하다. 상주에 남은 신도비로는 가장 오래된 것이라 한다. 인상적인 것은 신도비 받침돌이다. 대개 거북이 모양인데, 이건 독특하게 사자다. 그런데 커다란 비석을 등에 이고 있는 사자의 모습이 귀엽기만 하다. 조금 더 올라가면 무덤이다.

채수의 위패를 모신 임호서원은 무덤에서 중부내륙고속도로 너머에 있다. 서원은 1693년 함창 서쪽 10리 입암산 아래 검암서원으로 출발했다. 1871년 대원군이 훼철한 것을 1988년 지금 자리에 다시 세웠다고 한다. 너무나 간소해 특유의 분위기를 느끼기는 어렵다. '경현사(景賢祠)'라는 편액이 붙었다.

『설공찬전』의 배경은 전라도 순창이다. 학계는 나재가 순창 설씨 족보에 등장하는 실존 인물과 허구의 인물을 섞어 창작한 것으로 본다. 설공찬의 증조할아버지로 나오는 설위는 대사성을 지낸 세종시대 실존 인물이다. 하지만 순창 설씨 족보에서 설공찬이라는 이름은 찾을 수 없다고 한다.

『중종실록』에는 '설공찬은 채수의 일가이니, 반드시 믿고 혹하여지었을 것'이라는 검토관 황여헌의 발언이 실려 있다. 설공찬이 실존인물이고, 소설 또한 체험담에 근거했을 수 있다는 추정이 가능하다. 전라북도 순창군은 이복규 교수가 기증한 150점 남짓한 자료를 바탕으로 순창 설씨 집성촌이 있는 금과면에 설공찬전테마관을 건립했다. 쾌재정이 있는 경상북도 상주시는 낙동강문학관에서 채수를 소개하고 있다. 순창군이 작품에 초점을 맞췄다면 상주시는 작가에 주목했다고 할 수 있다.

9. 담헌 홍대용과 베이징의 파이프오르간

　우리나라에 서양음악이 유입된 것은 미사에 음악이 수반되는 가톨릭의 포교와 깊은 관계가 있다. 프랑스 신부 달레가 쓴『한국천주교회사』에는 병인박해(1866) 당시 외국인 순교자들이 형장으로 끌려가면서 성가를 불렀다는 내용이 있다. 다른 기록에는 조선인 신자들이 서양 성가를 불렀다는 이야기가 나온다. 이후 1886년 언더우드와 스크랜턴이 배재학당과 이화학당을 세우는 등 기독교가 퍼져나가면서 찬송가를 중심으로 한 서양음악이 확산됐다고 한국음악사는 적고 있다.

　하지만 역사를 들여다보면 초기 서양음악과 능동적 교섭의 주체가 실학자라는데 놀라게 된다. 담헌 홍대용(1731~1783)은 파이프오르간이라는 미지의 악기를 조선에 알린 인물이다. 그는 문학과 철학은 물론 천체관측기인 혼천의를 만드는 등 자연과학에도 깊은 관심을 가졌다. 음악에도 조예가 깊었는데, 서양음악의 전래 역사에서 그의 존재는 완전히 새롭게 평가하지 않으면 안 된다.

　실학자들에게 서양음악에 대한 관심을 불러일으킨 책은『직방외기(職方外紀)』다. 풍악산인 정두원(1582~?)이 1631년 북경에 갔다가 천리경과 자명종, 홍이포와 함께 가져왔는데 이 책에 서양음악과 관련한 내용이 들어있었다.『직방외기』는 중국 사람들이 '서양의 공자'로 칭송했다는 예수회 신부 훌리오 알레니(1582~1649)가 지은 인문지리서다. 중국의 직방사(職方司)는 자국의 영향력이 미치는 지역을 관리하는 관청이었다. 그러니『직방외기』에는 직방사 관할지역 바깥인 유럽 문물이 다수 포함됐다.

『직방외기』가 조선에 들어오자 이익과 안정복, 황윤석, 이가환, 이규경, 권일신, 최한기 같은 실학자와 서학 전래의 역사에 이름을 남긴 사람들이 줄지어 탐독한다. 홍대용은 이 책이 들어온 해 태어났다. 외래문화가 본격적으로 유입되기 시작한 시기에 성장했으니 서양문화에 관심을 갖는 것은 당연했다. 당시 서양 문명을 이해하려는 노력은 진보적 지식인 사회에서는 일종의 시대정신이었다.

더구나 거문고 명인으로 음악에 대한 관심이 매우 높았던 홍대용이 오늘날의 북경, 당시 연경의 남천주교당에서 만난 파이프오르간에 커다란 관심을 가진 것은 자연스럽다. 홍대용은 이 새로운 악기를 만난 경험을 『을병연행록(乙丙燕行錄)』에 꼼꼼하게 서술해 놓았다. 『을병연행록』은 홍대용이 1765년(을유년)과 1766년(병술년) 숙부 홍억의 자제군관으로 청나라에 다녀오면서 날짜별로 보고 듣고 느낀 것을 어머니가 읽을 수 있도록 한글로 적은 기행문이다.

홍대용이 남천주교당을 찾은 것은 1766년 1월 9일이다. 독일계 선교사 유송령(劉松齡, 아우구스티누스 폰 할버슈타인)과 포우관(鮑友官, 안토니우스 고가이슬)이 일행을 맞이했다. 홍대용은 다음과 같이 적었다.

> 두 사람이 다 머리를 깎았고 오랑캐 복장을 하여 중국 사람과 분별이 없고, 나이가 많아 수염과 머리가 세었으나 얼굴은 젊은이 기색이며, 두 눈이 깊고 맹렬하여 노란 눈동자에 이상한 정신이 사람을 쏘는 듯하였다.

새로운 문물을 배우러 갔음에도 청나라 사람들을 여전히 오랑캐라고 표현하고 있다. 홍대용은 성당 곳곳을 둘러보다 파이프오르간이 있는 곳에 당도했다. 이어서 그는 이렇게 적었다.

남쪽으로 벽을 의지하여 높은 누각을 만들고 난간 안으로 기이한 악기를 벌였으니, 서양국 사람이 만든 것으로 천주에게 제사할 때 연주하는 풍류였다. 올라가 보기를 청하자 유송령이 매우 지탄하다가 여러 차례 청한 뒤에야 열쇠를 가져오라고 하여 문을 열었다.

풍류란 파이프오르간이다. 지탄(指彈)이란 표현은 무엇을 말하는지 분명치 않지만 분위기를 짐작해 보면 유송령은 파이프오르간을 자세히 보여 주는 것을 처음 탐탁지 않게 여긴 듯하다. 홍대용은 그런 유송령을 귀찮을 정도로 졸라 파이프오르간을 관찰할 수 있었던 것으로 짐작하게 된다. 유송령은 연주를 듣고자 하는 홍대용에게 연주자가 병이 들었다고 둘러댔지만 결국 파이프오르간 소리를 들려주었다.

틀 밖으로 조그만 말뚝 같은 두어 치의 네모진 나무가 줄줄이 구멍에 꽂혔거늘, 유송령이 그 말뚝을 눌렀다. 위층의 동쪽 첫 말뚝을 누르니, 홀연히 한결같은 저 소리가 다락 위에 가득하였다. 웅장한 가운데 극히 정제되고 부드러우며 심원한 가운데 극히 맑은소리가 나니….

'두어 치의 네모진 나무'란 곧 건반이다. 파이프오르간은 보통 2단 이상의 손건반과 발건반(페달)을 갖추고 있는데, 웅장하다는 표현으로 볼 때 유송령은 가장 낮은음의 건반을 짚었던 듯하다. 홍대용은 '말뚝을 누르니 그 소리가 손을 따라 그치고 그다음 말뚝을 누르니 처음 소리에 비하면 적이 작고 높았다. 차차 눌러 아래층 서쪽에 이르자 극진히 가늘고 높았다. 대개 생황 제도를 근본으로 하여 천하에 다양한 음률을 갖추었으니, 이는 고금에 희한한 제작'이라고 이어갔다.

홍대용은 다수의 금속관으로 이루어진 파이프오르간을 보면서 생황을 떠올린 것이다. 여러 개의 대나무 관으로 이루어진 생황은 입으로 부는 악기로, 우리나라에서는 삼국시대 이후 지금까지 중요하게 쓰이고 있다. 홍대용이 파이프오르간과 생황을 연결한 것은 지극히 합리적이다.

홍대용도 건반을 눌렀다. 그는 '그 말뚝을 두어 번 오르내린 뒤 우리나라 풍류 잡는 법을 따라 짚으니 거의 곡조를 이룰 듯하여 유송령이 듣고 희미하게 웃었다.'고 했다. 홍대용은 그야말로 난생처음 접한 서양악기 파이프오르간으로 우리 가락을 만들어 보려 했던 것 같다. 건반의 원리를 깨닫고 나서는 제법 멜로디를 인식할 수 있는 수준으로 짚어낼 수 있었다는 뜻으로 읽힌다.

홍대용의 남천주교당 방문에는 역관 홍명복과 관상감의 이덕성도 동행했다. 이날 파이프오르간을 접한 조선 사람이 홍대용 말고도 여럿 있었다는 뜻이다. 앞서 병자호란으로 북경에 볼모로 끌려간 소현세자도 남천주교당으로 마테오 리치를 방문한 적이 있었다. 남천주교당을 찾은 사람이 적지 않았고 파이프오르간에 관심을 가졌던 사람도 적지 않았다. 그럼에도 파이프오르간을 처음 만난 조선 사람으로 홍대용이 오늘날 영예를 독차지하고 있으니 기록을 남기는 것이 그만큼 중요하다.

홍대용을 보면 당시 새로운 서양 문명을 탐구하는 실학자들의 자세가 얼마만큼 진지했는지 알 수 있어 옷깃을 여미게 된다. 이런 마음가짐은 홍대용에만 그치지 않았을 것이다. 그는 파이프오르간을 구성하는 요소를 꼼꼼하게 살펴본 뒤 악기가 소리를 내는 원리를 이렇게 설파한다.

이 악기는 바람을 빌려 소리를 나게 하는데, 바람을 빌리는 법은 풀무와 한 가지다. 바깥바람을 틀 안에 가득히 넣은 뒤 자루를 놓아 바람을 밀면 들어오던 구멍이 절로 막히고 통 밑을 향하여 맹렬히 밀어댄다. 통 밑에 비록 각각 구멍이 있으나 또한 조그만 더데를 만들어 단단히 막은 까닭에 말뚝을 누르면 틀 안에 고동을 당겨 구멍이 열린 뒤 바람이 통해 소리를 이룬다. 소리의 청탁고저는 각각 통의 대소장단을 따라 음률을 다르게 하는 것이다.

이 말에 유송령도 공감을 표시했다.

홍대용의 파이프오르간 조우기(記)는 신기한 악기에 대한 유람객의 시선에 머물지 않는다. 한참을 주변에 머물면서 질문을 던져 소리를 내는 원리에 대한 자연과학적 의문을 모두 풀어낼 만큼 철저했다. 오늘날에도 파이프오르간의 원리를 이보다 더 정확하게 설명하기란 쉽지 않다.

10. 시인 손곡 이달과 원주 법천사

경복궁 마당에 있던 지광국사현묘탑이 고향인 강원도 원주 법천사 터로 돌아갔다. 조만간 법천사유적전시관에서 현묘탑을 볼 수 있을 것이다. 법천사가 자리 잡은 원주의 부론(富論)이라는 땅 이름이 흥미롭다. 12조창의 하나였던 흥원창에 많은 사람과 물산이 오가면서 전국의 갖가지 소식을 전파했고 오늘날 식 표현으로 언론의 중심지로 떠올라 이런 이름 붙여졌다는 주장도 있다.

흥원창이 있던 흥호리는 지금 한적하기만 하다. 여기서 남한강을 따라 남쪽으로 조금 달리면 법천리 삼거리다. 이정표를 따라 3~4분 더 가면 광활하다는 표현이 어울리는 고려 거찰 법천사의 옛터가 나타난다.

법천사 터를 둘러봤다면 가던 길을 조금 더 올라가 손곡리도 찾아보기를 권한다. 필자가 조선시대 최고의 시인이라고 생각하는 손곡 이달(1539~1612)이 고향처럼 아낀 동네다. 짐작처럼 손곡이라는 아호도 이 동네 이름을 딴 것이다. 그의 어머니는 홍주 관기(官妓)였다. 지금의 충청남도 홍성이다. 그러니 이달은 서얼이었다. 서얼은 관직에 나가는 기회가 봉쇄됐고, 운 좋게 벼슬길에 나서도 품계가 제한됐다. 손곡도 사역원의 한미한 직책으로 벼슬길에 나선 적이 있지만 곧 그만두었다고 한다. 손곡의 제자인 교산 허균의 다음과 같은 평가는 이달의 성격을 이해하는 데 도움을 준다.

용모가 반듯하지 못하고 성품 또한 방탕하여 스스로 다스리지 못했고 더구나 시속의 예법에 익숙하지 못하여 시류에 거슬렸지만, 고금의 일과 산수의 아름다운 운치에 대해 잘 이야기하고, 술을 즐겼으며 왕희지의 서체를 잘 썼다. 그의 마음은 탁 트여 한계가 없었고, 생업에는 일삼지 않았지만 사람들 중에는 더러 이런 점 때문에 더 그를 좋아하는 이도 있었다.

'인간 손곡'에 대한 세상의 평가는 결코 긍정적이지 않았다. 그런데 '시인 이달'이라면 달라진다. 양졸재 심재(1624~1693)는 『송천필담(松泉筆譚)』에 '이달이 태어날 때 홍주 월산의 초목이 모두 말라 죽었다.'고 손곡을 기리는 일종의 탄생 설화를 남기기도 했다. 손곡이 얼마나 뛰어난 시인인지는 다음의 시 한 편만으로도 알 수 있다. 「제총요(祭塚謠)」는 무덤에 제사 지내며 부른 노래다.

> 흰둥이 앞서고 누렁이 따라가는데
> 들밭머리 풀섶에 무덤이 늘어섰네.
> 노인이 제사 지내고 밭 사이로 들어서니
> 취한 채 돌아오는 석양 길을 아이가 부축하네.

> 白犬前行黃犬隨(백견전행황견수)
> 野田草際塚纍纍(야전초제총류류).
> 老翁祭罷田間道(노옹제파전간도)
> 日暮醉歸扶小兒(일모취귀부소아).

손곡은 개인적으로도 불행했고, 그의 시대엔 임진왜란이라는 국가적 불행이 더해졌다. 이 시에서 전란에 죽은 아들의 무덤을 찾은 노인은 해가 떨어져서야 발길을 돌린다. 늘어선 무덤은 그러나 이 비극이 이 가족에게만 그치지 않은 모두의 비극이라는 것을 암시한다. 시에는 전란, 죽음, 불행 같은 단어가 하나도 보이지 않는다. 그럼에도 한 시대의 비극을 담은 한 편의 활동사진을 보는 듯한 정경이 떠오른다. 취한 노인은 이제 희망의 끈을 완전히 놓아버렸다. 그럼에도 노인을 부축하는 어린아이에게는 아직 희망이라고 하기에는 부족할지라도, 희미한 그 무엇이 있는 것 같다.

손곡의 생애가 후세에 비교적 자세히 알려진 데는 허균의 공이 크다. 『홍길동전』을 지은 바로 그 사람이다. 교산은 스승을 다룬 「손곡산인전(蓀谷山人傳)」을 남겼고, 스승의 시집도 엮었다. 손곡과 허균이 처음 만나는 장면은 연극의 한 대목 같다. 교산의 형 하곡 허봉과 가까웠던 손곡이 어느 날 형제의 강릉집을 찾았다. 허균은 서얼 출신의 남루한 손곡에 예의도 갖추지 않았다고 한다.

허봉은 동생 허균에게 "시인이 왔는데, 아우는 소문도 들어 보지 못했는가"하고는 손곡에게 시 한 편을 부탁하는 것이었다. 손곡은 곧바로 '담 구석의 작은 매화가 바람에 다 떨어지니 봄빛은 살구꽃 가지 위로 옮겨 가는구나'로 끝을 맺는 절구를 하나 지었고, 허균은 깜짝 놀라 일어나 머리를 조아리며 사죄했다고 한다. 이후 허균뿐만 아니라 누이 허난설헌도 손곡으로부터 시를 배웠다.

손곡이 살던 시대는 일종의 문예 변혁기였다. 조선왕조가 주자학을 바탕으로 성립되기는 했어도, 주자학의 도학적 문학관으로 일관하기에는 일종의 피로감이 나타날 만한 시기였다. 여기에 임진왜란의 참화를 겪으며 지식인들 사이에서는 자연스럽게 인간 감정을 중요시하는 분위기가 싹틀 수밖에 없었다. 이전 시대 시단을 휩쓸던 주지적이고 형식적인 송시(宋詩)가 퇴조하고 자연과 일상에서 소재를 찾아 인간 내면의 자연스러운 울림을 표현하는 당시(唐詩)가 전면에 나선 배경이다.

손곡도 처음에는 송시에 힘썼지만 20대 후반 당시에 눈떴다. 이후 치열하게 새로운 시풍을 갈고 닦았다. "전에 배운 기법을 다 버리고, 예전에 숨어 살던 손곡의 시골집으로 돌아가, 문을 닫아걸고 당시를 암송하면서 밤을 새워 아침을 이었으며, 무릎을 자리에서 떼지 않았다. 5년을 지내자 환하게 깨우침이 있는 것 같아 시험 삼아 시를 지어보았더니 어휘가 무척 맑고 절실했다"는 것이다

당대 당시풍으로 이름을 날린 이른바 삼당시인(三唐詩人)이 손곡, 옥봉 백광훈, 고죽 최경창이었다. 백광훈과 최경창은 양반이었던 만큼 손곡과 신분이 달랐지만 문학적 동반자가 됐다. 이달은 1577년 지금의 전라남도 영광인 홍농의 군수로 있던 최경창을 찾아가 머물던 시기 '좋아하는 기생이 비단을 탐내지만 돈이 없어 사줄 수 없으니 안타깝다'는 내용의 시를 지어 보낸다. 최경창은 '이 시를 값으로 논하자면 어찌 천금만 되겠는가. 가난한 고을이라 돈이 넉넉지 못하여 뜻에 맞게 줄 수가 없구려' 하며 시 한 구(句)에 백미 10석을 쳐서 도합 40석을 보내주었다고 한다. 손곡은 최경창과의 일화에서 보듯 "성선(聖善)을 가리지 않고, 품행이 단정치 못하다"는 비난이 많았다. 그러니 그의 재주를 아끼는 사람들조차 물리치라는 주위의 성화에 마음이 흔들리기 일쑤였다.

이렇듯 다양한 평가가 뒤따르는 손곡이지만, 시인에 대한 평가는 그가 지은 시로 하는 것이 정도(正道)일 것이다. 조선시대 비평가들은

10. 시인 손곡 이달과 원주 법천사

흔히 손곡 시의 특징으로 어둡지 않고 화사한 색조를 들기도 하지만, 보리 베는 모습을 보고 지어 「예맥요(刈麥謠)」라고도 하고, 동산역을 지나면서 지었다고 해서 「동산역시(東山驛詩)」라고도 불리는 시는 화사하기는커녕 어둡기만 하다.

시골집 젊은 여인 저녁거리가 없어
빗속에도 보리 베어 숲길로 돌아오네.
생나무는 젖어 불길도 일지 않는데
문으로 들어서니 자식들은 옷자락을 잡고 우는구나.

田家少婦無夜食(전가소부무야식)
雨中刈麥林中歸(우중예맥임중귀).
生薪帶濕煙不起(생신대습연불기)
入門兒女啼牽衣(입문아녀제견의).

왜란의 처참함을 보여 준다고 해도 좋고, 최하층민의 일상적 삶을 보여 주는 장면이라고 해도 좋겠다. 16세기 한시라고는 믿어지지 않을 만큼 사실성이 넘쳐난다. 손곡은 화사함이 아니라, 고단함을 넘어 불행하다고 할 수밖에 없는 삶의 모습을 그리는데 오히려 출중했던 시인이었다. 부론면 손곡리의 동네 밖 저수지 둑방에 시인을 기리는 조각공원이 조성된 것은 다행스럽다. 그런데 찾아간 날 조각공원 정문에는 자물쇠가 채워져 있었다. 손곡에게도, 방문객에게도 섭섭한 일이다.

11. 송파 삼전도비문과 백헌 이경석의 고뇌

　　용못과 거북못 사이에 너럭바위가 있고, 다시 큰 바위가 둘러
싸고 있다. 바위에는 찾아온 사람들이 새겨 놓은 이름이 아주 많
다. 내가 농담 삼아 "다녀간 사람들마다 이름을 파면 바위가 결국
에는 제 모습을 잃어버릴 것 아닌가"하니 스님들이 합장하며 "가르
침을 들었으니 어찌 마음속에 새기지 않을 수 있겠습니까" 하며 웃
었다.

　백헌 이경석(1595~1671)이 1651년(효종 2) 금강산을 여행하고 남긴
『풍악록』에 적혀있는 한 대목이다. 「삼전도비문(三田渡碑文)」을 쓴 바
로 그 이경석이다. 앞서 '평생토록 금강산을 꿈속에 그려보다 세속에
서 헛되이 늙기만 했다'는 시를 쓰기도 했다. 영의정을 지냈으니 명
승지 바위에 이름을 새기는 제명(題名)을 주변에서도 부추겼을 것이
다. 그럼에도 자연의 조화를 훼손해서야 되겠느냐는 말로 손사래를
친 것이다. 굳이 자신을 부각시키려 하지 않는 인생관이 이 일화에서
도 그대로 드러난다.

　남한산성을 종종 찾는다. 산성리 주차장에 차를 세우고 북문에서
성곽을 따라 병자호란 당시 수성군의 지휘 본부였던 수어장대에 오
른다. 날씨가 좋으면 잠실 일대까지 환하게 내려다보이는 수어장대
전망은 한마디로 일품이다. 하지만 병자호란 당시 저 넓은 송파들을
가득 채우다시피 몰려드는 청나라 군대의 깃발을 바라보는 당시의
심정은 공포 그 자체가 아니었을까 싶다.

호란에 얽힌 역사는 소설로, 드라마로, 영화로 끊임없이 재생산된다. 유행처럼 청음 김상헌이 대표하는 척화파를 긍정적으로, 지천 최명길이 대표하는 주화파를 부정적으로 묘사하기 마련이다. 하지만 실현 가능성이 없는 것을 알면서도 명분과 원칙을 지키고자 목숨을 내걸었던 척화파와 오명(汚名)을 뒤집어쓸 것을 모르지 않음에도 현실을 좇은 주화파 모두 그렇게 쉽게 재단할 수 없다.

무엇보다 이경석은 주화파라고 하기도 어렵다. 그는 요즘 식 표현으로 병자호란의 전후처리 과정에서 비롯된 논란의 주인공이라고 할 수 있다. 봉림대군으로 청나라에 끌려가 8년 동안 볼모 노릇을 했던 효종은 즉위 원년(1650)부터 북벌을 계획한다. 그런데 김자점 일당이 청나라에 밀고하자 진상조사단이라 할 수 있는 사문사가 조선에 왔다. 영의정 이경석은 책임을 혼자 뒤집어쓰고 의주 백마산성에 위리안치된다. 이듬해 이경석은 "영원히 벼슬에 등용하지 않는다"는 조건으로 석방됐다.

명나라 선박이 평안도 선천에 정박한 사실이 청나라에 알려진 인조 20년(1642)에도 그랬다. "청나라를 섬기는 척하면서 명나라와 내통하고 있는 것 아니냐"는 힐난이 이어졌다. 이경석은 극구 "명나라 잠상(潛商)이 몰래 정박한 것으로 조선 조정과는 무관하다"고 설득했다. 그럼에도 이경석은 만주 봉황성에 구금됐고, 8개월이 지나서야 또다시 '벼슬 불가' 조건으로 풀려날 수 있었다.

삼전도비는 지금 서울시 송파구 잠실 석촌호수공원의 서쪽에 자리 잡고 있다. 잠실역사거리에서 가깝다. 그런데 비석이 지금의 자리로 옮겨진 것은 2010년이다. 이전에는 석촌동 주택가의 옛 삼전도비 어린이공원에 있었다. 흔히 삼전도비라 부르지만 '대청황제공덕비(大淸

皇帝功德碑)'라 새겨져 있다. 삼전도는 옛 잠실 나루터였다. 남한산성에서 항전하던 인조가 청나라 황제에게 항복 의식을 치른 장소이다. 치욕의 흔적이지만 우리는 국가지정문화재인 사적으로 보호하고 있다.

우여곡절도 많았다. 조선은 1895년(고종 32) 삼전도비를 땅에 묻어 버렸다. 갑오개혁 이듬해 청일전쟁 와중이었다. 일본의 입김이 작용했을 가능성이 크다. 조선에 대한 청나라의 '종주권'을 부인하는 차원이었을 가능성이 매우 높다. 그런 일본이 대한제국을 강제로 병탄한 이후 1913년에는 삼전도비를 다시 땅 위에 꺼내 세워 놓았다. 일제의 의도는 짐작하고도 남음이 있다.

삼전도비는 1957년 당시 문교부가 땅에 묻었는데, 1963년 홍수로 모습을 드러낸 이후 사적으로 지정했다. 치욕스러운 역사도 역사라는 달라진 인식을 보여 준다. 이것을 1983년 옛 삼전도비 어린이공원으로 옮겼다. 2007년 붉은 페인트로 훼손한 사건은 우리가 이 비석에 갖는 복잡한 심경의 일단을 보여 준다.

삼전도비는 당연히 '조선왕조의 치욕'을 상징하지만, 당대부터 '이경석의 치욕'을 상징하는 양 이미지 조작이 이루어졌다. 비변사는 당시 비문을 지을 인물로 네 사람을 천거했는데, 인조의 간곡한 당부에 "글을 배운 것이 한스럽다"며 결단을 내린 것이 이경석이다. 그럼에도 이경석은 두고두고 '오랑캐에 아부해 죽을 때까지 편안하게 산 자'라는 비난에 시달려야 했다.

이경석에게 '비문의 저주'는 삼전도비에 그치지 않았다. 신도비 파문은 그 이상이었다. 이경석이 1671년(현종 12) 세상을 떠나자 서계 박세당이 1702년(숙종 28) 신도비 비문을 쓴다. 그런데 이광사의 글씨로 비석이 세워진 것이 한참 시간이 흐른 1754년(영조 30)이니 그 사이 우여곡절은 말로 다 설명하기 어렵다.

이경석의 무덤은 삼전도비에서 20㎞ 남짓 떨어진 판교신도시 너머 청계산 자락에 있다. 한국학중앙연구원을 끼고 의왕으로 넘어가는 옛길을 따라가다 보면 표지판이 나타난다. 들머리에는 두 기의 신도비가 나란히 세워져 있는데, 왼쪽의 옛 비석에서는 아무런 글자의 흔적을 찾을 수 없다. 비석이 세워진 지 300년이 가깝다고 하지만 글자가 조금도 남김없이 비바람에 깎여 나갈 세월은 아니다.

『현종실록』에 실린 이경석의 졸기(卒記)는 다음과 같은 말로 시작한다.

집안에서 효성스럽고 우애로웠으며 조정에서는 청렴 검소했다. 아래 관리에게 겸손했고 옛 친구들에게는 돈독했다. 나랏일을 근심하고 공무를 받드는 마음이 늙도록 해이해지지 않았다.

하지만 "겸손 순종함이 지나쳐 기풍과 절개에 흠이 있었으니, 하찮게 평가되기도 했다"고도 적었다. 사관의 평가도 후하다고는 할 수 없다.

반면 박세당의 신도비 비문은 이경석의 넋을 위로하기에 충분했을 것 같다. 박세당은 이경석을 봉황과 군자에 비유한 반면, 삼전도비문을 썼다는 이유로 이경석을 비난한 우암 송시열은 올빼미, 불선자(不善者)로 규정했다. 그러니 노론의 영수 송시열의 문인들이 들고일어나는 것은 정해진 수순이었다. 박세당이 지은 『사변록(思辨錄)』을 주희와 다른 해석을 했다며 흉서로 규정하는 것으로 보복했다. 『사변록』과 다르지 않은 처지의 이경석 신도비 비문 역시 서계의 복권을 기다릴 수밖에 없었다.

이경석 신도비는 건립 이후 오래지 않아 각자(刻字)가 갈려 나가고 땅에 묻혔다. 이후 오랫동안 송시열을 추종하는 세력이 집권했으니 후손들도 손을 쓰기 어려웠다. 글자가 모두 갈려 나간 무자비(無字碑) 왼쪽에 최근의 내력이 새겨졌다. 후손들이 1975년 새로운 몸돌에 비문을 새기고 흩어진 받침돌과 삿갓 모양 지붕돌을 합쳐 신도비를 다시 세웠다. 1979년 옛 신도비를 파내 재건했고, 받침돌과 머릿돌도 다시 만들어 옛 신도비 오른쪽에 새로운 신도비를 세웠다는 내용이 담겼다.

병자호란의 항전 현장인 남한산성, 치욕의 증거인 삼전도비, 이경석 신도비는 깊은 관계를 맺고 있다. 그리 멀지 않은 세 곳을 한데 묶으면 볼 것도, 생각할 것도 많은 역사 기행 코스가 된다. 병자호란 당시 전라병사 김준룡이 이끈 조선군 2,000명이 청나라 군사 5,000명을 격퇴하고 청태조의 매부를 사살한 용인과 수원 사이 광교산도 이경석 무덤에서 멀지 않다.

12. 가야금 명인 우륵과 신라 제2 도시 충주

1933년 아돌프 히틀러가 정권을 잡자 위협을 느낀 유대계 예술가
들은 독일을 떠나기 시작한다. 이들은 프랑스, 폴란드, 덴마크 같은
주변 국가에서 '제3제국'의 몰락을 기다렸다. 하지만 바람과는 달리
더욱 세력을 키운 히틀러가 1939년 제2차 세계대전을 일으켜 유럽
전체가 포화에 휩쓸리자 음악가들은 다시 미국을 향해 대서양을 건
넌다. 아르놀트 쇤베르크, 파울 힌데미트, 쿠르트 바일, 한스 아이슬
러, 에리히 볼프강 코른골트, 알렉산더 쳄린스키, 스테판 볼페 같은
작곡가들이 대표적이다.

1918년 러시아 혁명이 터지자 작곡가 이고르 스트라빈스키와 세
르게이 라흐마니노프, 세르게이 프로코피예프, 바이올리니스트 야샤
하이페츠가 유럽과 미국으로 망명한다. 1950년대부터 소련 음악가
의 전방위 탈출이 이루어지는데, 바이올리니스트 레오니드 코간, 피
아니스트 스비아토슬라프 리히터, 첼리스트 므스티슬라프 로스트로
포비치가 대표적이다. 이런 분위기는 1970년대 피아니스트 블라디
미르 아시케나지와 지휘자 키릴 콘드라신, 첼리스트 미샤 마이스키
로 이어졌다.

불행한 일이지만, 20세기 음악가 망명사(亡命史)에서 한국도 한쪽을
장식하고 있다. 독일에서 활동하며 국제적 명성을 날린 작곡가 윤이
상이 주인공이다. 1967년 당시 한국의 중앙정보부는 대남적화활동
을 했다는 이유로 194명의 유럽 교민과 유학생을 간첩으로 지목했
다. 이른바 동백림(동베를린)사건이다. 종신형을 선고받은 윤이상은 서

제2부 인물을 찾아가는 발걸음

독과 외교 문제로 비화되자 2년 만에 추방됐다.

사실 '음악가의 정치적 망명'이란 20세기 유럽이라는 특수한 시공간을 제외하면 세계사에서도 그리 흔치 않은 일이다. 그런데 윤이상이 아니더라도 우리에게는 음악가의 망명이라는 스토리가 어쩐지 익숙하게 느껴진다. 아마도 가라국에서 신라로 망명한 우륵이라는 존재 때문일 것이다.

우륵은 가야금 음악으로 대가야 연맹의 통합을 이룬 인물이다. 망명한 뒤에도 우륵의 음악은 신라의 국가적 의례 음악이라고 할 수 있을 대악(大樂)의 초석이 됐다. 오늘날보다 훨씬 중요했을 당시 음악의 정치적 기능을 생각하면, 가야 사람 우륵의 망명이 음악으로 신라사회의 정신적 통합에 기여해 삼국통일의 기틀을 다지는 데 일정한 역할을 했다고 해도 크게 과장은 아닐 것이다.

우륵은 신라 망명 이후 충주로 보내졌다. 신라가 충주 일대의 지배를 공고히 한 것은 진흥왕 시절이다. 진흥왕은 557년 이곳에 국원소경을 설치한다. 훗날 전국에 5개의 소경을 설치하지만 이후 중원경으로 발돋움하는 충주는 사실상의 제2 수도였다. 진흥왕은 국원소경에 경주의 귀족과 부호의 자제를 옮겨 살게 했다. 귀족과 부호가 터전을 옮기려면 예속된 사람들도 모두 따라가야 했다.

그러니 충주의 인구는 적지 않았다. 우륵을 충주로 보낸 것은 상당한 추종자들을 이끌고 있었을 가야의 중량급 인사가 자칫 수도 서라벌에서 정치 세력을 확장하는 위험을 경계했을 것이다. 가뜩이나 정치·군사적 비중이 높아진 충주다. 국가의 일체감 조성에 의례의 효용을 인식하고 있었던 진흥왕은 우륵의 선진음악을 바탕으로 신라의 대악을 완성하고자 했으니 충주는 더욱 중요해졌다.

충주에서 우륵의 존재는 지금도 절대적이다. 충주 시가지 북서쪽의 탄금대는 우륵의 성지(聖地)이자 시민들의 가장 중요한 휴식 공간이 됐고, 시내 호암동에는 아담한 크기의 종합문화공간 우륵당이 한옥으로 지어져 충주 시립 우륵국악단이 상주하며 우륵의 예술정신을 기리고 있다.

조정지댐이 충주댐 하류에 건설되면서 만들어진 호수가 탄금호다. 주변에는 두 개의 대형 교량이 가로지르고 있는데, 중원고구려비에서 충주호 변 마애불이 있는 창동리를 거쳐 시내로 이어지는 다리가 탄금대교, 역시 창동리에서 탄금대 건너 오석리를 연결하는 다리가 우륵대교다.

네덜란드 제2의 도시 로테르담에서 인문학자 에라스뮈스의 이름을 딴 아름다운 다리가 마스강을 가로지르는 모습을 본 적이 있다. 하지만 우륵대교처럼 음악가의 이름이 붙여진 초대형 다리가 다른 나라에 어디 또 있는지 궁금하기만 하다. 특히 우륵대교의 교각은 가야금을 뜯는 손, 상판을 교각에 연결하는 강철 케이블은 가야금의 줄을 상징하도록 설계가 이루어졌다고 한다.

탄금대란 글자 그대로 우륵이 가야금을 타던 둔덕이라는 뜻이다. 탄금대에는 문화적 향기가 넘치는 역사적 공간이라는 이미지가 자리 잡고 있다. 하지만 남동쪽에서는 남한강이 돌아들고, 남서쪽에서는 속리산에서 발원해 괴산을 거쳐 흘러든 달천이 합류하는 두물머리에 자리 잡은 탄금대. 한마디로 남한강 하류를 한눈에 내려다보며 죽령도 조망할 수 있는 군사적 요충이다.

충주 일대는 일찍이 백제, 고구려, 신라가 치열하게 세력다툼을 벌인 지역이다. 남한강 상류의 충주는 한강 하류, 곧 한반도 허리를 장

제2부 인물을 찾아가는 발걸음

악하기 위해서는 반드시 확보해야 하는 군사적 거점이었다. 경주에서 문경 새재를 넘은 군사는 충주에서 뱃길을 이용하면 순식간에 서울에 닿았다. 진흥왕이 점령한 한강 하류 일대를 이후 신라가 굳건히 유지할 수 있었던 것도 충주를 장악했기 때문이다.

신라가 충주를 차지하면서 한강 남쪽에서 고구려를 몰아낸 데 따른 결정적 효과는 중국과 해상교통로를 확보했다는 것이다. 한반도의 동남부에 자리 잡아 대륙의 문물을 받아들이는 데 어려움이 많았던 신라는 한강 유역 확보 이후 화성 당항성을 중심으로 중국과 직접 교섭에 나설 수 있었고. 이것이 훗날 삼국을 통일하는 데 결정적인 영향을 미치게 된다. 충주는 이렇게 중요했다.

진흥왕이 551년 고구려와 전투에 앞서 지금의 충주로 비정되는 낭성을 찾아 우륵의 연주를 들었다는 하림궁도 탄금대 일대였을 것이다. 당시 탄금대는 고구려와 대치 상태에서 팽팽한 긴장감이 흐르는 변경의 군사적 요새에 가까웠다. 임진왜란 당시 신립 장군이 탄금대에서 배수진을 치며 가토 기요마사의 왜군과 대적했다는 사실도 군사적 거점으로 이곳이 갖는 중요성을 보여 준다. 그러니 진흥왕이 우륵을 불러 가졌던 탄금대의 가야금 연주회도 경치 좋은 강변 언덕에서 열린 격조 높은 문화 행사라기 보다는 긴장감 속에서 펼쳐진 정치·군사적 행사였을 것이다.

우륵은 음악가로 알려졌지만, 가라국에 머물던 시절부터 매우 정치적인 인물이었을 것으로 짐작된다. 고구려의 이야기지만, 진나라에서 보낸 칠현금을 어떻게 연주할지 모르는 상황에서 악기 형태를 조금 고친 뒤 100곡 남짓을 창작해 검은 학이 날아와 춤을 추게 만들었다는 거문고의 명인 왕산악도 국상 다음가는 제2상이었다. 그러니

163

우륵이 가야금 연주의 비르투오소라기보다는 가야금 음악을 총괄한 마에스트로였다는 어느 역사학자의 주장이 솔깃하다. 우륵과 왕산악 모두 국가적 의례를 책임진 인물로, 상당한 연주 능력을 겸비한 정치인이었을 것으로 추측한다.

최근에는 우륵이 가야금에 맞게 새로 만들었다는 우륵 12곡이 백제의 침공에 맞서 대가야의 일체감을 조성하는데 목적이 있었다는 학계의 주장도 설득력을 얻고 있다. 실제로 가실왕이 가야의 성음(聲音)을 통일하고자 우륵에게 작곡하게 했다는 12곡의 제목은 연맹을 구성하는 9개의 소국(小國) 이름과 3개의 춤곡으로 알려진다. 가라국의 의례 책임자라는 위치에 있던 우륵이 나라가 어려워졌다고 신라에 망명한 것도 음악인이라면 가능하지 않았을 정치인의 행보에 가깝다.

13. 문경과 상주의 후백제 견훤과 인연

경상북도 문경이라면 관심사에 따라서는 봉암사, 대승사, 김룡사처럼 유서 깊은 사찰이 먼저 생각나는 분들도 있을 것이다. 특히 봉암사는 신라 선문구산의 하나라는 희양산파의 종찰(宗刹)로 879년(헌강왕 5) 지증국사 지선이 창건한 이래 현재까지도 우리나라 선불교의 대표적 사찰로 자리매김하고 있다. 무엇보다 봉암사는 청정도량의 수행 기풍을 잇고자 1년에 단 하루 부처님오신날에만 개방한다. 웬만큼 절 구경에 이력이 붙어도 인연이 맞지 않으면 봉암사 구경은 쉽지 않다.

문경 새재는 모르는 사람이 없다. 흔히 충주와 문경을 잇는 충청도와 경상도의 경계라고 하지만 임진왜란으로 보면 새재는 부산을 비롯한 경상도 남동해안에서 서울, 곧 한양으로 향하는 관문이나 다름없었다. 문경 새재 제1 관문 가까이 자리하고 있는 신길원현감 충렬비는 바로 문경에 남아 있는 임진왜란의 흔적이다. 문경현감 신길원은 상주를 지나 충주로 몰려가는 왜적에 조총을 맞고 포로가 됐다. 신길원은 항복을 권유하는 왜장을 꾸짖다 팔다리를 모두 절단당하고 순국했다.

그런데 상주나 문경 같은 경북 내륙을 여행하다 보면 견훤산성이나 견훤사당처럼 뜻밖의 이름이 들어간 이정표와 곧잘 맞닥뜨린다. 토박이들이야 그럴 일이 없겠지만, 외지 여행자는 "후백제를 창건한 인물의 흔적이 왜 신라의 옛 땅에 몰려 있을까" 하며 고개를 갸우뚱거리게 마련이다.

견훤(867~936)은 무진주를 점령하고 스스로 왕위에 오른 뒤 완산주로 천도해 후백제 왕이라 칭한 인물이다. 이후 맏아들 신검에 의해 금산사에 유폐되자, 왕건에게 투항한 뒤 신검을 토벌해 달라고 요청해 결국 자신이 세운 후백제를 멸망케 한 후삼국 맹주의 한 사람이다. 무진주는 오늘날의 광주광역시, 완산주는 전라북도 전주다. 견훤의 무덤은 논산에 있다. 상주는 견훤의 고향이다.

견훤이 광주에서 태어났다는 주장이 한때 등장하기도 했지만 상주설의 위치는 굳건하다. 『삼국사기』에 자세한 이야기가 전하고 있기 때문이다. 『삼국사기』 기록은 이렇다.

> 견훤은 상주 가은현 사람이다. 근본 성은 이(李)였는데 뒤에 견(甄)으로 고쳤다. 아버지 아자개는 농사지어 살았는데, 광계 연간에 사불성에서 스스로 장군이라 칭했다. 아들 넷이 모두 세상에 이름이 알려졌는데 견훤은 다른 아들보다 뛰어나고 지략이 많았다.

광계(光啓)는 당나라 희종(재위 885~888)의 연호다.

경상도는 누구나 알고 있듯이 고려시대 경주와 상주의 머리글자를 따서 지은 땅이름이다. 상주는 과거 신라의 수도 경주와 어깨를 나란히 할 만큼 중요한 고을이었다. 가은은 이제 문경 땅의 일부다. 견훤의 흔적을 따라가는 여행은 가은에서 시작하는 것이 좋다. 문경 서북단 가은읍은 서쪽으로 충북 괴산과 경계를 이룬다. 소백산맥 봉우리가 사방을 에워싸고 있지만 가은에 이르면 하늘이 활짝 열렸다고 표현해도 좋을 만큼 넓은 땅이 펼쳐진다. 이런 가은의 경제력을 바탕으로 했다면 통일신라 말 상주의 호족이었던 아자개의 세력은 결코 간단치 않았을 것 같다.

가은에는 견훤의 집안을 백제계로 연결 짓는 전승이 있다. 신라의 삼국통일로 백제인들이 흩어질 수밖에 없었는데, 경제력 있는 일부가 산간벽지인 가은 아차마을로 피란해 살았다는 것이다.

갈전리 아차마을은 속리산 줄기에서 발원한 뒤 문경과 상주 시내를 거쳐 낙동강에 합쳐지는 영강을 따라 펼쳐진 속개들이 내려다보이는 가은읍 남쪽에 자리 잡고 있다. 아차마을에 닿으면 금하굴을 먼저 찾아가는 것이 순서이다. 금하굴은 견훤의 탄생 설화가 드리워진 작은 동굴이다.

일연이 『삼국유사』에 담아놓은 설화는 이렇다.

> 북촌 부잣집이 있었다. 어느 날 딸이 "밤마다 자줏빛 옷을 입은 남자가 왔다 간다"고 털어놓자 아버지는 "너는 긴 실을 바늘에 꿰어 그 남자의 옷에 꽂아 두라"고 했다. 날이 밝아 실이 이어진 곳을 찾아보니 바늘은 북쪽 담 밑에 있는 큰 지렁이 허리에 꽂혀 있었고, 이로부터 딸은 태기가 있어 사내아이를 낳았다.

그가 곧 견훤이라는 이야기다. 금하굴은 견훤 어머니에게 밤마다 찾아왔다는 큰 지렁이가 살았다는 동굴이다. 한 시대를 풍미한 영웅에 얽힌 전설과 그 흔적을 확인할 수 있다는 것은 문화가 그만큼 풍요롭다는 증거일 것이다. 견훤 아버지의 이름을 따서 아개동이라고도 불리는 아차마을에는 견훤 집터도 있다.

금하굴 뒤 언덕 너머에는 2002년 세웠다는 견훤의 사당 숭위전이 보인다. 조선은 역대 왕조의 사당을 예외 없이 조성했는데, 환인·환웅·단군을 모신 황해도 구월산의 삼성사와 기자를 배향한 평양의 숭인전이 그렇다. 숭인전 옆에는 단군과 고구려 동명왕을 합사한 숭

령전도 지었다. 신라 박혁거세, 백제 온조, 가락국 수로왕을 배향한 숭덕전, 숭렬전, 숭선전도 경주, 남한산성, 김해에 세웠다. 고려 역대 왕을 제사하는 숭의전은 연천에 있다. 견훤 사당에 숭(崇) 자를 붙인 깊은 뜻이다.

금하굴에서 멀지 않은 가은 읍내의 아자개장터도 둘러보면 좋을 것이다. 아자개 세력의 본거지라는 역사성을 살리겠다는 뜻이겠다. 전통시장 곁에 전통문화를 체험할 수 있는 공간도 만들었다. 전통시장 자체가 훌륭한 문화공간인 만큼 아자개장터는 어린이 체험 시설을 만들어도 좋겠다.

견훤산성은 행정구역으로는 상주에 속하지만, 속리산 자락이라고 하면 이해가 빠를 것이다. 속리산 문장대를 수도권이나 충청권 사람들은 충북 보은에서 오르지만 영남권 사람들은 상주에서 오른다. 상주에서 견훤산성을 거쳐 괴산으로 넘어가는 길이름은 문장로다. 상주시 화북면 장암리 포장노도에서 견훤산성까지는 산길을 20분 남짓 올라야 한다. 걷다 보면 기대했던 것보다 훨씬 큰 규모의 석성(石城)이 나타난다. 산성에서 보이는 문장대 너머에는 법주사가 있을 것이다. 김제 금산사가 백제 미륵신앙의 본산이라면 보은 법주사 역시 백제 불교의 전통을 이은 미륵도량이었다.

한국 근대 조각의 개척자 김복진이 일제강점기 금산사 미륵전 주존과 법주사 미륵을 잇달아 조성한 것도 두 절을 연결하는 이런 역사적 배경 때문이다. 견훤이 유폐된 곳이 금산사였다는 사실도 우연의 일치는 아닐 듯 같다. 따라서 견훤산성도 백제불교의 영향이 미쳤을 것으로 짐작한다.

상주 하송리의 견훤사당은 견훤산성에서 자동차로 30분 남짓 달려가야 하니 가까운 거리는 아니다. 견훤을 마을 신으로 모시는 사당이다. 전면 한 칸 측면 두 칸의 아주 작은 건물이지만, 지붕이 솟아올라 날렵하고 단아한 모습이 인상적이다. 처마 아래 '후백제견훤왕묘(後百濟甄萱王墓)'라고 새긴 편액이 보인다. 지금도 견훤사당에서는 하송리 청계마을의 동제가 열린다고 한다.

고려왕조의 시각일 수밖에 없는 『삼국사기』는 견훤을 '고슴도치털과 같이 떼 지어 일어난 뭇 도적 가운데 궁예와 함께 가장 심한 자'로 지목했다. '신라의 녹을 먹으면서도 반역의 마음을 품어, 나라의 위기를 요행으로 여겨 도읍을 침탈하여 임금과 신하를 살육하기를 새를 죽이고 풀을 베듯 하였으니, 실로 천하에서 가장 극악한 자'라고도 했다. 그런데 상주와 문경의 민심은 크게 달랐음을 알 수 있다. 그를 마을 신으로 모시고 있는 견훤사당이 증명한다. 견훤에 대한 애정이 느껴진다.

14. 궁예미륵이라 불리는 안성 기솔리 석불

　강원도 철원군에선 역사책에나 나오던 오래된 이름들이 다시 쓰이고 있다. 갈말읍 외곽의 궁예로가 그렇고, 동송읍과 나란히 놓인 태봉로가 그렇다. 궁예(弓裔)는 말할 것도 없이 후고구려를 창건한 인물이다. 송악에서 건국한 궁예는 철원으로 도읍을 옮기며 태봉으로 나라 이름을 바꾸었다.

　철원의 태봉 도성은 그동안 존재조차 제대로 알려지지 않았다. 도성 터가 비무장지대(DMZ) 한복판에 놓여 있기 때문이다. 일제강점기 부설한 경원선 철길은 태봉 도성 터를 지난다고 한다. 기차 타고 금강산 유람가던 사람들은 일제가 보물로 지정한 태봉 석등을 차창 밖으로 봤을지도 모르겠다. 태봉도성은 둘레가 1.8㎞인 왕궁성과 7.7㎞인 내성, 15.5㎞인 외성으로 이루어진 3중성이다. 정권이 바뀔 때마다 남북 공동으로 태봉도성을 조사해야 한다는 목소리가 높아졌다 잦아들곤 한다.

　최근 한반도 남북을 잇는 교통의 요지인 경기도 양주 대모산성의 집수시설에서 태봉 연호가 적힌 목간이 출토된 것은 주목할 만하다. 8각으로 다듬은 30㎝ 길이의 목간에는 성(城), 대정(大井), 대룡(大龍) 등의 묵서가 있어 제의와 관련이 있는 것으로 추정됐다. 양주는 개성과 철원을 잇는 통로이기도 하다. 궁예와 왕건의 관계에서 대모산성이 중요한 역할을 했을 것으로 짐작된다. 무엇보다 대모산성을 장악해 제의를 치르는 태봉의 모습에서 허술함이 보이지 않는다.

　경기도 안성도 궁예와 인연이 적지 않은 곳이다. 안성 기솔리 석불

제2부 인물을 찾아가는 발걸음

입상은 지금도 궁예미륵으로 불린다. 이곳에는 높이 5.8m 안팎의 부처 두 분이 10m 남짓한 거리를 두고 나란히 세워졌다. 정면에서 볼 때 오른쪽이 남미륵, 왼쪽이 여미륵이라고 한다. 남미륵의 벌어진 입술 가운데로 도드라진 세로선이 보인다. 남미륵의 입이 화살을 장전한 활을 묘사하고 있음을 알 수 있다.

궁예는 '활의 후예'라는 뜻이다. 궁예가 자신이 고구려의 후예로 현세 미륵임을 보여 주려는 의도에서 기솔리 석불입상을 조성했다는 것이다. 궁예는 신라 47대 헌안왕의 서자라고도 하고, 48대 경문왕의 아들이라고도 한다. 『삼국사기』의 「궁예열전」에는 다음과 대목이 보인다.

신라 말 정치가 거칠어지고 백성들이 흩어져 왕도 바깥 고을은 반란을 일으키거나 지지하는 것이 반반이었다. 원근에서 도적의 무리들이 벌 떼처럼 일어나고 개미처럼 모여드는 것을 보고 선종은 어지러운 때를 타서 백성을 모으면 가히 뜻을 얻을 수 있을 것이라고 생각해 죽주적괴 기훤에게 투탁했다.

선종은 세달사 승려였다는 궁예의 법명이고 '죽주적괴'는 죽주의 도적 두목이라는 뜻이다. 기훤이 어떤 인물이었는지는 알려진 것이 없다. 다만 신라 왕족 출신인 궁예가 그 휘하로 들어갔으니 상당한 세력을 형성하고 있었음을 짐작게 한다. 죽주는 오늘날 안성의 동부 지역이다.

궁예는 "기훤이 업신여기고 예로 대하지 않으므로, 근심하며 안심하지 못하고 있다가 몰래 기훤 휘하의 원회와 신훤 등과 결탁하여 벗

14. 궁예미륵이라 불리는 안성 기솔리 석불

을 삼았다"고 『삼국사기』는 전한다. 이후 궁예는 죽주에서 포섭한 세력을 이끌고 오늘날의 강원도 원주인 북원의 초적 양길에게 892년 의탁하게 된다.

궁예는 양길 휘하에서 승승장구하다가 894년 강릉 일대 명주로 진군한 직후 독립 세력을 형성한다. 600명 남짓하던 궁예의 병사들이 명주에 진군할 때는 3,500명으로 크게 늘어나 있었다고 한다. 이 무렵 궁예를 두고 『삼국사기』는 이렇게 적었다.

> 사졸들과 더불어 편안한 날도 힘든 날도 함께 했다. 상을 주거나 벌할 때도 공정해 사사로이 하지 않았다. 이에 무리들은 경외심을 가지고 사랑하여 장군으로 추대했다.

훗날 궁예는 폭군의 대명사가 되지만 이때는 달랐던 것 같다.

궁예의 세력이 길수록 커지자 위기의식을 느낀 양길은 휘하 30개 남짓한 성의 정예 병력을 동원해 궁예를 공격한다. 하지만 양길의 군대는 899년 비뇌성 아래서 궁예의 역습을 받아 궤멸되고 말았다고 한다. 비뇌성 전투는 궁예가 중부지역의 패자가 되어 901년 후고구려를 건국하는 결정적 계기가 됐다. 그런데 연구자들에 따르면 비뇌성이 현재의 안성 죽주산성이라는 것이다.

궁예는 개성 땅 송악에서 국가의 기초를 닦았다. 901년에는 고려를 세우고 905년에는 수도를 철원으로 옮겼다. 태봉으로 나라 이름을 바꾼 것이 911년이다. 궁예는 918년 왕건에게 축출됐으니 그의 시대는 불과 20년 남짓이다. 그러니 궁예 나라의 태봉시대 미술이 존재하기란 쉽지 않았을 것이다. 그럼에도 비무장지대 내부인 철원 풍천원의 태봉 도성에는 궁예 세력이 조성한 석물이 있다.

학계는 존속 기간은 짧았어도 궁예가 스스로를 미륵이라고 칭했던 만큼 불교 조각 조성은 적지 않았을 것으로 추정한다. 안성시 삼죽면 기솔리 국사봉 아래 쌍미륵사 남미륵에서 1㎞ 남짓 떨어진 거리에 국사암 석조여래입상이 있다. 안성에서는 두 불상을 모두 궁예미륵이라 부른다. 최근에는 안성 지역의 두 미륵이 궁예와 실질적 연관이 있다는 학계 연구 결과가 잇따르고 있다.

기솔리 계곡은 북쪽의 해발 438m 국사봉을 정점으로 역(逆) U자의 지형을 보인다. 남쪽만 좁은 통로로 열려 있을 뿐이니 방어에 매우 유리하다. 기훤 휘하의 궁예가 기솔리에 머물렀을 가능성이 없지 않다고 한다. 국사봉이라는 이름은 일대가 민간신앙의 성지임을 짐작게 한다. 도적 떼에 불과한 기훤의 세력을 무너뜨리고 후고구려를 창업한 궁예는 죽주 산신이 되기에 모자람이 없다. 이 정도 크기의 석불이라면 상당한 인력을 동원할 수 있는 정치적 배경이 없으면 조성이 어려웠을 것이다.

기솔리 석불입상의 조성 연대를 충남 논산 개태사 삼존불상보다 다소 앞서는 것으로 추정하는 연구도 있다. 개태사와 삼존불은 고려 태조 왕건이 황산벌에서 벌인 후백제와의 마지막 결전에서 승리한 것을 기념한다. 그런데 기솔리 입상은 통일신라 금동불의 표현을 보수적일 정도로 꼼꼼하게 모방한 반면 개태사 삼존불은 새로운 외래 양식을 적극적으로 반영하고 있다는 것이다.

국사암 석조여래입상은 높이가 본존이 310㎝, 좌협시가 245㎝, 우협시가 230㎝ 남짓하다. 궁예는 약병을 닮은 것을 들고 있는 좌협시를 문관, 칼을 들고 있는 우협시를 무관, 본존은 자신을 상징하도록 만들었다는 전설이 있다. 전체적으로 둥글둥글한 인상으로 조각 솜씨는 소박하다.

국사암 삼존상의 경우 궁예미륵이라 불리기는 하지만, 조성 시기는 고려 후기, 늦으면 조선시대로 보기도 한다. 궁예 시대에 만들어졌을 가능성은 없다는 것이다. 그럼에도 쌍미륵보다 더 높게 표현된 머리의 책(幘) 모양 보개는 『삼국사기』 기록처럼 "금책(金幘)을 쓰고 방포(方袍)를 입었다"는 궁예를 상징한다는 것이다. 책과 방포는 고구려의 왕실 인사나 귀족이 썼던 모자와 겉옷이다.

안성에서 궁예를 만나는 것은 조금 뜻밖이다. 물론 기솔리 석불입상이 실제로 궁예가 발원해 조성한 것인지는 훨씬 더 진전된 연구가 필요하다. 국사암 삼존상과 궁예의 관계도 조금 더 밝혀져야 한다. 그럼에도 옛 죽주 땅 안성 기솔리에 진하게 남아 있는 궁예의 흔적은 흥미롭기만 하다.

15. '의미 없다' 동계 정온의 거창 모리재

모년(某年) 모월(某月) 모(某日)일 아무개는 모공(某公)·모우(某友)를 따라 모향(某鄉)에서 모서(某書)를 강론하고 모리(某里)로 갔다. 계회를 마치고 모당(某堂)에서 술을 마셨다. 모수(某水)·모산(某山)을 배회하다 돌아왔다. 문중의 모군(某君)이 또 모지(某地)·모일(某日)·모사(某事)·모설(某說)을 추급해 「모리기행록」을 만들었다. 모년 모월 모일 모(某)가 서문을 지음

장난 같지만 장난이 아니다. 글을 쓴 사람은 성리학자이자 독립운동가인 대계 이승희(1847~1916)다. 1895년 을미사변이 일어나자 일제를 규탄하는 성명서를 각국 공사관에 보냈고 1905년에는 을사오적을 참수하고 조약을 파기하라는 상소를 올려 감옥살이를 했다. 1909년에는 이상설과 함께 중국 지린성(吉林省) 황무지에 한흥동을 세워 한인 청소년을 교육하고 독립 정신을 고취시킨 인물이다.

모(某)라는 것은 '의미 없음'을 말하는 것 같다. 「모리기행록」에서 짐작할 수 있듯 대계는 모리(某里)를 방문하고 이 글을 썼다. 그런데 모리는 지도에 있는 마을 이름이 아니다. 창과 칼이 득세하고 의리는 땅에 떨어진 현실을 떠나 '아무 곳도 아닌 공간'에 자신을 가두고자 했던 인물이 창조한 가상의 동네라고 해야 할 것 같다. 모리의 주인공은 절의의 대명사인 거창 선비 동계 정온(1569~1641)이다.

정온은 광해군 시절 선조의 적자인 영창대군이 강화부사 정항에게 피살되자 격렬한 상소로 정항의 처벌과 폐모론(廢母論)의 부당함을 주

장했다. 동계는 제주 대정에 위리안치(圍籬安置)됐다. 인조반정으로
10년 만에 유배에서 풀린 정온은 병자호란으로 강화도가 함락되자
오랑캐에게 항복하는 수치를 참을 수 없다며 자결하려 했지만 목숨
은 끊어지지 않았다. 이후 자신이 명명한 모리에 은거한다.

거창은 경상남도 서북단에 자리한 고을이다. 북서쪽은 전라북도
무주, 북동쪽은 경상북도 김천, 남쪽은 경상남도의 합천, 산청, 함양
과 차례로 경계를 이룬다. 북쪽은 1,614m 덕유산을 비롯한 소백산
맥이 가로막고 남쪽은 992.6m 감악산이 버티고 있는 분지라 할 수
있다. 산이 높으니 물이 맑은 것은 당연지사다. '영남 제1의 명승'이
라는 안의삼동이 모두 덕유산 아래 있다. 조선시대 안의현이었던 화
림동, 심진동, 원학동이다. 오늘날 화림동과 심진동은 함양, 원학동
은 거창 땅이다.

정온이 태어나고 죽은 원학동은 안의삼동 가운데서도 가장 아름답
다고들 한다. 농천(洞天)의 줄임말인 동(洞)이란 신선이 사는 별천지를
뜻한다. 덕유산에서 흘러내린 갈천은 북상면 소재지에 이르러 남덕
유산에서 동쪽으로 흘러든 위천과 합류한다. 물줄기가 넓어진 위천
이 만든 걸작이 수승대다. 위천은 거창 읍내를 관통한 뒤 황강에 합
쳐지고 황강은 다시 낙동강에 합류한다. 수승대 초입에 축제극장과
야외극장이 지어지고 셰익스피어 동상이 세워진 모습이 흥미롭다.
이곳에서는 거창국제연극제도 열린다고 한다. 동서양 문화가 접점을
찾는 시도라고 해도 좋겠다.

동계종택이 있는 강동마을은 수승대에서 채 1㎞도 되지 않는다.
'문간공 동계 정온지문'이라고 쓴 정문(旌門)이 눈길을 끈다. 인조가
동계의 충절을 기려 내린 것이다. 곧바로 보이는 사랑채에는 충신당

제2부 인물을 찾아가는 발걸음

이라는 당호가 보인다. 왼쪽으로 모와(某窩)라는 현판도 걸려 있는데 '모리에 은거한 동계가 살던 집'이라는 의미가 아닐까 싶다. 동계종택의 안채에는 지금도 그의 후손이 살고 있다.

모리재로 가려면 위천을 거슬러 올라야 한다. 북상면 소재지에서 위천이 돌아드는 큰길 왼쪽으로 방향을 꺾어 농암리에 이르면 모암정이 보인다. 다리를 건너 조금 올라가면 강선대다. 정온은 「강선대에 올라(登降仙臺)」라는 칠언시를 남겼는데, 이곳을 글자 그대로 신선이 사는 세계로 묘사했다.

모리재는 구불구불한 산길로 2㎞ 남짓 올라가야 한다. 시멘트 포장이 되어 있지만 승용차 한 대가 간신히 지날 만큼 좁다. 게다가 통행하는 차량이 적은 탓에 수풀이 길 중간까지 덮고 있다. 반대편에서 차가 온다면 피할 곳도 없다. 운수가 좋지 않으면 1㎞ 이상을 후진해야 하는 상황이 생길 수도 있겠다. 초행길이니 이런 불안감을 감수해야 한다. 다음엔 자동차를 널찍한 곳에 세우고 여유를 갖고 천천히 걸어 올라가는 게 좋겠다. 모리재에서는 휴대전화가 터지지 않았다. 얼마나 세상과 동떨어진 동네인지를 알 수 있다. 정온이 살던 시대에는 세상과 거리감이 더했을 것이다.

모리재에 닿으면 뜻밖에 반듯한 누각이 탐방객을 맞는다. 화엽루다. 스승의 절의를 기려 제자들이 지은 것이다. 정온은 「서숭정십년역서(書崇禎十年歷書)」에서 다음과 같이 읊었다.

숭정이란 연호가 여기서 멈추었으니
내년에 어떻게 다른 역서를 보겠나.
이제 산 사람은 더욱 일이 줄어들 터이니

그저 꽃피고(花) 낙엽 지는(葉) 것으로 계절을 알겠네.

崇禎年號止於斯(서숭정연호지어사)

明歲那堪異曆披(명세나감이역피).

從此山人尤省事(종차산인우성사)

只看花葉驗時移(지간화엽험시이).

그래서 이름이 화엽루다. 명나라 연호 숭정 10년은 조선이 청나라에 항복한 1637년(인조 15)이다. 정온은 청나라 책력을 보지 않았다고 한다.

모리재는 정면 6칸 측면 2칸의 규모 있는 집이다. 은거하던 초가집을 정온이 세상을 떠난 뒤 제자들이 다시 지어 선생을 기리며 공부하는 공간으로 만들었다고 한다. 정면에서 보면 가운데 모리재를 중심으로 왼쪽에 구소(鳩巢), 오른쪽에 채미헌(採薇軒)이라는 현판이 나란히 걸려 있다. 구소는 정온 자신의 표현처럼 '비둘기집처럼 허술한 집'이라는 뜻이다. 고사리를 캔다는 뜻의 채미 역시 백이숙제처럼 고사리로 굶주림이나 면하면서 살겠다는 의지를 보여 주는 듯하다.

정온은 모리에서 네 해 남짓 살았다. 무덤은 거창 가북면 용산 아래 있다. 동계종택에서 무덤까지는 자동차로 30분 이상 걸린다. 묘소에는 어머니 진주 강씨가 먼저 모셔졌다. 어머니가 돌아가신 뒤 정온이 3년 동안 시묘한 움막 터에 1808년(순조 8) 용천정사가 세워져 오늘에 이른다.

거창에 남은 정온의 흔적을 둘러봤으니 제주도에 갈 기회가 있다면 서귀포 대정읍 안성리에 있다는 동계 정선생 유허비도 찾아봐야

겠다. 비문은 제주목사 시절 이원조가 지었다. 1842년(헌종 8) 정온의 적소터인 막은골에 세웠던 것을 지금은 보성초등학교 앞으로 옮겨 놓았다고 한다.

『동계집』에는 가시나무에 둘러싸인 대정 초가에 도착한 직후 적은 글이 남아 있다.

> 대정현은 저 멀리 남해 외딴섬으로 서울에서 해남까지만도 천리다. 출옥하고 이틀의 길을 걷다시피 하여 6일 만에 해남에 도착했다. 19일 동안 순풍을 기다리고 출항 후 또 바람을 기다리다가 38일 만에야 대정현에 도착했다. 이곳은 지대가 대단히 낮고 습해서 뱀과 독충이 많다. 봄이 가고 여름이 오면서부터 더러는 장맛비가 달을 넘기고, 혹은 거센 바람과 독한 안개가 하루 사이에도 이변을 일으킨다. 때로는 깊은 겨울에도 춥지 않고 한여름에도 덥지 않다. 내륙과는 아주 다른 기후였다.

오늘날 제주가 좋아 다투어 이주한 사람들에게는 딴 세상 이야기처럼 들릴 것이다. 동계는 대정현 배소에 도착하자 "죄지은 자가 살기에 적합하구나"하고 탄식했다고 한다. 미수 허목이 지은 「동계선생행장」에는 이런 대목도 보인다.

> 정온과 함께 제주도로 유배를 간 사람이 송상인과 이익이다. 송상인은 바둑을 두고 이익은 거문고를 배워 유배 생활의 괴로움을 달랬지만 정온은 언제나 글을 읽었다. 지난날의 명언을 뽑은 「덕변록(德辨錄)」을 지어 자신을 반성하기도 했다.

16. 서울 은평뉴타운의 산신령 금성대군

　죽령이 북쪽의 찬바람을 가로막는 순흥은 중앙고속도로가 지나면서 더욱 살기 좋은 땅이 됐다. 조선시대에는 도호부로 위세를 떨치기도 했던 순흥이지만 이제는 경상북도 영주시의 일개 면이다. 순흥의 역사는 그리 간단치가 않다. 삼국시대 순흥은 고구려와 신라의 접경지대였다. 고구려는 장수왕 시절 죽령을 넘어 영주 일대까지 장악했다. 죽령을 사이에 두고 영주와 이웃한 충청북도 단양에 고구려 온달장군의 전설이 어린 온달산성이 있는 것도 이런 역사와 관계가 있다.

　순흥에 고구려의 장례 풍습을 보여 주는 벽화고분이 남아 있는 것도 그렇다. 순흥 읍내리 벽화 고분이다. 마치 풍경화를 방불케 하는 연꽃 그림은 일본 미술에도 영향을 미친 고구려 특유의 표현이라고 한다. 신라가 삼국통일 이후 영주에 부석사를 세운 것도 고구려와 경계를 이루던 지역의 민심을 종교적으로 수습하기 위한 차원이었다고 한다. 『삼국유사』에는 의상대사의 부석사 창건을 방해하는 '500명이 도둑'이 보이는데, 학계는 이들을 신라에 협력하지 않은 고구려계 주민으로 본다.

　고구려 통치 시대 순흥은 급벌산군이었다. 이후 신라 경덕왕이 급산군으로 이름을 바꾸었다. 고려는 흥주, 순안현, 순흥부로 잇따라 개칭했다. 순흥은 조선 초기 전국 75개 도호부의 하나였다. 하지만 1457년(세조 3) 정축지변으로 도호부는 폐지되고 풍기·봉화·영주 세 고을로 나뉐었다.

　오늘날 영주의 양대 문화유산이라면 부석사와 소수서원을 꼽아야 할 것이다. 이 고장의 불교 및 유교 문화를 상징한다. 이들을 돌아보려면 중앙고속도로 풍기 나들목을 이용하게 마련이다. 풍기는 인삼의 고장으로 널리 알려졌지만, 가을과 겨울은 사과가 지천이다. 풍기에서 소수서원이 있는 순흥을 거쳐 부석사에 이르는 길은 문화유산 순례길이다. 순흥 벽화고분도 이 길 주변에 있다.

세계문화유산에 등재된 소수서원에서 나와 부석사로 방향을 잡으면 곧바로 왼쪽에 금성대군신단이 보인다. 부석사에 마음이 바쁜 여행자는 지나치기 일쑤지만 잠시 둘러보기를 권한다. '역적의 땅'이되어 순흥이라는 이름마저 200년 넘게 사라지게 했던 역사가 담겨있다. 정축지변(丁丑之變)은 금성대군이 주도하고 순흥부사 이보흠이 뒷받침한 단종 복위 운동과 뒤따른 대학살 사건을 이른다.

세종은 6명의 부인과 18남 4녀를 두었다. 정비인 소헌왕후 심씨와 사이에는 8남 2녀가 있었다. 첫째가 세종의 보위를 이은 문종이고 둘째가 문종의 맏아들인 어린 조카 단종을 폐하고 왕위에 오른 수양대군이니 곧 세조가 된다. 안평대군, 임영대군, 광평대군, 금성대군, 평원대군, 영응대군이 수양의 뒤를 잇는 동생들이다. 그러니 금성대군은 세종대왕의 여섯 번째 적자(嫡子)다.

수양대군이 왕위를 찬탈하는 과정에서 금성대군에 앞서 목숨을 잃은 형제는 안평대군이었다. 시문과 서화에 능했던 안평대군은 문종 시절 조정의 실력자 역할을 하면서 김종서를 비롯한 주요 문신과 가까웠으니 수양대군과는 라이벌이었다. 수양대군이 단종의 왕위를 빼앗은 1453년 계유정난에서 반역을 도모했다는 구실로 유배지 교동도에서 사사(賜死)되는 것은 정해진 수순이었다.

금성대군은 단종의 측근을 제거하려는 수양대군의 뜻에 따라

16. 서울 은평뉴타운의 산신령 금성대군

1455년 경기도 연천과 강원도 철원을 아우르는 삭녕에 유배된 데 이어 경기도 광주로 이배된다. 수양대군이 왕위를 넘겨받은 해다. 이듬해 성삼문·박팽년·하위지·이개·유성원·유응부 등의 단종 복위가 실패한다. 사육신이다. 노산군으로 강봉(降封)된 단종은 1457년 영월로 유배되는데, 이때 금성대군도 순흥에 위리안치된다.

　　　공이 순흥부에 이르러 이보흠과 마주하여 눈물을 흘리고 산호
　　갓끈을 주었다. 드디어 주변 지역 인사와 몰래 결탁하여 상왕을 복위
　　시킬 계획을 하고 이보흠을 불러 좌우를 물리고서 격문을 기초하게
　　하였는데, 순흥의 관노가 벽에 숨어 들은 뒤 공의 시녀와 교통하여
　　초안을 훔쳐 달아났다. 공과 이보흠이 잡혀 죽었고, 지역과 주변 인
　　사 중 사형에 연좌된 자도 많았다.

『국조인물고』에 나오는 이야기다.

금성대군은 순흥에서 의거를 일으키면 안동을 중심으로 하는 경상도 선비들이 대거 뜻을 같이할 것으로 생각했다. 그런 다음 영월 청령포에서 노산대군을 모셔 와 다시 임금으로 세우겠다는 계획을 세웠던 것 같다. 강원도 영월과 경상도 순흥은 심리적 거리가 멀지 않다. 태백산이 끝나고 소백산이 시작되는 곳에 고치령이 있다. 승용차는 어렵고 사륜구동차라면 간신히 넘어갈 수 있을 만큼 좁고 험준한 산길이다. 이 고개 정상에는 산령각이 있다. 단종과 금성대군을 태백산 산신과 소백산 산신으로 각각 모셨다. 단종과 순흥의 역사를 민중의 시각에서 신앙의 대상으로 삼은 것이다.

금성대군은 안동부 관아에서 사사됐다. 시신이 어떻게 처리됐는지

는 알려지지 않았다. 무덤도 없다. 순흥에는 금성대군이 피를 흘리며 죽은 자리에 신단을 세웠다는 전설이 있다. 순흥이 복읍된 것은 숙종 시절이다. 금성대군신단은 1719년(숙종 45) 세워졌고 1742년(영조 18) 정비했다.

신단은 품(品) 자 형태로 3개의 단을 설치했다. 가운데가 금성대군, 왼쪽이 이보흠, 오른쪽이 순절의사를 기린다. 금성대군성인신단지비 (錦城大君成仁神壇之碑)라고 새긴 비석도 세웠다. 금성대군과 이보흠은 물론 정축지변에서 화를 입은 사람들 모두를 추모하는 제단이라 할 수 있다.

금성대군의 아들 이맹한은 충청도 청주에 유배되어 중종 시절인 1519년 함종군에 복직되며 명예 회복이 이루어졌다. 충북 청주 미원 면 대신리에는 금성대군 제단이 있다. 전주 이씨 금성대군파 묘역이 다. 제단 오른쪽에 부인 전주 최씨의 무덤이 있다. 합장묘라는 상징 성을 부여한 것이다.

금성대군 제단에서 자동차로 20~30분 걸리는 충청북도 진천군 초 평면 용기리에는 금성대군의 사당인 청당사가 있다. 사당을 지은 시 절에는 진천이 아닌 청안 땅이었다. 1740년(영조 16) 세운 이후 흥선 대원군 시대 훼철된 것을 1974년 중건했다. 주변은 정리되지 않았 고, 쓸쓸한 느낌마저 든다.

금성대군은 단종의 무덤인 영월 장릉의 배식단에도 배향되어 있 다. 금성대군의 위패는 육종영(六宗英)의 일원으로 정단에 봉안되어 있다. 육종영은 안평대군을 비롯한 여섯 종친을 뜻한다.

고치령 산령각에서 보듯 금성대군은 민간신앙의 산신으로 각광받 았다. 서울과 경기 지역에도 금성대군을 모신 여러 곳의 굿당이 있었다. 서울 은평뉴타운 한복판의 금성당은 사라질 위기도 없지 않았지만 명맥을 이어간다. 지금은 국가민속문화재로 예우를 받고 있다. 금성당 건물은 샤머니즘박물관으로 활용되기도 했다. 해마다 5월이면 금성당제도 열린다. 지하의 금성대군도 자신이 서울의 아파트타운에서 벌어지는 축제의 주인공이 될 줄은 짐작하지 못했을 것이다.

17. 태조 이성계와 삼척의 영경묘 · 준경묘

강원도 삼척은 삼국시대 초기 실직국의 중심이었다. 이 나라는 102년 신라에 병합됐고 장수왕의 고구려에 함락되기도 했다. 신라는 505년(지증왕 6) 이 지역을 되찾아 실직주라 했고 757년(경덕왕 16) 삼척군으로 개칭한다. 고려시대엔 척주로 불리기도 했다. 오늘날 삼척은 수도권에서도 영동고속도로와 동해고속도로를 타면 어렵지 않게 찾을 수 있다. 하지만 과거의 삼척은 오지 중의 오지였다. 조선 태조 이성계가 고려의 마지막 임금 공양왕을 폐위시켜 삼척으로 보낸 것도 이 때문이었다. 그런데 조선을 창업한 이성계의 5대조와 부인의 무덤이 이곳에 있는 것은 조금 뜻밖이다.

준경묘와 영경묘를 찾아가는 길은 오늘날에도 그리 편안하지 않다. 두 무덤이 있는 미로면은 태백산맥의 바다를 면한 동쪽 경사면에 해당한다. 삼척과 태백을 잇는 38번 국도를 달리다 보면 도계읍 언저리에서 미로면을 알리는 이정표가 나타난다. 화전민이 밭을 일구었을 성싶은 산길을 다시 10분쯤 달린다. 태백 산록의 아침 공기는 겨울이 아니어도 쌀쌀하게 느껴진다.

그런데 준경묘가 있는 활기리에 접어들면 갑자기 훈훈한 기운이 감돈다. 산골에 이런 데가 다 있을까 싶게 햇살이 거침없이 내리쬐는 개활지가 펼쳐진다. 남도에서 볼법한 대밭이 태백산맥 중턱 여기저기에 보이는 것도 인상적이다. 해발 1,353m 두타산이 차가운 북서풍을 막아 주고 있기 때문이다. 조선왕조를 창업한 이성계의 조상이 이곳에 자리 잡았던 까닭을 수긍할 수 있게 된다.

준경묘와 영경묘는 태조의 5대조 이양무와 부인 삼척 이씨 무덤이다. 활기리의 준경묘와 하사전리의 영경묘는 4㎞ 남짓 떨어져 있다. 중간쯤에 해당하는 곳에 두 무덤의 공동 재실이 있다. 제사 용구를 보관하고 제사 준비를 하는 집이다. 제사 용구는 2015년 국립춘천박물관에서 열린 '관동팔경 특별전-삼척 죽서루'에 출품되기도 했다. 자동차 길이 나기 전에는 이곳에서 어느 무덤으로 가기도 쉽지는 않았을 것 같다. 규모 있게 의례를 치르기란 여간 힘겨운 일이 아니었을 것이다.

준경묘는 활기리 주차장에서 두타산 등산로를 따라 1.8㎞쯤 걸어 올라가야 한다. 고갯마루까지 800m는 콘크리트 포장이 되어 있지만, 추운 날에도 땀깨나 흘릴 각오를 해야 할 만큼 가파르다. 하지만 깔딱고개를 지나면 나머지 1㎞는 기분 좋은 산길이다. 준경묘 일대는 아름다운 소나무가 밀집해 자라는 것으로 유명하다. 이곳의 적송은 경복궁 복원에도 쓰였다고 한다. 줄곧 왕실의 성지로 입에 오르내렸던 만큼 나무를 베지 못하게 하는 송금령(松禁令)이 철저했기 때문이다.

준경묘 들머리에 접어들면 다시 감탄사가 터져 나온다. 심심산골에 이렇듯 넓고 평탄한 땅이 자리 잡고 있다는 사실 자체가 믿기지 않을 지경이다. 풍수지리를 들먹이지 않아도 죽은 사람의 안식처인 음택으로도 명당이요, 산 사람의 보금자리인 양택으로도 뛰어난 길지라는 것을 한눈에 알 수 있다. 넓은 땅을 차지하고 있지만, 가만히 살펴보면 여느 왕릉보다는 조촐하다. 묘(墓)라는 호칭 자체가 왕과 왕비의 무덤인 능(陵)은 물론 왕세자와 왕세자빈 등의 무덤인 원(園)보다도 위계가 낮다.

제2부 인물을 찾아가는 발걸음

이양무 이후 이성계의 4대 선조는 목조·익조·도조·환조로 추존됐고 이들의 무덤은 능이다. 함경도의 덕릉·지릉·의릉·정릉이 그것이다. 이들의 부인인 효공왕후 이씨·정숙왕후 최씨·경순왕후 박씨·의혜왕후 최씨의 무덤도 안릉·숙릉·순릉·화릉으로 높여졌다. 5대조 무덤이 능이 되지 못한 것은 성리학의 나라인 만큼 왕의 4대 봉사를 규정한 『주자가례(朱子家禮)』를 따라야 했기 때문이다.

이성계 집안은 잘 알려진 것처럼 전라도 전주에서 대대로 살았다. 그런데 훗날 목조에 추존되는 이양무의 아들 이안사가 20세 무렵 관기(官妓)와 얽힌 문제로 지방관과 다투면서 170가구와 삼척으로 이주했다. 하지만 전주에서 불협화음이 있었던 관리가 강원도 안찰사로 부임하자 다시 함길도 덕원으로 피했다. 이성계가 함경도 사람으로 알려진 이유다. 삼척을 도피처로 삼은 것은 이양무와 이안사의 부인이 모두 삼척 이씨라는 것과 관계가 있다. 일대가 삼척 이씨 세거지였을 것으로 짐작하게 된다.

준경묘와 영경묘가 이양무와 삼척 이씨의 무덤으로 공인되기까지는 우여곡절이 적지 않았다. 무덤의 주인이 누구라는 것은 전설일 뿐이었다. 1481년(성종 12) 『동국여지승람』에 등장하고 1580년(선조 13) 강원도 관찰사 정철이 지형도를 그려 조정에 정비를 청하면서 공론화한다. 정철은 풍수적으로 이양무의 무덤이 '만대(萬代) 군왕의 땅', 삼척 이씨의 묘는 '천자를 낳을 땅'이라 했다.

그런데 1640년(인조 18) 목조 부모의 무덤으로 삼척 대신 황지가 새로 떠오르기도 했다. 풍기에 사는 박지영이라는 사람이 꿈에서 무덤을 찾았다고 주장한 것이다. 박지영은 '백두산 정맥이 태백산에 결집한 길지로, 그 기운으로 조선의 왕업이 시작되었는데 간악한 백성이 그곳을 다시 묏자리로 써서 선조의 신령이 안식을 잃었다.'고 했다. 이 주장은 한때 상당한 지지를 얻었다고 한다.

하지만 이후 삼척설이 다시 대세를 이루게 된다. 미수 허목(1592~1682)이 삼척부사 시절 지역 문물을 엮은 『척주지(陟州志)』를 펴내면서 두 무덤과 관련한 각종 기록을 정리해 목조 부모의 묘라고 주장한 것이다. 전주 이씨들은 삼척에 사당을 세워 제사를 지내야 한다는 주장을 지속적으로 폈다. 시조 이한을 모신 조경묘를 1771년(영조 47) 전주에 건립한 이들의 다음 목표는 목조 부모의 무덤을 제대로 대접하는 것이었다. 사당과 사적비를 세우자는 주청은 한동안 받아들여지지 않았다.

삼척의 무덤은 고종이 1897년 대한제국을 선포하고 황제에 오르자 위상이 달라졌다. 천자는 6대조까지, 제후는 4대조까지 제사 지낼 수 있다는 『예기(禮記)』의 왕제가 근거가 됐다. 이듬해 "삼척 무덤의 관리가 부실하다"는 상소에 고종은 "먼 조상을 추모하고 장구하게 잘 모시려는 정성은 필부에게도 있는데 황제의 집안이겠는가"하고는 대책을 명한다. 이때 준경과 영경이라는 묘호가 주어지고, 제향을 위한 건물과 사적비가 세워졌다. 활기동에는 황제 친필로 목조대왕구거유지(穆祖大王舊居遺地)라 새긴 비석도 세웠다. 무덤의 공인은 정철과 허목의 명망도 한몫했다.

허목은 기호 남인의 영수로 훗날 남인 실학파의 기반이 된 인물이다. 정치사상이 아니라도 글씨에 특히 뛰어나 전서로 독보적 경지를 이루었다. 최근 국보로 지정된 삼척관아의 부속건물 죽서루의 내부에는 지금도 미수가 부사 재임 시절 썼다는 제일계정(第一溪亭) 현판을

제2부 인물을 찾아가는 발걸음

볼 수 있다. 특히 삼척에는 남다른 지방관이었던 미수가 주인공으로 등장하는 다양한 내용의 설화가 전한다.

그냥 잊혀질 수도 있었을 준경묘와 영경묘의 위상 찾기는 결국 '황제의 나라'인 대한제국 선포의 산물이다. 같은 차원에서 고종 황제가 환구단을 세워 하늘에 제사 지낸 것도 천자국(天子國)이라는 자부심의 표현이었다. 그러니 고종이 황제로 스스로를 격상하지 않았다면 오늘날의 준경묘와 영경묘도 존재하지 않았다. 한편으론 중화주의에서 벗어나겠다고 제국을 선포했지만, 결국 중국 제도의 속박에 머무른 것이니 안타까운 일이다. 이런 생각을 해 보는 것도 삼척 여행의 즐거움이다.

18. 실천적 지식인 남명 조식과 거창 산천재

조선은 1407년(태종 7) 군사행정 편의상 경상도를 좌우로 나누었다. 한양에서 바라보아 낙동강 오른쪽을 경상우도, 왼쪽을 경상좌도라 했다. 1519년(중종 14)에는 경상우도와 경상좌도에 각각 감사를 두는 행정구역 개편을 단행한다. 하지만 폐해가 많다는 이유로 같은 해 경상도를 다시 하나로 환원했다. 다만 수사(水使), 병사(兵使)와 같은 군사상 직제는 좌우도 체제를 유지했다.

경상우도와 경상좌도를 각각 강우(江右)와 강좌(江左)라 부르기도 한다. 황하의 서쪽과 동쪽을 각각 강우와 강좌라 하는 중국의 사례를 참고한 것이 아닐까 싶기도 하다. 그런데 경상우도 지역에서는 강우라는 표현을 즐겨 썼지만, 경상좌도 지역에서는 상대적으로 강좌란 표현이 흔치 않은 것 같다. 왼쪽의 '왼'에 무언가 바르지 않다는 의미가 담겨 있는 것과 무관치 않은 듯하다.

경상우도와 경상좌도를 각각 대표하는 사상가가 남명 조식(1501~1572)과 퇴계 이황(1501~1570)이다. 퇴계학의 중심지가 도산서원이 있는 안동이라면, 남명학의 중심지는 덕천서원이 있는 산청이다. 같은 해 태어나 두 해 차이로 세상을 떠난 두 사람은 완벽하게 같은 시대를 살았던 사상가다. 퇴계학파가 현실을 긍정적으로 인식하면서 성리학의 이상을 펴고자 했다면 남명학파는 현실을 비판적으로 바라보며 실천을 요구하는 학문을 주도했다고 한국 사상사는 적고 있다.

실학자 성호 이익(1681~1763)은 『성호사설』에서 "퇴계가 소백산

제2부 인물을 찾아가는 발걸음

아래서 태어났고 남명이 두류산 동쪽에서 태어났는데 모두 경상도 땅으로, 북도에서는 인(仁)을 숭상했고 남도에서는 의(義)를 앞세웠다"고 서술하면서 퇴계를 바다에, 조식을 산에 비유하기도 했다. 이황과 조식이 서로 다른 길을 갔지만 결국은 서로 보완적이라는 뜻이 아닐까 싶다. 두류산은 지리산을 가리킨다.

그럼에도 오늘날 안동이 한국 유학의 본거지로 대접받는 반면 산청은 상대적으로 소외된 것은 두 사람 사후 정치적 변화 때문이다. 임진왜란 당시 조식의 제자인 의령, 합천, 고령의 곽재우, 정인홍, 김면은 의병장으로 크게 활약한다. 이후 정인홍을 중심으로 파당을 이룬 북인이 정권을 잡았지만 인조반정으로 완전히 몰락한 것이 조식의 입지에도 영향을 미칠 수밖에 없었다.

조식의 발자취를 따라가는 발걸음은 산천재에서 시작해야 한다. 서른 무렵 오늘날의 김해 대동 처가 옆에 산해정, 48세에는 생가가 있는 합천 삼가에 뇌룡정이라는 독서당을 마련했던 조식이 60세가 넘은 1561년 산청에 자리 잡으며 새로 지은 공부방이 산천재다.

산천재가 있는 고장은 행정구역으로는 시천이지만 누구나 덕산이라 부른다. 초·중·고등학교 이름도 덕산이고 농협이나 축협도 덕산지점이고 덕산지소다. 이 고장에서 나는 곶감도 덕산곶감이다. 지리산이 덕산이고, 지리산의 양쪽 골짜기에서 흘러든 시내가 합쳐진 것이 덕천이라고 한다.

시천은 면 소재지 전체가 조식 유적이다. 북쪽과 서쪽에서 각각 흘러든 덕천강과 시천은 고을 한복판에서 합류해 동쪽으로 나간다. 산천재는 물길이 넓어진 덕천강이 내려다보이는 야트막한 언덕에 자리 잡고 있다. 길 건너에는 조식의 위패를 봉안한 집안의 가묘(家廟)인 여

18. 실천적 지식인 남명 조식과 거창 산천재

재실(如在室)이 있고 그 옆에는 현대식으로 지은 남명기념관이 보인다. '여재'라 한 것은 조식이 살아있는 듯하다는 뜻인가 보다. 뒷산에는 조식이 생전에 자리를 봐두었다는 그의 무덤이 있다.

이미 당대 거목(巨木)이었던 조식이었지만 산천재는 정면 세 칸, 측면 세 칸의 작은 집이다. 그런데 지금의 산천재는 그동안의 소박하지만 기품 있는 이미지와는 뭔가 달라 보인다. 단청 때문이다. 성인(聖人)을 기린다고 단청을 했겠지만 절제를 미덕으로 삼은 조식과는 어울리지 않는다.

남명기념관과 여재실로 들어서는 솟을대문에는 성성문(惺惺門)이라는 편액이 걸렸다. '성성'이 무슨 뜻인지는 남명기념관의 전시실을 돌아보면 짐작할 수 있다. 조식은 성성자(惺惺子)라 이름 지은 작은 쇠방울을 차고 다녔는데, 소리가 날 때마다 스스로를 돌아봤다는 것이다. 기념관에는 조식이 품고 다니며 마음을 벼리는 데 썼다는 작은 칼 경의검(敬義劍)도 전시되어 있다.

경(敬)과 의(義)는 남명학을 함축하는 개념이라고 한다. 『주역』에 나오는 말로 "군자는 경으로 안을 곧게 하고, 의로 바깥을 바르게 한다"는 의미가 담겨 있다는 것이다. 조식은 경의검에 "안에서 밝히는 것을 경이요, 밖에서 결단하는 것은 의다"라고 새기고 늘 마음을 벼렸다.

남명기념관 앞 넓은 마당에는 우람한 석물이 늘어서 있다. 대부분 새것인데, 그런대로 세월의 흔적이 쌓인 비석이 하나 보인다. 남명선생 신도비. 1615년(광해군 7) 정인홍이 세운 당초의 신도비는 인조반정 때 파괴됐다고 한다. 이후 미수 허목과 우암 송시열이 지은 비문으로 각각 덕산과 합천 삼가에 선생의 신도비를 세웠다. 그런데

1685년(숙종 11) 세워진 덕산비는 1926년 남명의 후손들이 훼손했다. 남인인 허목이 조식을 비하하는 내용을 비문에 담았다고 생각했다는 것이다. 갈등은 20세기까지 이어졌다. 지금의 신도비는 1909년 삼가 용암서원에 세웠던 것이다. 송시열 생전에 받아놓은 비문으로 새겼다. 이것을 2010년 지금의 자리로 옮겨 놓았다. 송시열은 서인의 영수였지만, 조식을 이황을 비롯한 육군자(六君子)의 반열에 올리며 높이 평가했다.

조식을 기리는 덕천서원은 산천재 서쪽 너머에 있다. 「덕천서원 중건기」(1622년)에 다음과 같은 기록이 있다.

> 1572년 봄 남명 선생이 돌아가시자 수우당 최영경, 각재 하항, 영무성 하응도, 무송 손천우, 조계 류종지 등이 선생을 위한 사우 창건을 논의하기 시작했다. 1575년 겨울 목사 구변과 함께 터를 보고 구곡봉 아래 살천 가에 터를 정했다. 목사 구변과 감사 윤근수의 적극적인 협력으로 일 년이 채 안 되어 사우와 강당, 동·서재를 건립했다.

옛사람들은 시천을 살천이라고도 불렀다. "도료장은 승 지관이 맡았다"고 했으니 절집 건축에 이력이 붙은 스님을 초빙했음을 알 수 있다.

서원 앞에는 400살이 넘었다는 은행나무가 우람하다. 홍살문을 지나 시정문으로 들어서면 정면에 경의당이 보인다. 이름에서부터 남명의 가르침을 담아놓았음을 알 수 있다. 서원은 흥선대원군이 철폐한 것을 1930년대 복원했다고 한다. 서원 앞을 지나는 남명로를 건너면 시천 둑 위에 서원과 같은 시대 지었다는 세심정(洗心亭)이 있다. 그때는 글자 그대로 마음을 씻기에 충분한 자리였을 것이다.

조식의 체취를 조금 더 느껴 보고 싶다면 합천 삼가 외토리의 생가 마을을 찾아보는 것도 좋겠다. 양천강변에는 최근 정비한 뇌룡정과 용암서원이 있다. 서원 마당에는 조식의 유명한 「단성현감사직소(丹城縣監辭職疏)」를 최근 돌에 새겨놓았다. 선생은 뇌룡정에 머물던 1555년(명종 10) 단성현감에 제수되자 '전하의 국정이 그릇된 지 오래고…'로 시작하는 이른바 단성소를 올렸다. '자전(慈殿, 왕의 어머니. 당시 문정왕후)은 깊은 궁궐 안의 한 과부에 지나지 않고, 전하는 선왕의 나이 어린 고아일 뿐'이라는 목숨을 건 상소는 조식을 단숨에 기개 있는 사림의 대표 주자로 떠오르게 했다.

제3부 불교를 찾아가는 발걸음

1. 혜공과 원효가 가르침 남긴 포항 오어사

 오어사(吾魚寺)가 자리 잡은 곳은 경북 포항시 오천읍 항사리다. 이런 땅이름이 붙여진 것은 이 절의 옛 이름이 항사사였기 때문이다. 항사(恒沙)는 한역된 불경에 수없이 등장하는 항하사(恒河沙)의 준말이다. 항하는 인도의 갠지스강으로, 항하사 또는 항사는 갠지스강의 모래알처럼 수없이 많음을 은유하는 표현이다. 일연은 『삼국유사』에 항사사를 두고 "지금의 영일현 오어사인데, 세속에서는 항하사처럼 많은 사람들이 승려가 되었기 때문에 항사동이라고 하였다"고 적었다. 인도 사람들이 천수백 년 전 멀리 한반도에 갠지스강 이름을 딴 절이 세워져 지금도 법등을 이어오고, 마을에도 같은 이름이 붙여졌다는 사실을 전해 들으면 놀라지 않을 수 없을 것이다.

 오어사를 감돌아 나가는 신광천 상류는 산골짜기 작은 시내에서는 보기 드물게 하얀 모래가 지천으로 깔려 있다. 옛사람들도 이곳에 절을 지어 놓고 밖을 내다보니 석가모니의 발을 적셨던 갠지스강 흰 모래가 자연스럽게 떠오르지 않았을까 상상의 날개를 펴게 된다. 신광(神光)이란 신라시대 이후 포항의 이름이었다고 한다. 법흥왕이 이곳에서 하룻밤을 묵을 때 밝은 빛이 비쳤고, 신이 보낸 빛이라며 이렇게 이름 붙였다는 전설이 있다. 당시부터 포항 지역의 중심 하천이었을 신광천은 하류로 내려가면서 냉천과 합류해 포항제철의 동남쪽 담장을 타고 영일만으로 흘러 나간다.

 항사사가 오어사로 이름이 바뀐 과정은 『삼국유사』의 「이혜동진(二惠同塵)」편에 실려있다. 혜공(惠空)은 만년에 항사사에 머물렀다. 당시 원효가 여러 불경의 주석을 달면서 매번 혜공법사를 찾아가 묻곤 했고 서로 장난을 치기도 했다고 한다. 어느 날 혜공과 원효가 신광천을 오르내리며 물고기와 새우를 잡아먹고 바위 위에다 똥을 누었는데 혜공이 그것을 가리키며 농담을 했다는 것이다.

이때 혜공이 원효를 가리키면서 희롱의 말을 건넨 것이 바로 '여시오어(汝屎吾魚)'다. 대부분의 『삼국유사』 번역서는 "네 똥은 내가 잡은 물고기다"라고 풀이해 놓았다. 이때부터 항사사가 오어사가 됐다는 것이다. 오어사 안내판에도 비슷한 내용으로 적혀있던 기억이 난다. 문제는 이렇게 번역하면 무슨 의미인지 도무지 이해하기가 어렵다는 것이다. 이런 일이 있어 절 이름이 바뀌었다면 '여시오어'에 무슨 엄청난 상징이 있어야 하는데 대부분의 번역에선 무엇인지 뚜렷하게 짐작되지 않는다.

그런데 작고한 불교학자 김상현 전 동국대 교수의 해설을 읽으며 무릎을 쳤다. 그는 '여시오어'는 "너는 똥을 누고, 나는 고기를 누었다"는 해석이 이 설화의 구조상 적절하다고 했다. 너는 물고기를 잡아먹고 그저 배설을 했을 뿐인데, 내가 먹은 물고기는 여전히 살아있지 않느냐는 뜻이다. 실제로 물고기를 잡아먹고 물속에 똥을 누었더니 그 물고기가 살아났기에 손가락으로 가리키며 내 고기라고 했다는 설화는 조선 초기까지도 일대에 전해지고 있었다고 한다. 혜공이 원효에게 내린 "너는 도통하려면 아직 멀었으니 수행을 더해야 한다"는 가르침이 곧 '여시오어'라는 것이다.

원효가 주석했던 토함산 고선사는 덕동댐 수면 아래 잠겼다. 원효대사의 일대기를 새겨 고선사에 세웠던 서당화상비는 조각조각 흩어져 이제 파편만 전하고 있다. 그런데 서당화상비 조각에는 '항사광언

(恒沙狂言)'이라는 구절이 보인다고 한다. 앞뒤가 끊어져 그 의미를 정확하게 알 수는 없지만 '항사사에서 있었던 미친 소리'라면 '여시오어'를 가리키는 것일 수 있다. 그런데 이 말이 혜공이 원효에게 한 것인지, 원효가 혜공에게 한 것인지는 일연 당시에도 논란이 있었나 보다. 『삼국유사』는 '어떤 사람은 이것을 원효대사의 말이라 하지만 이는 잘못'이라고 강조했다.

김 교수는 서당화상비에 적힌 만큼 원효가 '여시오어'라고 했을 가능성도 배제하기는 어렵다고 했다. 하지만 누가 말했든 이 설화는 신라를 넘어 한국 불교 철학의 진수를 보여 준다고 해도 지나치지 않다. 항사사가 오어사로 절 이름이 바뀐 것도 이런 상징성 때문이다. 서당화상비의 '항사광언'은 원효가 이룬 무애(無碍)의 경지가 어떤 수행 과정을 거친 결과인지를 보여 주려 적었을 가능성도 있을 것이다. 혜공이 원효에게 가르침을 주었지만, 시간이 흐르면서 혜공과 그의 경지는 잊혀진 반면 원효의 명성은 높아져 이런 현상이 빚어지고 있는 것은 아닐까 생각하게 된다.

『삼국유사』에 따르면 혜공은 천진공의 집에서 품팔이하던 노파의 아들로, 어린 시절 이름은 우조라 했다. 천진공이 몹쓸 종기가 나서 죽을 지경에 이르자 문병하는 사람이 길을 가득 메웠다. 우조는 일곱 살이었는데 자기가 병을 고치겠다며 천진공의 침상 아래 한마디 말도 없이 앉아있었다. 잠시 후 종기가 터졌는데 공은 우연한 일이라 여겼다. 우조가 장성해서 매를 길렀는데 천진공의 동생은 형에게 부탁해 좋은 매를 가지고 임지로 떠났다. 천진공은 어느 날 갑자기 그 매 생각이 나서 다음 날 새벽 우조를 보내 가져오게 하려고 했다. 그런데 우조는 벌써 알고 매를 가져다 바쳤다. 공은 그제야 크게 놀라 깨달았다. 예전에 종기를 치료한 일도 우연의 일치가 아니었던 것이다.

우조는 드디어 출가해 법명을 혜공이라 했는데 언제나 작은 절에 살며 미치광이 행세를 했다. 크게 취해서는 삼태기를 지고 거리에서 노래하고 춤을 추니 사람들을 그를 부궤화상(負簣和尙)이라 불렀다. 삼태기를 걸머지고 다니는 스님이라는 호칭이 그를 따라다녔던 것이다. 그는 절 우물에 들어가 몇 달씩 나오지 않기도 했다. 우물에서 나올 때가 되면 푸른 옷의 신동이 먼저 솟아 나왔고 물속에서 나왔음에도 그의 옷은 젖어있지도 않았다. '항사광언'이라는 표현과도 어울린다는 느낌이다.

『삼국유사』는 「이혜동진」 편에서 혜공과 더불어 무애행을 일삼은 또 한 사람의 승려 혜숙(惠宿)을 소개하고 있다. 혜숙은 구담공과 사냥을 갔는데 고기를 굽고 삶아 서로 먹기를 권했다. 그러다 혜숙이 갑자기 자기 넓적다리를 베어 소반에 올리고는 "이제 공이 하는 것을 살펴보니 오로지 죽이는 것만 탐하여 자신을 기를 뿐이니 어진 군자라고 할 수 있겠습니까"하고 일갈했다는 것이다.

일연이 「이혜동진」이라는 제목을 붙인 것은 은혜 혜(惠) 자 돌림 혜숙과 혜공의 자유롭기 그지없는 모습을 화광동진(和光同塵)으로 이해했기 때문이다. 화광동진은 『노자』에 나오는 표현으로, 자기의 지혜와 덕을 드러내지 않고 세상 사람과 어울리면서 참된 자아를 보여 준다는 뜻이라고 한다. 불교에서는 부처가 중생을 구제하고자 본색을 숨긴 채 인간계에 나타남을 이른다는 것이다.

오어사는 혜공과 원효의 일화만으로도 한번 찾아볼 만한 절이다. '여시오어' 설화를 알고 나면 오어사 주변에 흩어진 산내암자의 이름도 더 친근해진다. 북쪽 봉우리 꼭대기 자장암 아래는 혜공암이 있고, 시내 건너 남쪽 산허리에는 원효암과 의상암이 있다. 자신의 암자에 머물던 고승들이 서로를 찾아갈 때 봉우리 건너로 구름사다리를 놓았다는 설화에서 운제산(雲梯山)이라는 이름도 붙여졌다고 한다. 실제로도 흐린 날이면 봉우리 사이에 구름사다리가 놓이곤 한다.

2. 불암산 마애부도와 왕실 불교의 자취

서울시 노원구와 경기도 남양주시에 걸쳐 있는 불암산(佛巖山)은 바위 봉우리가 송낙을 쓴 부처의 모습이어서 이런 이름이 붙여졌다고 한다. 송낙이란 승려들이 쓰는 완만한 경사의 삼각 모자다. 불암산은 천보산이라고도 불린다. 동쪽 기슭인 남양주 별내면에는 불암사, 서쪽 기슭인 노원구 중계동에는 학도암이 있다. 불암산 주변에서는 마애부도 혹은 마애사리탑을 집중적으로 만날 수 있다.

부도(浮屠)란 고승의 무덤이라고 할 수 있다. 우리나라에 부도가 본격적으로 세워진 것은 선종의 전래와 깊은 관련이 있다. 선종은 '누구나 깨달으면 부처'라고 가르친다. 석가모니가 정각(正覺)을 이루어 부처가 된 것처럼 깨달으면 누구라도 같은 경지에 이를 수 있다는 것이다.

부처의 사리를 모신 것이 불탑(佛塔)이다. 곧 부처의 무덤이다. 처음에는 진신사리로 불탑을 세웠지만, 불교가 널리 퍼지면서 부처의 가르침을 담은 경전을 법사리로 탑을 건립한다. 부처의 탑을 세우듯 깨달은 고승의 탑을 짓는 것은 선종이 보편화된 이후에는 자연스러운 일이었다. 부도는 탑을 가리키는 스투파(stupa)를 한자로 옮겼을 가능성이 높다고 한다. 부도가 붓다(Buddha)를 음역한 것이라는 시각도 있다. 문화재청은 승려의 유골탑을 승탑이라고 부른다.

우리나라에서 부도가 승려의 사리탑을 가리키는 사례는 이미 신라 하대부터 보이고 있다. 872년(경문왕 12) 건립된 대안사적인선사조륜청정탑비(大安寺寂忍禪師照輪清淨塔碑) 비문에 기석부도지지(起石浮屠之地)

제3부 불교를 찾아가는 발걸음

라는 구절은 승려의 묘탑이 곧 부도라고 일컬어지고 있었음을 보여준다.

고려 말이 되면 원구형, 석종형, 불탑형 등 다양한 모습의 부도가 나타나기 시작한다. 부도 양식 변화를 촉발하는 데 결정적 역할을 한 선승(禪僧)이 나옹 혜근(1320~1376)이다. '나옹(懶翁)'은 '게으른 늙은이'라는 뜻이지만 고려 사회에서 그는 생불(生佛)로 추앙받았다. 특히 국립중앙박물관으로 옮겨진 강원도 원주 영원사 보제존자 사리탑은 겉모습으로는 불탑이라고 할 수밖에 없는 삼층석탑의 형태를 갖고 있다. '깨달으면 부처'라는 선불교의 종지에 오히려 충실한 모습일지도 모르겠다.

하지만 부처의 무덤이 아닌 불교식 묘탑이 승탑만 있는 것은 아니다. 함안 안국사에는 15세기 전반 세워진 것으로 추정되는 행호조사 모탑(行乎祖師 母塔)이 있다. 세종시대 이 절을 중창한 행호조사가 어머니 무덤을 이런 모습으로 조성했다. 재가신자(在家信者)의 묘탑이 있었음을 알려주는 기록은 이보다 훨씬 거슬러 올라간다. 실학자 이중환(1690~1752)은 『택리지』에 "청평산에 절이 있고 절 옆에는 고려시대 처사 이자현이 살던 곡란암 옛터가 있는데, 그가 죽자 절의 승려가 세운 부도가 지금도 산 남쪽 10리 남짓한 곳에 남아 있다"고 적었다. 이자현(1061~1125)이라면 출가는 하지 않았지만 춘천 청평산에 들어가 암자를 짓고 선학(禪學)을 닦았다는 인물이다.

통일신라 시대에는 선문을 이끄는 고승의 반열에 올라야 승탑 건립 대상이 됐다. 고려시대에도 국사나 왕사급 지위에 올라야 승탑에 안장됐다. 크고 화려한 승탑과 탑비의 건립은 국가적 역량을 한데 모아야 하는 대사업이었다. 조선시대는 좀 다르다. 초기에는 불사(佛事)

2. 불암산 마애부도와 왕실 불교의 자취

자체가 위축됐던 만큼 승탑 건립 역시 부진했다. 하지만 임진왜란과 병자호란을 극복하는 데 불교가 역할을 하면서 분위기는 전과 달라진다. 18세기가 되면 지위가 높지 않은 승려라도 입적하면 묘탑을 다투어 세우게 된다. 불교 국가에서 승탑 건립은 정치 행위였지만 유교 국가에서 그런 의미는 없었다.

신자들의 묘탑이 늘어나는 것도 새로운 현상이었다. 이자현 부도나 행호조사 묘탑만 해도 신선한 파격이었지만, 18세기 중반부터는 신자들의 묘탑을 세우는 것도 이상한 일이 아니었다. 19세기 서울 주변 지역의 마애부도는 승려보다 재가신자의 것이 오히려 더 큰 비중을 차지하고 있다.

불암사는 별내신도시가 개발되면서 찾는 사람이 더욱 많아졌다. 일주문으로 들어서 포장도로를 따라 올라가면 바로 절이다. 그런데 마애부도를 찾기란 쉽지가 않다. 절의 일을 돕는 보살님에게 그 존재를 물었지만 처음 듣는 얘기란다. 마애부도는 일주문을 지나 오른쪽으로 보이는 등산로를 따라가니 만날 수 있었다. 작은 시내를 건너 올라가다 보면 큼지막한 바위가 하나 나타난다. 가까이 다가서면 직사각형 구획을 짓고 사리공(舍利孔)에 해당하는 감실(龕室)을 판 흔적이 보인다. 남쪽 면의 마애부도는 다섯 기다. 주인의 이름을 새기지 않은 맨 왼쪽 것은 최근 조성한 것이다. 모두 조선 후기 것이다. 서쪽 면에도 최근의 마애부도 두 기와 원구형 부도 두 기가 보인다.

일반적인 부도가 개인 묘지라면 큰 바위에 복수로 새겨진 부도는 공동묘지라고 할 수 있겠다. 서쪽 면 부도의 주인공은 오른쪽부터 청신녀 덕원, 청신녀 정심, 청신녀 상념이다. 정심의 부도에 가경 17년이라고 새겨져 있으니 1812년 조성된 것이다. 가경은 청 인종의 연호다. 청신녀란 재가 여성신자를 가리킨다. 시주 등의 기여로 절과 깊은 관계를 맺었을 것이다. 왼쪽은 청송당 성감선사 승탑이다. 조각에서 승려와 신자의 위계 차이는 보이지 않는다. 세조가 한양 사방에 왕실 원찰을 정하며 동불암으로 낙점했던 불암사다. 청신녀는 왕실 여인들이었을 가능성이 높을 듯싶다.

불암산 서쪽의 강북구 우이동 북한산 자락 도선사 주변에는 '김상궁정광화지사리탑'이라는 명문이 있는 마애부도가 있다. 서울 서대문 안산 자락의 봉원사에서도 또 다른 상궁 김씨의 마애부도를 찾을 수 있다. 궁인들이 출궁 이후 근교 절에서 여생을 보내는 경우가 많았음을 방증한다.

학도암 마애부도 역시 왕실과 관련이 있을 가능성이 높다. 중계동 아파트 단지와 주택 밀집 지역의 골목 사이로 구부러진 도로를 따라 암자에 오르면 서울에 이런 곳이 있을까 싶을 만큼 풍광이 시원하다. 두 기의 마애부도는 주차장으로 올라가는 다리를 건너기 직전 오른쪽 바위에 있다.

왼쪽은 청신녀 월영의 묘탑, 오른쪽은 취근선사의 승탑이다. 월영탑에는 1819년 조성했음을 알리는 명문(銘文)이 있다. 취근선사 탑도 비슷한 시기 만들었을 것으로 추정한다. 학도암은 높이 22m의 거대한 바위에 새겨진 높이 13.4m의 관음보살로 유명한 절집이다. 마애관음은 1872년 명성황후가 시주해 조성했다고 사지(寺誌)는 기록하고 있다. 왕실과 깊은 연관을 맺었음을 알 수 있다.

불암사에서도 학도암에서도 신자들이건 등산객들이건 무심하게 마애부도 곁을 지나는 모습이다. 관심이 없다기보다 마애부도라는 사실을 모르기 때문이다. 다양한 양상을 보이는 부도의 명칭에도 여

2. 불암산 마애부도와 왕실 불교의 자취

운이 남는다. 문화재청이 쓰는 승탑이라는 표현은 재가신자의 묘탑을 수용하지 못한다. 신자의 묘탑 가운데 국가지정문화재가 없으니 필요를 느끼지 못했을 수도 있다. 서울시는 마애부도를 유형문화재로 지정하면서 마애사리탑이라 했지만, 재가신자의 무덤이라면 사리탑이라고 부르는 것도 자연스럽지 않다. 마애부도의 성격을 밝히면서 용어의 재정립도 필요할 것 같다.

3. 스승 사명당과 다른 길 걸은 제월당

임진왜란의 승군대장 사명대사 유정은 합천 해인사 홍제암에서 입적했다. 대사를 기리는 '자통홍제존자 사명대사 석장비'는 홍제암 바로 옆 부도밭에 보인다. 사명대사의 무덤이라고 할 수 있는 종 모양의 소박한 부도는 뒷동산에 세워졌다. 석장비는 사명대사의 일생을 어떤 기록보다 소상히 전하고 있다. 석장비의 비문을 지은 교산 허균은 한글 소설의 본격적인 출발점인 『홍길동전』을 쓴 바로 그 사람이다. 허균은 비문에서 '나는 비록 유가(儒家)에 속하는 무리이지만, 서로 형님 아우 하는 사이로 누구보다 스님을 깊이 알고 있다.'고 사명대사와의 인연을 소개하고 있다.

그런데 비문에는 뜻밖의 시선도 드러난다. 당시에 "대사가 중생으로 하여금 혼돈의 세계인 차안(此岸)에서 깨달음의 세계인 피안(彼岸)으로 건네주는 일을 등한히 하고, 구구하게 나라를 위하는 일에만 급급하였다고 비판하는 사람도 있다"는 것이었다. 우리는 호국 불교라는 이름으로 당연히 국난 극복에 나선 것으로 생각하지만 내부 분위기가 모두 같지는 않았던 듯싶다. 살생을 금하는 불법의 수호자로 병장기를 잡아야 했던 의승군의 고뇌는 생각보다 훨씬 깊었을 것 같다.

연천 심원사는 서산대사나 사명대사와는 다른 전쟁에 대한 불교의 접근법을 보여 주어 흥미롭다. 심원사는 647년(신라 진덕여왕 1) 영원대사가 창건한 절이라고 전한다. 창건 당시의 이름은 흥림사였는데, 1393년(조선 태조 2) 불탄 것을 1395년 자초대사가 중창하면서 영주산을 보개산으로 바꾸고, 절 이름도 심원사로 고쳤다는 것이다. 720

년(신라 성덕왕 19) 사냥꾼 형제가 지장보살의 감화를 입어 산내암자인 석대암을 세우면서 제일의 지장성지로 이름이 났다고도 한다.

지금 심원사는 경기도 연천이 아니라 보개산 동쪽 너머 강원도 철원에 있다. 심원사가 자리 잡은 보개산은 군사적 요충지다. 절은 6·25전쟁으로 완전히 폐허가 됐고, 한동안 민간인 출입이 통제됐다. 지금도 원래의 연천 심원사 들머리에는 규모가 커 보이는 포병부대가 주둔하고 있다.

전쟁이 끝나자 주지였던 김상기는 철원 동송에 같은 이름의 절을 세웠다. 철원 심원사의 큰법당은 명주전이다. 명주전 지장보살상은 석대암에 모셨던 불상이다. 지장보살을 모시는 전각에 흔히 어두울 명(冥) 자를 쓴다. 지하 세계의 어두움을 상징하지만 철원 심원사는 밝을 명(明)으로 고쳐놓았다.

연천 심원사도 발굴 조사를 거쳐 원심원사라는 이름으로 복원하고 있다. 두 심원사는 모두 속초 신흥사의 말사다. 철원 심원사가 옛 이름을 이어받은 것은 전쟁통에도 법등(法燈)을 꺼뜨리지 않은 공로를 인정받은 것이 아닐까 싶다. 철원 심원사는 명주전이 대웅전이나 극락전보다 훨씬 규모가 크다. 내부에 모셔진 지장보살상이 절집 크기에 비해 너무 작아 보일 정도다. 심원사를 철원에 중창하면서 상징성을 살려 지장신앙의 성지를 재현하겠다는 의지를 보여 주려는 듯하다.

보개산은 연천 고대산에서 설명을 시작하는 게 좋겠다. 고대산에 오르려는 사람들은 경원선 신탄리역을 이용하게 마련이다. 고대산 남쪽 자락에 금학산이 있고, 다시 그 남쪽 연천과 철원 경계에 보개산이 있다. 연천의 옛 심원사에 가려면 연천과 철원을 잇는 국도 3호선을 타야 한다. 보개란 불보살이 머리에 쓰는 장식을 말한다. 논산

관촉사의 은진미륵과 경산 팔공산의 관봉 석조여래좌상을 떠올리면 된다. 지장보살상도 두건을 쓰곤 한다. 성스러운 존재의 머리 장식이니 이것도 보개다. 보개산의 가장 높은 봉우리가 지장봉인 것도 자연스럽다. 풍수지리에서는 명당의 핵심을 이루는 산줄기도 보개라 부른다. 성지거나 길지라는 의미를 갖는 것은 다르지 않다.

연천군청을 지나 북쪽으로 조금 더 달리면 오른쪽 내산리 방향으로 원심원사를 알리는 푯말이 나타난다. 제법 가파른 고개를 넘어가면 산수가 조화롭다는 느낌인데 동막계곡이라 부른다. 원심원사에 가려면 절골 입구에서 오른쪽 아미천을 건넌 뒤 1㎞가 남짓 시멘트 도로를 달려야 한다. 절집들이 보일 때쯤 왼쪽에 부도밭이 나타난다. 새로 조성한 아미타입상을 중심으로 오른쪽에 공덕비가 보인다. 그 뒤 양쪽으로 탑비 두 기와 함께 열 기가 넘는 부도가 줄지어 있다.

대공덕비는 아직 연륜이 쌓이지는 않은 모습이지만, 내력을 살펴보면 의미가 있다. 주인공은 선심화와 대선화라는 법명의 박기우와 박기석 자매다. 특히 선심화는 참정대신으로 을사늑약 체결을 반대하다 파면된 독립운동가 한규설의 부인이라고 한다. 심원사는 1935년 박씨 자매의 시주로 화산경원을 지었다. 불교연구원이었는데 철원 심원사에 현대식 건물로 다시 세워졌다.

부도밭에서는 아무래도 제월당 탑비에 먼저 눈길이 가기 마련이다. 조선시대 것으로는 유례가 드물 정도로 화려한 조각이 대범하다. 제월당 경헌(1544~1633)은 청허 휴정의 제자로 15세에 출가해 91세 입적할 때까지 수행에 몰두한 선승이다. 수행과 경전 공부 어느 한쪽에 치우치지 않는 선교겸수(禪敎兼修)의 조선 불교 수행관을 대표하는 인물이었다고 한다. 탑비는 1636년(인조 14) 제자 설현이 세웠다. 하지만 탑비와 짝을 이뤘을 부도는 찾을 수가 없다.

제월당탑비의 비문은 선조의 부마 동양위 신익성이 지었고, 선조의 왕자 의창군 이광이 글씨를 썼다. 한마디로 왕실 인사들의 전폭적인 지원으로 부도와 탑비가 세워졌음을 짐작게 한다.

제월당탑비가 더욱 흥미로운 것은 왼쪽 측면에 새겨진 다음과 같은 비문의 내용 때문이다.

이 돌은 공홍도 홍주에서 캐낸 다음 배에 실어 운반했다. 손을 수고롭게 하지 않고 노를 이용해 징파도 강변에 이르러 군도·승려·속인 5,600명을 모아 옮겨 왔다.

공홍도는 당시의 충청도, 홍주는 지금의 홍성이다. 징파도는 임진강 상류의 나루다. 돌을 왜 그렇게 먼 곳에서 가져왔는지 뚜렷한 이유는 밝히지 않았다. 제자들이 스승의 탑비를 세우면서 뭔가 의미있는 재료를 쓰려 했다는 것은 의심의 여지가 없다.

제월당 경헌은 수도자로 임진왜란을 겪었다. 그의 스승인 청허 휴정, 곧 서산대사는 우리가 아는 대로 사명대사와 의승군을 이끌어 국가를 구하는 데 일조했다. 하지만 경헌의 생각은 달랐던 것 같다. 탑비에는 제월당이 '선조로부터 고위군직인 좌영장을 제수받고 잠깐 군문에 나갔다가 곧바로 사의를 표했고, 판선교양종사 벼슬을 받고는 아예 종적을 감추고 밖에 나오지 않았다.'고 적었다.

송암도사 홍택의 「제월당대사행적」을 보면 탑비의 내용은 실상을 매우 에둘러 표현했음을 짐작게 한다. 송암도사는 '선조가 좌영장의 직첩을 친히 주셨지만, 대사는 굳이 사양하여 돌보지 않고 구석진 곳으로 피해 숨어 살았다.'고 적었다. 판선교양종사도 사양하여 물리치면서 "만리의 강물도 악명을 씻어 가지는 못한다"며 직첩을 돌려보내고는 묘향산에 숨어 지냈다는 것이다. 척불(斥佛)의 시대, 낫과 칼을 들고 국난 극복에 나서 교단의 위상을 되살린 의승군이 있었다. 하지만 불살생의 계행을 엄격하게 이어 갔던 경헌 같은 존재도 있었음을 심원사는 알려주고 있다.

4. 징효대사의 사자산문과 영월 법흥사

법흥사는 강원도 영월군 무릉도원면에 있다. 무릉도원면은 2016년 수주면이 이름을 바꾼 것이다. 중국 시인 도연명의 『도화원기』에 나오는 이상향이다. 무릉도원면으로 이름을 바꾸자 "이러다 유토피아면도 나오는 것 아니냐"는 우스개도 없지 않았다. 그런데 무릉도원면에는 예부터 무릉리와 도원리가 있었다고 한다. 나름 역사성과 아주 동떨어진 작명은 아니라는 것을 알 수 있다.

『도화원기』는 어부가 물고기를 잡으려고 강을 따라 계곡 깊숙이 들어가다 복숭아꽃 만발한 살기 좋은 산속 마을을 발견한다는 이야기다. 금은보화와 산해진미가 널린 호화로운 천국이 아니라 달콤한 향기가 감돌고 꽃잎이 바람에 날리는 소박한 꿈속 마을이다. 무릉도원면이 그런 동네다. 많은 사람이 찾아들면서 법흥천을 거슬러 올라가는 계곡에는 펜션이며 캠프장이 수없이 들어섰다.

법흥사는 영월과 평창, 횡성에 걸쳐 있는 사자산 아래 자리 잡고 있다. 절을 창건할 때 도승이 사자를 타고 왔다고 하여 사자산이라는 이름이 붙었다고 한다. 그런데 사자는 부처를 상징한다. 깨달음을 이룬 이가 앉는 자리가 사자좌이고, 그가 역설하는 진리의 가르침이 바로 사자후다.

법흥사는 5대 적멸보궁의 한 곳이다. 신라 승려 자장은 당나라 청량산에서 문수보살을 친견하고 석가모니 진신사리를 전수받아 643년 돌아왔다. 오대산 상원사, 태백산 정암사, 영축산 통도사, 설악산 봉정암에 이어 마지막으로 사자산에 진신사리를 봉안했다. 당시 절

212

이름은 흥녕사였다. 진신사리는 부처의 유골이니 적멸보궁은 부처의 무덤이다. 한국 불교에만 있는 적멸보궁은 진신사리를 모신 무덤과 그 무덤을 바라보며 배례하는 전각을 가리킨다. 부처의 유골이 묻혔다면 그 산 전체가 적멸보궁이다. 그러니 오대산, 태백산, 영축산, 설악산, 사자산은 부처의 무덤이다.

흥녕사는 '누구나 깨달으면 부처가 될 수 있다'는 선종이 사회 변화를 주도한 통일신라 말 다시 역사에 등장한다. 철감 도윤이 구산선문의 하나인 사자산문을 개창한 곳은 전라도 화순 쌍봉사다. 그런데 제자 징효 절중(826~900)이 흥녕사에 머물며 선맥을 이어 문파의 중심지로 부각됐다.

흥녕사는 891년(신라 진성여왕 5) 병화로 소실된 것을 944년(고려 혜종 1) 중건했다. 다시 불타 천년 가까이 명맥만 이어 오다가 1902년 비구니 대원각이 중건하고 법흥사로 개칭했다. 하지만 1912년 다시 소실됐고, 1933년 적멸보궁을 지금의 터로 이전해 중수했다고 법흥사는 밝히고 있다.

작고한 미술사학자 호불 정영호의 1969년 동국대 석사학위 논문이 「신라 사자산 흥녕사지 연구」다. 그는 1955년 절터를 처음 답사한 뒤 1967년과 1968년 신라오악종합학술조사단 일원으로 다시 조사했다. 1934년생이니 산전수전 다 겪은 35세가 되어서야 석사학위 논문을 쓴 것이다.

정영호는 '절터 일대는 경작지로 변해 지상의 유구마저 파괴되고 광활한 사역에는 주초석 몇 점만 잔존해 청자 및 기와 조각을 수집할 수 있을 뿐'이라고 적었다. 이어 "유물은 모두 석조물로 고려 초기 징효대사보인탑비를 비롯해 석조부도 2기와 석실, 석관, 석조불대좌 등

4. 징효대사의 사자산문과 영월 법흥사

이 오래된 것으로 잔존한다"고 덧붙였다. 법흥사를 두고는 "금세기 조영된 사찰로 선문과 직접 관련은 없다"고 했다.

법흥계곡을 따라 난 길이 끝날 때쯤 나타나는 이정표를 따라 왼쪽으로 방향을 돌리면 새로 지은 법흥사 일주문이 보인다. 사실 일주문만 새로 지은 것이 아니라 약간의 시간 차가 있을 뿐 법흥사의 모든 전각은 새로 지었다. 조금 더 달리면 놀이공원을 방불케 할 만큼 넓은 주차장이 나타나 처음 방문한 사람을 놀라게 한다. 그만큼 많은 사람이 법흥사와 적멸보궁을 찾는다는 뜻이다.

주차장에서 내리면 절 주변을 에워싼 적송 숲이 먼저 눈길을 끈다. 이 정도의 노거수가 우리 땅에서 제대로 보존되고 있다는 사실이 놀랍다. 절 초입에 보이는 2층 전각은 원음루다. 부처의 가르침을 소리로 전하는 법고, 운판, 목어가 있다. 더불어 사물을 이루는 범종은 극락전 앞에 있다. 원음루에 다가가니 1층에 '금강문'이라는 현판이 붙어 있다. 여기서부터가 본격적인 성역이다.

나지막한 산길로 10분 남짓 오르면 적멸보궁이다. 전각 안에는 다라니경을 외는 사람들로 가득하고, 밖에도 두 손을 모으고 전각을 도는 기도객들이 보인다. 그 너머에 정영호 선생이 언급한 석분이 있다. 기도를 위한 돌방으로 안쪽으로는 사리를 모셨던 돌널이 있다고 한다.

산을 내려오면 원음전 서쪽은 극락전 권역, 동쪽은 요사채 권역이다. 숙소로 쓰는 전각에 '흥녕원'이라는 편액이 눈길을 끈다. 구산선문 시절의 법등을 이어 간다는 자부심의 표현이다. 서쪽 극락전 앞마당은 뭔가 채워지지 않은 듯 황량하다는 느낌이다. 극락전 오른쪽에 흥녕사터 징효대사탑비가 보인다. 비문에는 징효 절중이 출생해서 입적할 때까지의 행적이 실려 있다. 비석은 대사가 입적하고 44년이 지난 944년(고려 혜종 원년) 세워졌다. 왼쪽 산비탈에는 그의 부도가 있다.

징효대사의 탑비가 화려하고 당당한 것과 비교해 부도는 상대적으로 작고 조촐하다. 비문에는 절중이 강화 은강선원에서 입적하고 다비하자 사리가 1,000과 넘짓 나왔다고 적었다. 이를 은강선원 석실에 모셔두었는데 어느 날 보니 100과 정도만 남아 있었다. 사회적으로 크게 존경받던 징효대사를 계승하려는 경쟁이 벌어졌기 때문이었다. 은강선원의 징효 사리는 결국 906년 전라도 낙안 동림사로 옮기게 된다. 징효대사 부도는 이때 조성한 것으로 추정된다. 이후 흥녕사를 재건하는 과정에 징효대사의 탑비를 새로 세우면서 동림사의 부도를 옮겼을 가능성이 높다는 것이다.

비문에 새겨진 내용 가운데 흥미로운 것은 절중과 후삼국의 관계다. 궁예는 영월 남면의 세달사에서 머리를 깎았다. 양길도 멀지 않은 원주에서 세력을 키웠다. 흥녕사가 소실된 891년의 병화는 '북원의 적수 양길이 그 부장 궁예를 보내 백기(百騎)를 거느리고 북원 동쪽의 부락과 명주 관할인 주천 등 십여 군현을 침습하게 했다.'는 『삼국사기』 기록과 연관이 있는 것으로 학계는 본다.

징효대사탑 건립과 흥녕사 중건은 고려 왕실이 주도했다. 탑비에 적힌 시주자 가운데 왕요군과 왕소군은 훗날 정종과 광종이 되는 왕건의 아들들이다. 태조의 제15비 광주원부인과 제16비 소광주원부인, 혜종비 후광주원부인의 아버지인 광주(廣州)의 왕규를 비롯해 왕실의 외척들도 참여했다. 절중과 사자산문이 궁예에는 적대적이었던 반면 왕건과는 우호적이었음을 보여 준다.

신라에서 고려로 이어지는 불교국가에서 고승(高僧)은 정치원로와 동의어였다. 노년의 절중이 동림사에 머물며 활동한 890년 이후 주변 지역은 견훤 치하에 들어간다. 절중은 견훤의 등장에 고민하다 동림사를 나서 왕건의 세력권이라 할 수 있는 강화 은강선원에서 마지막을 맞게 된다. 절중이 강화도에 머물 당시 신라 진성왕이 차와 향을 보내 예를 표하기도 했다고 한다. 하지만 절중은 '횃불로는 한밤중의 어두움을 제거할 수 없으며, 아교로는 황하의 탁류를 막을 수 없다'며 받아들이지 않았다. 고려가 흥녕사와 징효대사의 기념물에 지극히 공을 들인 배경일 것이다.

제3부 불교를 찾아가는 발걸음

5. 만해 『불교유신론』 낳은 고성 건봉사

여행 전문 기자인 후배가 강원도 고성을 두고 쓴 글을 며칠 전 우연히 읽었다.

유명세 떨치는 여행지가 있는 것도 아니고. 대단한 볼거리가 있
는 것도 아니다. 속초 곁에 옹색하게 붙어 있으면서 금강산으로 가는
길목 정도로만 인식되고 있는 고장이다. 미시령터널이 뚫려 당일 여
행객들이 늘어나면서부터는 아예 사람들의 관심에서 멀어져만 가는
느낌이다.

이런 고장이 고성이라는 것이다.

인제와 고성을 잇는 미시령터널이 언제 개통됐는지 찾아보니
2006년이다. 10년을 훨씬 넘어 20년에 육박하는 기사이니 신문이
아니라 구문을 본 것이다. 그런데 적지 않은 시차에도 불구하고 기사
내용에서 달라진 것은 없다. 2017년 서울양양고속도로가 생기면서
고성은 더욱 한적해졌다. 이웃 속초만 고층 건물이 경쟁적으로 올라
가 홍콩을 방불케 하는 풍경으로 바뀌었을 뿐이다. 무엇보다 금강산
관광이 이루어지던 당시가 아니더라도 고성은 과거 '금강산으로 가
는 길목'이었다.

군사분계선에서 가까운 고성 건봉사가 민간인 출입 통제에서 풀린
것은 1988년이다. 일대는 6·25전쟁 격전지였고, 절 주변에서 특히
전투가 치열했다고 한다. 건봉사는 조선시대 이후 대웅전, 극락전,

관음전, 사성전, 보제루, 어실각, 수침실 등 642칸의 당우가 있는 강원도 최대 절집이었다. 수침실은 물레방앗간이니 그만큼 절에 머무는 사람이 많았다는 뜻이다. 1920년대 건봉사 사진을 보면 신흥사, 백담사, 낙산사를 말사로 거느렸던 시절의 위세를 짐작할 수 있다. 그런 절이 전쟁으로 모두 불탔다. 1878년(고종 15)에도 산불로 3,183칸 전각이 타 버렸다는 기록이 있다. 사라진 전각은 이듬해 개운사·중흥사·봉은사·봉선사·용주사 등이 힘을 합쳐 중건했다고 한다.

지금 볼 수 있는 전각은 대부분 최근에 새로 지은 것이다. 강당인 봉서루에는 '금강산 건봉사'라는 편액이 걸려 있다. 건봉사는 금강산 줄기에 자리 잡기는 했지만 금강산이라고 할 수는 없다. 그럼에도 금강산 유람에 나선 옛사람들은 간성을 지나 건봉사에 이르면 누구나 금강산 초입에 들어선 것으로 생각했다. 『홍길동전』을 지은 교산 허균은 1603년(선조 36) 궁궐의 마구간을 관리하는 사복시정에서 파직되자 금강산 유람 길에 오른다. 이때 건봉사에서 하룻밤을 묵으며 긴 한시를 남겼는데 여기에도 '건봉사가 어드메냐 / 금강산 속에 있어 높고도 아스라하다'는 대목이 보인다.

건봉사의 정사(正史)는 「건봉사와 그 말사의 사적(事蹟)」이라고 할 수 있다. 고종 시대 대화재로 각종 자료가 대거 사라지자 만해 한용운이 대표 집필해 1928년 발간했다. 편년체로 절의 연혁을 정리하고 부속 암자, 재산, 유물, 진영, 명소 등을 기술했다. 만해는 당시 건봉사의 승려였다.

건봉사 사적은 절의 역사가 신라 법흥왕 7년(520)으로 거슬러 올라간다고 적었다. 아도(阿道)가 원각사라는 이름으로 창건했다는 것이다. 법흥왕 7년은 신라가 불교를 공인하기 8년 전이고, 아도는 훨씬

제3부 불교를 찾아가는 발걸음

이전 고구려에 불교를 전했다는 인물이니 절의 권위를 높이기 위한 '역사 끌어올리기'로 보는 것이 일반적이다. 아도는 고유명사가 아니라 아미타신앙, 곧 정토신앙을 전파하는 승려를 뜻한다. 역사책에 아도나 아도화상이 다양한 시대와 지역에 등장하는 이유다. 신라가 함경도 일부를 점령하고 황초령비와 마운령비를 세운 것은 진흥왕 시대다. 그러니 앞서 불교를 공인한 법흥왕 시대 건봉사 일대는 신라보다 고구려의 영향력이 더 컸을 수도 있다. 건봉사 창건을 '신라 법흥왕 7년'이 아니라 같은 해인 '고구려 안장왕 2년'이라고 보면 모순은 없다.

건봉사는 염불만일회(念佛萬日會)가 시작된 절로도 잘 알려져 있다. 염불계(契)라고도 하는 염불만일회는 1만일 동안 극락왕생을 위해 아미타부처의 이름을 마음을 다해 부르는 모임이라고 한다. 758년(신라 경덕왕 17) 발징이 절을 중건하면서 염불만일회를 베풀었는데, 신도 1,820명이 참여했다는 기록이 남아 있다. 건봉사에서는 19~20세기에도 세 차례 염불만일회가 열렸다.

조선시대 건봉사는 호불대왕(好佛大王)이라 불린 세조가 1464년 행차해 자신의 원당으로 삼으면서 척불(斥佛)시대에도 왕실의 보호를 받는 사찰이 됐다. 금강산을 유람하는 문인과 관료들이라면 예외 없이 건봉사에서 하룻밤을 묵어갔던 것도 감당할 만한 경제력이 있었기 때문이다. 임진왜란 때는 서산대사의 명을 받은 사명대사가 6,000명 남짓한 의승군을 이끌며 건봉사를 근거지로 삼았다. 이 같은 호국사찰의 면모는 건봉사의 위상을 더욱 높이는 계기가 됐을 것이다.

한용운의 존재에서 보듯 건봉사는 일제강점기 교육운동과 항일운동이 활발했다. 한용운도 절을 찾는 당대 문인·지식인들과 교유하면서 시대 변화에 눈뜰 수 있었고, 종교의 역할도 더욱 깊이 있게 고민할 기회로 삼았을 것이다. 만해가 1909년 당시 건봉사의 말사였던 백담사에서 탈고해 1913년 간행한 『조선불교유신론』은 개인의 저서지만, 진취적인 건봉사 분위기가 응축된 것으로 평가받는다. 불교가 모든 분야에서 새로운 진로를 개척해 본연의 자세로 복귀해야 부처님의 근본 가르침을 현실 세계에서 실현할 수 있다는 것이 논지다. 무엇보다 염불당을 폐지하고 염불을 개혁해야 한다는 대목은 건봉사에 몸담고 있는 승려의 주장으로는 그야말로 파격적이다. 1908년 회향한 염불만일회를 가까이에서 관찰하고 문제점을 파악한 결과로 보기도 한다.

한용운은 "대낮이나 맑은 밤에 모여 앉아 찢어진 북을 치고 굳은 쇳조각을 두들겨 가며 의미 없는 소리로 대답도 없는 이름을 졸음 오는 속에서 부르고 있으니, 이는 과연 무슨 짓일까"라면서 '아미타불'을 부르며 극락왕생을 비는 염불만인회를 정조준했다. 그러면서 '내가 말하는 것은 중생들의 거짓 염불을 폐지하고 참다운 염불을 닦게 하겠다는 취지'라고 『조선불교유신론』에 적고 있다.

절을 둘러보면 삼국시대 고찰의 분위기를 느끼기는 쉽지 않아도 최근 세운 석물도 무의미하게만 느껴지지 않는다. 절 마당에 들어서 왼쪽에 보이는 만해당대선사시비도 그렇다. 그 옆 사명대사기적비도 지난해 복원한 것인데, 파손된 옛 비석 조각의 일부가 남아 있다. 사명대사가 왜적에게서 되찾아 온 양산 통도사의 진신사리 일부를 건봉사에 안치했다는 사실 등이 기록되어 있다.

건봉사에서 성속(聖俗)을 가르는 경계는 불이문이다. 부처와 중생이 다르지 않고, 결국 삶과 죽음도 다르지 않다는 뜻이다. 불이문은 6·

25 와중에도 파괴되지 않은 유일한 건축물이다. 근대 명필 해강 김규진이 편액을 썼다. 불이문을 지나 오른쪽으로 시냇물을 건너면 대웅전이고, 곧바로 올라가면 적멸보궁이다. 대웅전 가는 길에 놓인 다리가 능파교다. 조선 숙종 시대 지은 아름다운 무지개다리로 2002년 보물로 지정됐다. 절 진입로에서 보이는 홍예다리도 차를 타고 가면 그냥 지나치기 쉽지만 건봉사에 흔치 않은 과거의 흔적이다.

우리나라에만 있다는 적멸보궁은 부처의 진신사리를 모신 일종의 무덤이다. 사명대사기적비에 언급된 진신사리를 모시고자 조성했을 것이다. 적멸보궁으로 오르는 왼쪽 넓은 터전에는 아직 복구하지 못한 옛 전각의 주춧돌이 가득하다.

6. 청양 칠갑산 장곡사의 밥그릇 부처

충청남도 청양은 동쪽으로 공주시, 서쪽으로 보령시, 남쪽으로 부여군, 북쪽으로 홍성군과 접한 내륙 산지에 자리 잡고 있다. 청양은 전통적으로 질 좋은 구기자가 나는 고장으로 유명하지만 지금은 매운 고추의 대명사로도 명성을 날리고 있다. 청양이 어디에 있는지 가물가물한 사람이라도 청양고추를 모르는 사람은 아마 없을 것 같다. 사실 우리나라 고추의 본고장은 경북 청송(靑松)과 영양(英陽)이라고 한다. 두 곳에서 한 글자씩 따서 청양고추라는 이름이 붙었다는 것이 정설이다.

평지보다 산지가 더 많은 청양은 청송 · 영양 만큼이나 일교차가 큰 내륙성 기후를 갖고 있다. 맛있는 고추의 생육에 적절한 자연조건이라 한다. 여기에 청양(靑陽)이라는 땅 이름이 청송 영양 고추의 전통을 자연스럽게 연상시켜 고추 산지로 새롭게 명성을 날리는 데 도움이 됐을 것이다.

칠갑산은 이런 청양을 대표하는 명산이다. 가수 주병선이 1989년 발표한 「칠갑산」은 국악가요로는 유례없이 크게 히트했다. 30년이 훨씬 넘었지만 지금도 노래방에 가면 '콩밭 매는 아낙네야, 베적삼이 흠뻑 젖는다. 무슨 설움 그리 많아, 포기마다 눈물 심누나'로 시작하는 절절한 가락의 「칠갑산」을 심심치 않게 들을 수 있다. 물론 젊은 세대는 잘 모르는 나이 든 세대의 애창곡이지만….

20세기에도 칠갑산 주변 골짜기에는 화전을 일구어 살아가는 사람들이 적지 않았다. 이 노래 또한 화전민 어머니가 먹을 것과 바꾸

제3부 불교를 찾아가는 발걸음

어 어린 딸을 민며느리로 보내는 사연을 그린 것이라고 한다. 칠갑산 도립공원 들머리에는 「칠갑산」 가사를 새긴 '콩밭 매는 아낙네상'이 세워졌다. 역사적 의미나 미술적 가치가 있는 것으로 보이지 않는 조형물이니 사람들은 대부분 그냥 지나친다.

칠갑산 등산로를 따라 조금 오르면 장곡사가 나온다. 다른 절집과는 달리 상대웅전과 하대웅전이 있다. 두 대웅전 모두 약사여래를 모시고 있는 것도 흥미롭다. 약사여래는 중생을 질병의 고통에서 구제하는 부처다. 약사여래는 무릎에 올린 왼손에 작은 그릇을 들고 있는 모습이 특징이다. 알기 쉽게 약사발이라지만 '치유의 기운을 가진 우주의 대생명력을 응축시켜 놓은 용기'를 상징한다는 표현이 옳겠다. 그런데 하대웅전 약사여래가 들고 있는 것을 가만히 보면 약사발보다 밥그릇에 가깝다. 그것도 포슬포슬 잘 지은 밥을 보기 좋게 담아 놓은 모습이다.

장곡사 약사여래가 조성된 14세기 중엽 청양 사람들은 「칠갑산」 노래의 배경인 20세기 초·중반과는 비교도 되지 않을 만큼 약보다는 밥이 더 절실하지 않았을까 싶다. 약사여래 밥그릇에는 중생이 끼니를 거르지 않게 하는 것이 어떤 명약보다 신통한 효능이 있다는 가르침이 담겨 있다. 그러니 장곡사 약사여래의 가치는 단순히 불교미술사적 의미에만 머물지 않는다. 개인적으로 장곡사 여래를 넘어 불교의 약사신앙 자체를 아예 이렇게 해석해야 하는 것 아닐까 생각하고 있다.

그런데 필자가 목소리를 높여 '장곡사 약사여래 밥그릇론(論)'을 펼치면 반론을 제기하는 분들이 어디에나 계시다. 약사여래가 왼손에 밥그릇 같은 것을 들고 있는 것은 알겠는데 너무 작은 것 아니냐는

6. 청양 칠갑산 장곡사의 밥그릇 부처

것이다. 배고픈 중생이 저만큼 먹어 허기가 가시겠느냐고 준엄하게 항변하곤 한다.

필자는 그럴 때마다 "예수님이 떡 다섯 조각과 물고기 두 마리로 5,000명을 배불리 먹였다는 마태복음의 오병이어(五餠二魚) 이야기도 모르느냐. 약사여래의 약사발이 전 세계 모든 중생에게 끝없이 나눠 줘도 바닥을 보이지 않는 것처럼 부처님의 밥그릇은 그저 철없는 중생의 눈에만 작아 보일 뿐 아무리 많은 사람이 배불리 먹어도 줄어들지 않는다는 것을 알아야 한다"고 타이른다.

장곡사 약사여래좌상의 높이는 90.2cm다. 고려시대 장곡사 주변에 살고 있던 청양 사람들의 일반적인 앉은키를 반영한 것이 아닐까 싶다. 그런데 통일신라 경문왕 시절 조성한 강원도 철원 도피안사의 인간적인 모습을 가진 비로자나불의 앉은키는 91cm다. 부처의 상호, 곧 얼굴 모습이 인간에 가까울수록 불상의 크기가 사람과 닮은꼴인 것도 우연의 일치만은 아닐 것이다. 그런가 하면 2021년 우리나라 30대 남성의 평균 앉은키가 94.1cm라는 뉴스를 TV에서 본 적이 있다.

장곡사 약사여래와 도피안사 비로자나불의 앉은키 차이가 정확하게 해당 지역 주민의 신체 특성을 반영하고 있다고 할 수는 없을 것이다. 하지만 산악지대에 가까운 청양 사람들의 영양 상태는 과거로 갈수록 좋았을 리 없다. 그럼에도 풍족함과는 거리가 먼 청양 사람들의 불상이 거칠다는 느낌이 조금도 없이 단아함의 극치를 이루어 당대를 대표하는 완성도를 보여 주는 것은 불가사의다.

장곡사 약사여래는 1963년 보물로 지정된 이후 복장유물에 대한 연구가 진전되면서 2022년 국보로 승격됐다. 발원문에서 1346년(고려 충목왕 2) 만들었음을 확인한 것도 불상의 가치를 더욱 높였다. 당대 약사여래의 도상을 가장 정확하게 보여 줄 뿐 아니라, 뛰어난 예술적 조형성을 지닌 14세기의 대표 불상으로 평가를 받는다. 주조 기술에서도 높은 기술적 완성도를 보여 준다.

불상의 복장에서 확인된 1,116명의 발원자는 지금까지 알려진 고려 후기 불상 가운데는 가장 많은 숫자라고 한다. 특히 발원문을 지은 백운(白雲)은 세계 최고(最古) 금속활자본인 『불설직지심체요절』을 편찬한 백운경한(白雲景閑, 1298~1374)과 동일 인물로 추정되어 그의 행적 연구에 도움을 주고 있다. 백운경한은 나옹혜근·태고보우와 함께 고려 말 삼사(三師)로 추앙받은 고승이다.

붉은 비단의 발원문은 폭이 49cm에 길이가 10m 남짓이다. 앞부분 115cm에 79행 630자의 발원문을, 그 아래로 발원자의 이름을 길게 적었다. 인상 깊었던 발원문 대목을 옮겨 적어본다. '무릇 우리 부처는 어두우면 밝은 빛을 비추고, 병으로 힘들어하면 의사가 되어 치료하고, 거친 바다는 커다란 배로 건너게 하고, 춥고 배고플 때는 옷과 음식을 주고, 가난으로 힘겨우면 여의보를 내어 원하는 것을 베풀고, 손발이 묶여 있으면 풀어주고, 죄를 지으면 용서받게 하고, 가뭄이 들면 단비를 내리고, 독약을 먹으면 해독약을 주고, 호랑이와 이리를 만나면 사자가 되어 쫓아 주고, 갖가지 새가 괴롭힐 때는 봉황이 되어 도와주는 등 모든 곳에서 구해주지 않으심이 없다.'

우리가 잘 알고 있는 부처의 권능이기도 하다. 그런데 곰곰이 생각하면 부호나 권력자가 부처에게 빌어야 할 염원은 아니라는 생각이 든다. 그야말로 당대 보통 사람들이 맞닥뜨릴 것 같은 곤경에서 구해주는 존재로 약사여래의 권능을 묘사하고 있다. 장곡사 약사여래의 약사발은 밥그릇이자 의복이라는 상징성이 담겼다. 또 등대이자 나룻배이고, 사자이자 봉황이라는 의미가 발원문에는 담겼다.

　이렇게 장곡사에 올라 찬찬히 상 대웅전과 하 대웅전을 구경하고 약사여래가 밥그릇 같은 약사발을 들고 있는 '깊은 뜻'을 되새겨 본다. 그리고 칠갑산도립공원 광장으로 다시 내려와 '콩밭 매는 아낙네상'의 「칠갑산」 가사를 음미하면 느낌은 전과 같지 않다.

7. 구례 연곡사와 일본의 오래된 악연

「황성신문」 1907년 7월 25일 자에는 "호남창의총리 고광순과 호서창의대장 김동신 등이 각 군 향교에 발통한 창의문을 전북관찰사 김규희가 원문을 필사해 보고했다"는 기사가 실렸다. 의병장 고광순이 전라북도 일대에서 활동하던 김동신과 내장산에서 만나 지리산으로 들어가 의병 투쟁을 전개하기로 합의했다는 내용이다. 고광순의 문집 『녹천유고』에는 '8월 11일 행군해 구례 연곡사에 이르렀는데 산이 험하고 골짜기가 깊었다. 동쪽으로는 화개동과 통했는데 그곳에는 산포수가 많았다. 북쪽으로는 문수암과 통했는데 천연 요새였다. 연곡사를 중간 기지로 삼아 장차 문수암과 화개동을 장악해 의병을 머물게 하고 예기(銳氣)를 기르는 계책으로 삼았다.'는 내용이 담겨 있다.

그런데 일본 조선주차군수비대 제18연대의 「진중일지」는 10월 17일 연곡사 전투 상황을 이렇게 보고하고 있다. '고지마 중대는 칠불사, 연곡사, 문수암을 남북 양방향에서 포위 공격했다. 1소대는 하동 방향에서 전진했다. 소대는 오전 7시 반 예정대로 연곡사를 공격, 100명 남짓한 의병대를 오전 10시 반야봉 쪽으로 격퇴시켰다. 의병장을 포함해 22명 사살, 부상 30명, 노획품은 소총 5, 나팔 3 등. 연곡사 14동을 소각함' 이틀 전에는 '키노 대위의 부대는 진해만요새 포병과 함께 연곡사 일대에서 고광순이 이끄는 의병과 충돌, 고광순 이하 약 40명을 쓰러뜨림'이라 적었다.

전라남도 구례 연곡사는 통일신라시대 연기조사 창건설이 전한다. 신라 말부터 고려 초까지 남해안과 지리산 일대의 대표적 수선도량이었다. 이런 유서 깊은 절을 정유재란 당시 왜군이 불을 질러 철저하게 파괴했다. 그런데 300년 남짓 시간이 흐른 뒤 또다시 일본군의 방화로 전소된 것이다. 연곡사에서 일본군과 맞서다 순절한 의병장 고광순(1848~1907)은 임진왜란 당시 금산 전투에서 왜군과 싸우다 순국한 의병장 고경명(1533~1592)의 후손이다. 고광순은 『녹천유고』에서도 12대조 고경명의 뜻을 이어 항일 의병에 나서지 않을 수 없음을 밝혔다. 고광순의 「열읍에 보내는 격문」은 '난신적자는 모두 처단할 것, 내정에 간섭하는 왜적을 몰아낼 것, 민비 시해의 원수를 갚을 것'을 호소했다. 임진왜란과 을사늑약 이후 일본군의 방화로 파괴된 연곡사와 두 시기 각각 전사한 고경명과 고광순의 운명은 매우 닮았다.

앞서 일본은 1904년 3월 보병 제24연대 병력 4천272명을 서울, 부산, 원산에 배치했다. 이듬해 10월에는 보병 제13사단과 제15사단 병력 1만 8천398명을 증강한다. 이들로 무력시위를 벌이면서 11월 17일 을사조약을 강제로 체결했다. 1907년 3월 제15사단을 철수시켰지만, 8월 보병 제14연대를 포함한 여단 병력을 증파한다. 고종을 강제 퇴위시킨 이후 그들이 말하는 '소요 사태'에 대비하는 차원이었다. 이 보병 제14연대가 연곡사를 중심으로 항쟁하던 고광순 의병을 공격한 것이다.

연곡사에 가려면 전남 구례에서 경남 하동으로 이어지는 섬진강대로를 따라 달리다 외곡삼거리에서 지리산 피아골 방향으로 접어들어야 한다. 펜션이 들어찬 계곡을 따라 오르면 국립공원 관리사무소와 절이 보이기 시작한다. '지리산 연곡사'라 편액한 일주문은 1995년 세웠다는데, 그 너머 천왕문은 단청이 되지 않았다. 연곡사는 1942년 일부 전각을 중건했지만 6·25전쟁 때 피아골 전투로 폐사됐고,

1965년에야 요사채를 겸한 작은 대웅전을 지을 수 있었다. 이후 큰 법당인 대적광전을 비롯한 전각들이 제법 규모 있게 들어서고 있지만 전성기 위용에는 여전히 미치지 못한다.

연곡사에는 흔히 부도라 부르는 승탑의 역사가 집약되어 있다. 일본의 만행에도 일부가 훼손됐을지언정 그런대로 살아남은 것은 다행스럽다. 대적광전 오른쪽으로 돌계단을 따라 조금 오르면 동 승탑과 탑비가 나타난다. 통일신라시대 말 조성된 가장 아름다운 부도의 하나로 꼽힌다.

짝을 이루는 왼쪽의 탑비는 머릿돌과 받침돌만 남았다. 몸돌은 임진왜란 때 파괴됐다. 받침돌을 가만히 보면 용의 얼굴을 한 거북이 모양으로 날개를 달고 있는 것이 흥미롭다. 상상 속의 동물인 연을 형상화했다는데, 이런 동 승탑의 모습을 본떠 거북선을 만들었다는 주장도 있다. 아닌 게 아니라 누구라도 거북선을 떠올리게 된다.

동 승탑에서 대적광전 뒤편으로 난 길을 따라 오르면 북 승탑이 있다. 고려 초기 동 승탑을 모범으로 삼아 만든 것으로 보고 있다. 대적광전 서쪽에 떨어져 있는 현각선사탑비와 관련이 있는 것으로 보기도 한다. 현각선사를 기리고자 979년 세웠다. 역시 임진왜란 때 비신이 사라졌다.

북 승탑에서 서쪽으로 산을 내려가다 보면 소요대사탑이 있다. 문의 모습을 조각한 안쪽에 '소요대사지탑'과 '순치육년경인'이라는 두 줄의 오목새김이 있다. 순치 6년은 1649년이다. 탑비를 따로 세우지 않고 승탑에 글자를 새겨 내력을 알리는 것은 조선 부도의 전통이라고 한다.

소요대사 태능은 임진왜란 때는 의승군에 가담했고, 병자호란 때

229

는 남한산성의 서성 수축을 주도했다. 왜란 당시 의승군을 이끈 서산 대사 휴정의 4대 제자 가운데 한 사람이다. 임진왜란으로 불탄 연곡 사를 중창한 인물이다. 다른 세 제자는 사명대사 유정, 편양 언기, 정 관 일선이다.

소요대사탑에서 남쪽으로 내려가면 현각선사탑비 왼쪽 동백숲 아래 작은 비석이 보인다. 의병장 고광순 순절비다. 고광순 의병이 일본군의 집중 공격을 받은 곳이 대적광전 서쪽이라니 이 언저리일 것이다. 순절비는 1958년 세워졌다. 이렇듯 연곡사 곳곳에는 왜적과 악연이 배어 있다.

연곡사에서 토지면사무소 쪽으로 가는 길 중간의 섬진강 변 석주 관성은 정유재란 당시 구례 지역의 사정을 이해하는 데 도움을 준다. 삼국시대 백제와 신라의 경계로 고려 말에는 왜구를 막고자 성벽을 쌓고 진을 설치했다. 하동과 남원을 잇는 길목으로 왜군의 집중 공격 대상이 됐다.

건너 언덕에는 왜군과 치열하게 싸우다 순절한 석주관칠의사 무덤이 있다. 석주관 전투에는 화엄사 의승군이 대거 참전했다. 구례 화엄사는 연곡사에서 멀지 않다. 화엄사도 연곡사와 같은 544년 연기 조사 창건설이 전한다. 화엄사 의승군이란 곧 연곡사를 포함한 지리산 일대 승군의 연합군이었다. 연곡사의 전각이 모두 불타고 탑비 일부가 훼손된 것도 이때일 것으로 짐작한다.

고광순은 연곡사에서 대장기를 세웠는데 깃발에 불원복(不遠復)이라고 썼다고 『녹천유고』는 전한다. '머지않아 국권을 회복한다'는 의지를 담았다고 한다. 충남 천안 독립기념관에는 고광순의 불원복 태극기가 있다. 태극기 위쪽에 붉은색 실로 불원복(不遠復)이라 수를 놓앗다. 이 태극기가 고관순이 연곡사에서 세웠다는 대장기인지는 확인되지 않았지만 반드시 찾아볼 일이다.

고광순이 전사하자 매천 황현은 연곡사를 찾아 「의병장 녹천을 애도하노라(哭義兵將鹿川高公戰死)」라는 시를 써서 애도했다.

수많은 연곡의 봉우리 푸른빛이 가득한데
이름 없는 백성들이 나라 위해 싸우다 죽어 갔네.
전마는 흩어져 논둑 따라 널려 있고
까마귀 떼 내려와 나무 그늘에서 돌고 있네.
나같이 글만 아는 선비 무엇에 쓸 것인가
이름난 가문의 명성 따를 길 없다네.
홀로 서풍을 향해 뜨거운 눈물 흘리니
새로 쓴 무덤이 국화 옆에 우뚝 솟았음이라.

千峰燕谷鬱蒼蒼(천봉연곡울창창)

小刼忠沙也國殤(소겁충사야국상).

戰馬散從禾隴臥(전마산종화롱와)

神烏齊下樹陰翔(신조제하수음상).

我曹文字終安用(아조문자종안용)

名祖家聲不可當(명조가성불가당).

獨向西風彈熱淚(독향서풍탄열루)

新墳突兀菊花傍(신분돌올국화방).

고경명에 이은 고광순의 충절을 기리고 있음은 물론이다.

8. 의성 고운사와 청천 신유한의 사적기

1742년(영조 18) 10월 보름, 경기도관찰사 홍경보는 삭녕 우화정으로 휘하의 연천현감 신유한과 양천현령 정선을 불러들여 뱃놀이를 즐겼다. 청천 신유한은 당대의 문장가로 특히 걸작 시를 많이 남긴 인물이고 겸재 정선이라면 두말할 필요가 없는 최고의 화가다. 세 사람이 우화정에서 연천 웅연까지 누선, 곧 정자를 이은 배를 타고 술과 시와 그림을 나눈 이 모임은 중국 북송의 시인 소동파(蘇東坡)가 적벽강에서 뱃놀이를 하며 「전적벽부」와 「후적벽부」를 지은 660주년이었다고 한다.

이 뱃놀이에서 신유한은 「의(擬)적벽부」를 지었고 겸재는 배가 우화정에서 떠나는 장면과 웅연에 닿는 모습을 각각 「우화등선(羽化登船)」과 「웅연계람(熊淵繫纜)」이라는 그림에 담았다. 여기에 창애 홍경보의 서문이 더해진 시화첩을 세 벌 만들어 나누었으니 『연강임술첩』이라고 불린다.

번데기가 날개 달린 나비로 변하는 것이 우화다. 우화등선(羽化登仙)은 사람이 신선이 되어 하늘로 올라감을 이르는 도교적 표현이라고 한다. '훌쩍 세상을 버리고 홀몸이 되어 날개를 달고 신선이 되어 하늘로 오르는 것만 같다'는 소동파의 「적벽부」 구절에서 비롯됐다는 것이다. 겸재는 자리가 자리니만큼 이 구절의 신선 선(仙) 자를 배 선(船) 자로 살짝 비틀어 그림 제목으로 삼았다.

신유한(1681~1752)은 서얼 출신이다. 닫혀있던 과거의 문이 열리자 진사시에 장원하고 증광시에 급제했지만 벼슬길은 평생 한직과 시골

제3부 불교를 찾아가는 발걸음

현감에 머물렀다. 그럼에도 시와 문장은 일찍부터 높은 평가를 받아 통신사 제술관으로 일본에 다녀오기도 했다. 그의 사행 일기 『해유록』은 일본 문물을 사실적으로 기록해 박지원의 『열하일기』와 쌍벽을 이루는 사행 기록으로 평가받는다. 신유한의 문물 탐구 정신을 박제가의 북학(北學)과 대비해 화학(和學, 일본학)으로 지칭하기도 한다.

신유한은 사행 길에 6천 편 남짓한 글을 일본 전역에 뿌렸다. 가는 곳마다 글을 청하는 이들로 장사진을 이루었고 앉은 자리에서 무엇이든 단숨에 써 내려가 일본인들을 경탄케 했다. 청천이 『해유록』에 남긴 관련 대목이다.

> 일본 사람이 우리나라 시문을 구해 얻으면 귀천(貴賤) 현우(賢愚)를 묻지 아니하고 우러러보기를 신명처럼 하고 보배로 여기기를 주옥처럼 하지 않음이 없다. 비록 가마를 메고 말을 모는 천한 사람들이라도 조선 사람의 해서나 초서를 두어 글자만 얻으면 모두 손으로 이마를 받치고 감사의 성의를 표시하며, 소위 문사라 하는 자는 천리 길을 멀다 하지 아니하고 와서 역이나 관에서 기다려 하룻밤 자는 동안에 혹은 종이 수백 폭을 소비하고 시를 구하다가 얻지 못하는 자는 비록 반 줄의 필담이라도 보배로 여겨 감사해하기를 마지아니한다.

신유한은 경상도 밀양에서 태어나 고령에서 살았다. 의성 고운사에도 그의 흔적이 남아 있다. 고운사는 안동과 경계를 이루는 등운산 자락에 자리 잡았다. 절 이름에서 신라의 대문장가 고운 최치원에 자연스럽게 생각이 미친다.

신유한은 평해군수 시절인 1729년 고운사 사적기를 썼다. 1918년 오시온이 지은 또 다른 사적기와 함께 이 절의 역사를 구성하는 결정적 근거로 활용되고 있다.

고운사는 스스로 역사를 이렇게 설명하고 있다. 신라 신문왕 원년(681년) 해동 화엄종의 시조 의상대사가 고운사(高雲寺)라는 이름으로 창건했다. 연꽃이 반쯤 피어난 부용반개형상의 천하명당에 자리 잡았다. 불교·유교·도교에 통달해 신선이 되었다는 최치원이 여지·여사 두 대사와 가운루와 우화루를 세운 이후 그의 호 고운을 빌어 고운사(孤雲寺)가 됐다. 이후 도선국사가 가람을 크게 일으켜 세웠다. 약사전의 부처님과 나한전 앞의 삼층석탑도 도선국사가 조성했다는 것이다.

최근 새로 지은 산문을 지나 일주문으로 들어서면 대웅전을 비롯한 30채 남짓한 전각이 자리 잡고 있다. 그럼에도 "사세(寺勢)가 번창했을 당시에는 366칸 선불에 200여 대중이 상주했던 대도량이 지금은 교구본사로는 작은 사찰로 전락했다"고 했으니 훨씬 더 화려했던 시절이 있었나 보다.

오늘날 고운사는 대웅전이 큰법당이지만 과거에는 극락전이 그 역할을 했다. 극락전과 마주 보는 우화루 사이 양옆으로 만덕당과 종무소가 마당을 에워싼 이른바 산지중정형이었다. 극락전 영역은 소박하다. 그런데 종교적 의미에서 절의 중심이 어디든, 고운사의 상징은 우화루와 가운루다. 계곡을 가로질러 놓인 가운루는 다리 역할도 했다. 구름을 타고 앉은 누각이라는 뜻이다.

우화루란 이름에서는 자연스럽게 홍경보, 신유한, 정선의 임진강 뱃놀이가 떠오른다. 고운사가 신유한에게 사적기를 청한 것도 유교 불교 도교에 조예가 깊었기 때문이다. 청천은 사적기 서두에 "1728년 고운사 스님이 찾아와 청하는 것을 서류에 파묻힐 만큼 바빠 응하지 못했는데, 이듬해 사자(使者) 셋이 고운사 주지의 글을 다시 들고 오니 거절할 수 없었다"고 경위를 밝히고 있다.

신유한의 고운사 사적기는 관련 사료를 엄격히 고증해 찬술했다기보다는 스님들이 알고 있는 구전 자료를 재구성한 듯하다. 그런데 사적기는 '의상대사 창건' 다음에 최치원이 등장하지 않고 곧바로 '고려 건국 초 운주화상 중수'로 넘어간다. 최치원의 고운사 중창설과 절 이름 변경설은 사적기를 쓰던 시기에는 아직 보편화되지 않았던 모양이다. 사명대사가 의승군의 전초기지로 썼다는 이야기도 사중에 전하지만 신유한은 사적기에 언급하지 않았다. 그는 사명대사에 관심이 높아 관련 자료를 모으고 자신의 평가를 붙인 『분충서난록』을 편찬하기도 했으니 이유가 궁금하다.

최치원의 고운사 중찰설은 미술사적으로 보면 신뢰하지 못할 것도 아니다. 보물로 지정된 고운사 약사전의 석조여래좌상은 최치원이 살았던 9세기 조성된 것으로 미술사학계는 보고 있다. 나한전 앞 삼층석탑도 신라 후기 양식을 보여 주고 있기 때문이다. 신유한의 사적기에 왜 최치원과의 관계가 서술되지 않았고 오시온의 사적기에는 왜 들어갔는지 궁금하다. 최치원과 사명대사 전설이 『해유록』에서 보여 준 신유한의 과학적 탐구 정신을 충족시키지 못한 것 아닌가 짐작할 뿐이다.

가운루의 존재에서 보듯 고운사는 계곡을 사이에 두고 그 동서쪽에 전각이 있는 사찰이었다. 극락전 영역이 서쪽에 자리 잡은 것은 아미타불이 주재하는 서방정토의 상징성을 살린 것이라 할 수 있다.

반면 계곡 동쪽은 모니전(牟尼殿) 영역이었다. 석가모니 부처를 모신 전각이다. 이런 전각을 흔히 대웅전이라고 부르지만 큰법당이라는 느낌을 주지 않고자 이런 이름을 붙인 것 같다.

지금의 웅장한 대웅전은 1992년 가운루 상류의 계곡을 메우고 모니전 영역을 해체해 세운 것이다. 모니전 옛 건물은 대웅전 동쪽 삼층석탑 위로 옮겨 지었으니 지금의 나한전이다. 조촐함이 닮은 나한전과 삼층석탑은 원래부터 그 자리에 있었던 것인 양 자연스러운 조화를 보여 준다.

일주문 밖으로 나서면 화엄승가대학원이 보인다. 산내 암자인 운수암이 있던 자리라고 한다. 신유한은 「운수암기(雲水庵記)」도 남겼으니 이래저래 고운사와는 인연이 깊었던 듯하다.

제3부 불교를 찾아가는 발걸음

9. 정업원 구기비와 서울 낙산 청룡사

정업원(淨業院)은 불교국가 고려의 국책 비구니 사찰이었다. 왕실의 궁녀를 비롯해 신분이 높은 여인들이 남편을 여의면 이곳에서 여생을 보내곤 했다. 그런데 흥미롭게도 성리학을 국시로 하는 유교 국가 조선에서도 정업원의 전통은 끊이지 않고 이어졌다. 업(業)이란 중생이 지은 선악과 그 응보를 가리킨다. 정업원이란 생전의 잘못을 깨끗하게 씻는 사찰이라는 뜻이다. 정업원에 몸담은 여인들이 지은 가장 큰 잘못은 아마도 남편을 먼저 저세상에 보낸 죄가 아닐까 싶다.

고려시대 정업원은 1164년 의종이 행차했다는 기록이 있으니 그 이전부터 있었던 것이 분명하다. 몽골의 침입으로 강화를 임시수도로 삼았을 때도 정업원을 지정해 비구니들이 모여 살도록 했고, 개경으로 환도한 이후 다시 정업원을 운영했다. 조선은 한양에 도읍하면서 정업원을 옮겨 세웠는데 처음에는 이곳에 머물고 있던 고려왕조의 궁녀 등을 포용하는 의미도 없지 않았을 것 같다.

국가가 운영하는 정업원이라는 이름의 비구니 사찰이 고려 초기부터 존재했는지는 알 수 없다. 하지만 신분이 높은 여인들이 다양한 이유로 승려가 되어 절에 머무는 전통은 건국 초기부터 있었다. 태조 왕건이 후삼국을 통일하는 과정에서 전국의 세력가와 혼인해 결속력을 높인 것은 잘 알려진 사실이다. 태조 왕건은 오늘날의 평양인 서경에서도 지역의 유력호족 김행파의 두 딸과 인연을 맺었다. 그런데 이후 태조가 서경의 부인들을 돌아보지 않자 두 사람은 출가해 비구니가 됐다. 왕건이 이런 사실을 알고는 서경에 대서원(大西院)과 소서원(小西院)이라는 비구니 사찰을 세워 두 여인을 머물게 했다. 이들이 태조의 제19비 대서원부인과 제20비 소서원부인이다.

공민왕의 제2비 혜비 이씨는 고려 말을 대표하는 문인이자 학자인 계림부원군 이제현과 수춘국부인 박씨 소생이다. 공민왕의 정비 노국대장공주가 아들을 낳지 못하자 명문가의 딸을 후비로 들이자는 조정 공론에 따라 간택됐다. 태종실록 1408년 2월 3일 자에는 '혜화궁주 이씨의 상에 부의를 내려 주었다. 궁주는 뒤에 여승이 되어, 정업원에 머물러 있었다. 쌀·콩 30석과 종이 100권을 부의로 주고, 소도군의 처 심씨로 대신 정업원의 주지를 삼았다.'고 적었다. 혜화궁주가 곧 혜비 이씨다. 소도군은 태조 이성계의 여덟째 아들로 태자에 올랐지만 제1차 왕자의 난으로 17세 나이에 죽은 이방석이다. 지체 높은 왕실 여인들이 정업원 주지를 이어서 맡았음을 짐작게 한다.

서울에 남아 있는 조선시대 정업원의 흔적을 따라가 본다. 이야기는 아무래도 영조기 세운 정업원구기비(淨業院舊基碑)에서 시작할 수밖에 없다. 정업원구기비는 한양 도성의 좌청룡에 해당하는 낙산의 동쪽 기슭에 있다. 오늘날 행정구역으로는 서울 종로구 숭인동이다. 서울 지하철 6호선 창신역에서 낙산으로 휘돌아 오르는 길 중간이다. 구기비 보호각은 청룡사와 나란히 세워져 있다.

정업원구기비는 글자 그대로 정업원 옛터에 세운 비석이다. 영조가 단종비 정순왕후를 기리고자 1771년 친필로 '정업원구기' 다섯 글자를 써서 새겼다. 정순왕후는 단종이 영월에서 살해된 뒤 정업원에서 여생을 보낸 것으로 알려졌다. 하지만 여생을 보낸 것을 넘어 최근에는 정순왕후 스스로 '정업원주지 노산군부인 송씨'라고 쓴 문서가 발견됐다. 정순왕후가 정업원으로 출가했음을 알 수 있다.

조선 초기 정업원은 창덕궁 서북쪽 원서동에 있었던 것으로 추정
한다. 성종실록에는 "정업원은 궁궐의 담장 곁에 있는데 범패 소리가
궁중까지 들리니 진실로 적당한 곳이 아닙니다"라는 대사헌의 상소
가 나온다. 하지만 정확한 위치는 밝혀지지 않았다. 범패는 불교 의
식에 쓰이는 음악이다.

정업원은 조선 초기 세 차례 폐지됐다가 설치되기를 반복했다. 세
종시대인 1448년 없어졌다가 호불왕(好佛王)이라 불린 세조가 1457
년 옛터에 다시 세웠다. 정업원은 연산군이 1504년 창덕궁 주변을
사냥터로 만들면서 다시 폐지됐다. 중종반정 이후 정업원 건물은 독
서당으로 활용됐다.

이후 정업원은 명종의 어머니로 불교의 부흥을 꾀했던 문정왕후가
수렴청정하던 1546년 다시 세워진다. 명종실록에는 "인수궁을 선왕
의 후궁을 위하여 수리하도록 하고, 정업원은 인수궁에 소속시켰다
가 아울러 수리하여 선왕의 후궁 가운데 연고가 생기는 이를 이주시
키도록 하라"는 전교가 보인다. 정업원은 그러나 임진왜란 때 창덕궁
일대가 모두 불타면서 폐사됐다고 한다.

『선조실록』 1607년 여름 5월 4일 자에 다음과 같은 상소가 보인
다.

정업원·안일원 등의 옛터는 바로 전일 선왕의 후궁이 거주하던
별처로 궁궐에서 아주 가까운 곳이다. 그런데 지금 여승이라 불리는
자들이 많이 들어가 집을 짓고 감히 전철을 따르고 있다. 한성부로
하여금 철거하고 밖으로 내쳐 성안에 발을 붙이지 못하도록 하소서.

안일원(安逸院)은 고려시대 우왕이 방문하기도 했다는 개성의 비구니 사찰이다. 임진왜란이 끝난 뒤 도성의 정업원 터와 개성의 안일원 터에 모두 비구니 사찰이 다시 들어선 듯하다. 선조는 "안일원과 정업원의 일은 비록 옛터에다 초가집을 지어 거처하는 장소로 삼고 있지만 허물고 내쫓기까지 하는 것은 온당치 못할 듯하다"고 받아들이지 않았다.

정순왕후가 정업원주지를 맡고 있던 시기는 연산군이 창덕궁 옆 정업원을 철폐한 이후, 명종이 복설(復設)하기 이전이다. 도성 내부에서 쫓겨난 정업원의 비구니들이 도성 바깥 인창방에 다시 절을 세운 것이다. 한성부 인창방은 오늘날 흥인지문 밖 숭인동과 창신동 일대에 해당한다.

정업원구기비를 둘러보고 나면 담장 너머 청룡사와의 관계가 궁금하다. 오늘날 청룡사는 정업원처럼 비구니 사찰이다. 청룡사 측은 정순왕후가 출가한 절로 한때 이름이 정업원이었다고 주장한다. 청룡사에는 고려 태조 왕건의 명으로 922년 비구니 혜원을 주석하게 했다는 역사도 전하고 있다. 하지만 정업원구기비를 세울 당시에는 주변에 정업원도, 청룡사도 없었다고 한다.

이렇게 추정해 볼 수는 있을 것 같다. 선왕의 후궁들이 머무는 왕실 부속 사원이 존재하지 않는다고 은폐된 공간에서 절개를 지키며 살아가기를 강요당했던 궁녀들의 존재가 사라진 것은 아니다. 이 가운데 불교를 신봉하는 이들이 많았고, 정업원이라는 이름은 아니지만 사실상 같은 역할을 하는 사찰이 필요했다. 실제로 청룡사는 19세기 이후 은퇴한 궁녀들이 여생을 보내는 사찰로 쓰였고, 청룡사에서 멀지 않은 낙산 동쪽 기슭 보문사도 같은 역할을 한 것으로 알려진다.

제3부 불교를 찾아가는 발걸음

    정순왕후는 수양대군이 단종으로부터 왕위를 빼앗은 계유정난 이후 인창방에 살면서 집 뒤편 돌산에 올라 남편이 죽은 영월 쪽을 바라보며 눈물을 삼켰다고 한다. 영조는 정업원구기비를 세우면서 정순왕후가 올랐던 봉우리에도 동망봉(東望峰)이라 써서 새겼다. 하지만 일제강점기 주변은 채석장이 되면서 영조 어필 표석도 사라지고 말았다. 지금 동망봉 주변은 지역 주민들을 위한 체육시설로 가득 찬 숭인근린공원이 됐다. 한쪽에 정순왕후의 이야기를 보여 주는 공간이 최근 만들어졌다. 곁에는 동망정을 새로 지어 동망봉에 올라 단종을 그리워했다는 정순왕후를 생각하게 한다.

9. 정업원 구기비와 서울 낙산 청룡사

10. 소설 『임꺽정』의 무대 안성 칠장사

칠장사라는 절 이름이 일찍부터 알려진 것은 벽초 홍명희의 대하소설 『임꺽정』에 상당한 공로를 돌려야 한다. 작품 중 임꺽정의 스승인 갖바치가 훗날 병해대사가 되어 수도하던 절이 바로 경기도 안성 칠장사다. 가죽신을 짓는 갖바치는 천민 가운데서도 신분이 낮았다. 하지만 누구에게도 고분고분하지 않았던 임꺽정도 벽초가 생불(生佛)로 그려 놓은 병해대사 앞에서는 순한 양이었다.

연암 박지원의 한문 단편소설 「허생전」도 안성을 무대로 삼았다. 서울 남산 아래 오막살이에 살고 있던 허생원은 책 읽기를 좋아했지만 찢어지게 가난했다. 삯바느질로 살림을 꾸려 나가던 아내는 어느 날 참다못해 "과거도 보지 않으면서 책은 무엇 때문에 읽느냐"고 대든다. 그러자 허생원이 장안의 갑부 변씨에게 빌린 1만 냥을 들고 내려간 곳이 안성장이었다. 허생원은 그곳에서 삼남에서 올라오는 과일을 매점매석해 얻은 열 배의 이익을 가난한 백성에게 나눠주었다는 스토리다.

황석영의 장편소설 『장길산』에서도 안성은 중요한 배경이다. 임꺽정처럼 실존 인물인 장길산은 노비의 자식으로 광대의 손에 성장했다. 소설 속 장길산은 흉년이 들어 창기로 팔려 간 묘옥이 재인마을 총대의 구원을 받은 뒤 연분을 맺는데, 그 재인마을이 바로 안성 청룡사 주변이었다.

오늘날 안성시의 중심은 시청이 있는 서부권이지만 과거의 중심은 동부권의 죽산이었다. 죽산에는 신라시대 처음 쌓았다는 죽주산성이

제3부 불교를 찾아가는 발걸음

있다. 죽산은 삼국시대 이후 한반도의 북부와 남부를 잇는 간선도로에 자리 잡았으니 중요성은 컸다. 개경이나 한양의 물산이 남쪽으로 내려가려면 광주와 용인을 거쳐 죽산을 지났다. 죽산에서 다시 동남쪽으로 충주, 남쪽으로 청주로 이어졌다.

죽주산성 남쪽은 죽주현의 치소였다. 관아의 자취는 남아 있지 않지만 죽주향교는 건재하다. 봉업사 터도 죽주산성 아래 있다. 고구려시대 창업설이 전하는 봉업사는 한때 양주 회암사, 여주 고달사와 함께 중부지방의 3대 사찰이었다고 한다. 통일신라시대 분위기가 풍기면서 고려 초기 양식이 가미됐다는 봉업사 터 석조여래입상의 우아한 모습은 이제 칠장사 대웅전 옆에서 볼 수 있다.

안성의 중심이 지금처럼 서쪽으로 옮겨진 것은 조선 중기 이후라고 한다. 충청도와 경기도 서부 평야지대의 농업 생산이 급증함에 따라 안성장은 한양으로 가는 물산의 새로운 중간 기착지로 떠올랐다. 18세기 이후 안성은 대구, 전주와 함께 전국 3대 장시의 하나로 꼽혔다. 박지원이 작품 속 허생원으로 하여금 안성장으로 달려가게 한 것도 그만큼 거래 규모가 컸음을 상징한다. 청룡사 남사당패의 위상이 높았던 것도 공연 시장의 규모도 비례해서 컸기 때문이라고 할 수 있다.

장길산은 숙종(재위 1661~1720)시대 인물이다. 연암 박지원(1737~1805)도 조선 후기를 살았다. 하지만 임꺽정(?~1562)은 조선 중기 사람이다. 임꺽정 당시 안성의 중심은 죽산이었다. 칠장사가 있는 곳이다. 상업의 중심지가 지척이었던 당시 칠장사는 결코 한적한 절일 수 없었다.

소설 속 임꺽정과 칠장사의 인연은 이렇다. 임꺽정 무리는 막내뻘인 길막봉이를 구출해 칠장사로 데려온다. 임꺽정의 일곱 도둑은 병해대사가 있었던 칠장사를 정신적으로 의지했기 때문이다. 병해대사는 노년에는 칠장사에 머물며 생불(生佛)로 존경받았다. 하지만 임꺽정 무리가 모였을 때는 병해대사가 입적한 이후였다. 임꺽정 무리는 대사의 극락왕생을 비는 목불(木佛)을 봉안하고 그 아래서 의형제를 맺었다. 이들이 근본 없는 떼도둑이 아님을 상징하는 소설적 장치다.

지금 서울 등 수도권에서 죽산에 가려면 중부고속도로를 타는 것이 편하다. 일죽나들목에서 안성 시내 쪽으로 조금 달리다 죽산면 소재지가 나타나면 왼쪽의 충청북도 진천으로 가는 국도로 갈아탄다. 여기서 4.6km를 가면 삼거리가 나오고 오른쪽으로 4.5km를 더 가면 차령산맥 줄기가 내달리는 초입에 절이 보인다. 칠장사 뒷산은 칠현산(七賢山)이라는 이름이 붙여졌다.

『임꺽정』에는 칠장사의 역사도 담겨 있다. 임꺽정과 의형제를 맺은 박유복이 칠장사로 병해 대사를 찾아가는 대목이다. 죽산 양반에게 절의 내력을 설명하는 상좌의 목소리를 소설에 옮겼다.

이것은 고려 혜소 국사의 비올시다. 혜소 스님께서 도둑놈 일곱을 감화시키셔서 정도(正道)로 끌어들이셨는데, 그 도둑놈 일곱이 모두 신장(神將)이 되어 이 절을 수호합니다. 세상에서는 혜소 스님이 이 절을 개창하신 줄 말하지만 삼한고찰(三韓古刹)을 중창하신 것이외다. …이것은 나옹 스님이 심으신 반송이올시다. 이 반송의 나이가 지금 육백 살이 넘었을 것이외다.

상좌의 말처럼 칠장사는 신라시대인 636년(선덕여왕 5) 자장율사가 창건했다는 전설이 있지만 지금 그 증거는 남아 있지 않다. 이후 혜소국사 정현이 고려시대인 1014년(현종 5) 왕명으로 크게 중창했다. 혜소국사가 수도할 때 찾아온 7명의 악인(惡人)을 교화하니 모두 도를 깨달아 칠현(七賢)이 되었으므로 산 이름을 칠현산이라고 했다고 전한다. 일곱 도둑은 임꺽정을 비롯한 일곱의 형제를 연상시키기도 한다. 남북 물산의 소통로였으니 '떼도둑'도 기승을 부렸을 것이다.

천왕문으로 들어서면 대웅전, 원통전, 명부전이 있는 중심권역이다. 서남쪽 언덕으로 돌아가면 혜소 국사 비각과 나한전, 삼성각이 한데 모여 있다. 비각 주변 건물은 최근 세워졌다. 1060년(고려 문종 14) 조성된 혜소국사 비각에는 설화도 전한다. 임진왜란 당시 왜군이 절에 들이닥쳤을 때 노승이 홀연히 나타나 잘못을 꾸짖자, 왜장 가토 기요마사가 칼로 내리치니 비석이 갈라지면서 피를 흘렸다는 것이다. 전설처럼 비석은 오른쪽 위에서 왼쪽 아래로 크게 쪼개진 모습이다.

새로 지은 나한전은 절집으로는 드물게 정(丁) 자 모습이다. 내부에는 삼존불 아래 일곱 나한이 보인다. 혜소국사가 제도한 그 일곱 현인의 모습이라고 한다. 시간이 흐를수록 '혜소와 일곱 도둑 이야기'는 신앙의 대상으로 성격이 강화되고 있다. 나옹 스님이 심은 소나무도 주변에 있다.

임꺽정의 흔적은 대웅전 권역 맨 아래 새로 지은 극락전에서 볼 수 있다. 소설 속에서 임꺽정 무리가 깎은 것으로 등장하는 '꺽정불'이다. 작은 목조아미타불의 바닥에는 '봉안 임거정(奉安 林巨正)'이라는 붓글씨가 남아 있다. 충북대 연구팀이 방사성 연대측정법으로 불상을 조사한 결과 '1540년 ±100년'이라는 연대가 나왔다고 한다. 임꺽정 무리가 직접 깎았는지는 증명할 방법이 없지만, 적어도 임꺽정이 살았던 시대 조성된 목조불상이라는 사실은 과학적으로 뒷받침한다.

칠장사에는 궁예와 어사 박문수에 얽힌 전설도 있다. 그 흔적을 찾아볼 수 있도록 주변을 정비해 놓았다. 이렇듯 칠장사는 무형유산의 보물 주머니이자 유형유산의 보물창고다. 들머리의 철당간은 당간의 기초인 지주만 눈에 익은 이들에게는 오히려 낯설지도 모르겠다. 고려시대 당간은 칠장사와 함께 청주 용두사 터와 공주 갑사에서만 볼 수 있다. 화려한 대웅전과 천왕문의 소조사천왕상도 시대를 대표하는 명품들이다. 오불회 괘불탱은 국보, 삼불회 괘불탱은 보물이다.

11. 천안 명물 호두과자의 고향 광덕사

충청남도 천안시는 서북구와 동남구라는 두 개의 행정구로 나뉘어 있다. 전국 공통의 현상이지만 유서 깊은 땅에 동서남북 방위가 들어가는 행정 편의적인 이름 짓기는 좀 아쉽다. 어쨌든 성환읍, 직산읍, 입장면이 있는 서북구는 백제의 역사가 짙게 서려 있다. 동남구도 '유구한 역사와 찬란한 문화유산이 어우러진 살기 좋은 고장'이라는 홍보문구가 과장이 아니다. 동남구 병천읍은 류관순 열사의 고향이다. 아우내장터가 바로 그곳이다. 아우내장터를 순대 거리로만 알고 있는 사람도 없지 않겠지만, 병천이 가진 문화적 잠재력은 그만큼 크다. 이웃한 목천읍에는 독립기념관이 있다. 류관순 열사와 아우내 의거의 상징성이 독립기념관을 들어서게 했던 결정적 이유였다.

천안이 과거에만 매몰되어 있는 것은 아니다. 성남면의 천안예술의전당은 21세기의 천안 문화를 상징한다. 1,642석의 대공연장과 443석의 소공연장. 미술관과 야외공연장으로 이루어진 천안예술의전당은 서울의 문화인프라가 부럽지 않다. 수신면의 홍대용과학관은 과거를 어떻게 미래로 이어 갈 수 있을지를 고민한 흔적이다. 천안은 대표적 실학자 담헌 홍대용의 고향이다.

천안시의 서남쪽 끝이자, 동남구의 서남쪽 끝에 광덕면이 있다. 광덕면이라는 땅이름은 이곳에 자리 잡은 광덕사의 존재와 깊은 연관이 있을 것이다. 불교적 의미의 광덕(廣德)이란 부처의 마음을 널리 세상에 실현해 간다는 뜻일 것이다. 그러니 광덕사는 불덕이 퍼져나가는 발신지다.

불심이 천안 사람들에게 사랑을 베푼 수단은 호두다. 천안 명물 호두과자를 모르는 사람은 없을 것이다. 어린 시절, 기차를 타고 여행을 떠난 부모님이 돌아오시기를 목이 빠지게 기다렸던 것도 사실은 호두과자 때문이었다. 경부선이든, 호남선이든, 전라선이든, 장항선이든 기차가 천안을 지날 때면 호두과자를 팔았다. 지금도 고속도로 휴게소에서 호두과자가 인기 품목인 것은 맛도 맛이지만, 많은 사람에게 추억이 담긴 먹거리이기 때문일 것 같다. 호두과자의 원조로 알려진 '학화호도과자'는 1933년 당시 최고의 제과 기술자였던 심복순과 남편 조귀금이 이 먹거리를 개발했다고 홈페이지에 적어놓았다. 이 가게는 '호두과자'가 아닌 '호도과자'로 표기한다.

이제 우리나라 호두의 고향을 찾아간다. 천안에서 세종으로 이어지는 1번 국도에서 광덕사가 있는 광덕으로 가려면 풍세를 거쳐야 한다. 풍세와 광덕을 잇는 길이 광풍로다. 이 길에서는 가로수마다 주렁주렁 열매를 달고 있는 모습을 볼 수 있는데, 호두나무다. 천안시는 2008년을 전후해 광풍로에 2천700그루 남짓한 호두나무를 심었다. 시간이 흐르면 또 하나의 천안 명물이 될 것이다.

그런데 호두나무 가로수 곁을 지나는 사람의 상당수는 그것이 호두나무인지를 모른다. 보통 호두라고 부르는 단단한 씨앗은 익숙하지만 겉을 둘러싸고 있는 초록색 껍질과 연두색 과육까지 본 사람은 그리 많지 않기 때문일 것이다. 우리가 호두로 알고 먹는 것은 씨앗의 배젖이라고 한다.

호두는 한자로 호도(胡桃)라고 쓴다. '중국 복숭아'라는 뜻이다. 실제로 과육이 외부를 둘러싸고 내부의 씨앗인 커다란 호두는 복숭아와 닮았다. 다만 복숭아는 씨앗을 버리고 과육을 먹지만, 호두는 과육을 버리고 씨앗을 먹는 게 다를 뿐이다. 그래도 이렇게 이름 지은 것이 이해가 간다.

호두는 이란·이라크와 터키, 조지아, 아제르바이잔 같은 러시아 남부지역이 원산지라고 한다. 일찌감치 중국에도 전해졌는데, 실크로드를 이용한 동서 교류가 어느 때보다 활발한 한나라 시대였다. 우리나라에 들어온 것은 고려시대다. 류청신(?~1329)이 충렬왕을 호종(扈從)해 원나라에 갔다가 돌아오면서 가져왔다고 대부분의 역사책은 기록하고 있다. 류청신이 처음 호두나무를 심었다는 곳이 바로 광덕사다. 그러니 광덕사는 우리 호두의 역사의 상징이다.

사하촌 주차장에서 광덕사로 오르면 왼쪽에 호두 전래 사적비와 고려 승상 영밀공 류청신 공덕비가 눈에 들어온다. 일주문을 지나면 곧바로 광덕사 사적비가 나타난다. 일주문 뒤편에 '호서제일선원(湖西第一禪院)'이라는 편액이 붙은 것은 이 절의 간단치 않은 역사를 보여준다.

광덕사는 652년(신라 진덕여왕 6) 자장율사가 당나라에서 가져온 불치(佛齒)와 사리를 승려 진산에게 주어 도량을 열도록 한 것이 시작이라고 한다. 임진왜란 당시 모두 불타 버렸다고 하는데, 개창 시기를 짐작게 하는 유물이나 유적은 남아 있는 것이 없다. 다만 고려 말에서 조선 초 것으로 추정되는 고려사경(高麗寫經)이 보물로 지정되어 있다. 절의 역사와 위상의 일단을 알려준다.

사적비를 지나면 왼쪽에 제법 규모가 있는 절집이 나타나는데, 광덕사의 산내 암자인 안양암이다. 이름처럼 중생을 극락으로 인도하는 아미타도량으로 당당한 모습은 독립된 절이라고 해도 손색이 없겠다. 광덕사는 여기서 조금 더 오르면 나타난다. 놀랍도록 정성스럽게 가꾸고 있는 절집이고 마당이건만, 그 앞에 심어진 호두나무 한 그루에 더 눈길이 가는 것은 인지상정이다.

천연기념물인 이 호두나무는 나이가 400살 안팎이라고 한다. 높이가 18.2m에 이르니 호두나무라기보다는 마을의 수호신 역할을 하는 느티나무 같은 느낌을 준다. 그 앞에는 '류청신 선생 호두나무 시식지(始植地)'라는 비석이 보인다. 호두나무를 처음 심은 곳이라는 뜻이다. 물론 아주 오래된 호두나무인 것은 분명하지만 류청신이 살았던 고려시대 말과는 시간적 거리가 있다.

천안 사람들은 호두의 역사가 시작되고 호두과자가 명물로 자리잡은 데 커다란 자부심을 갖고 있다. 하지만 호두를 들여오고 심었다는 사람이 류청신이라는 데는 다소 복잡한 심사도 엿보인다. 심지어 지역 일각에서는 류청신과 호두나무의 전래는 관계가 없다는 주장을 펴기도 한다.

류청신은 고려 말 원나라 간섭기에 이른바 입성론(立省論)을 제기한 인물이다. 고려를 원나라의 지역 단위인 성으로 만들자는 주장이었다. 자칫 국체를 소멸시킬 수도 있는 위험한 발상이었던 때문인지 『고려사』는 류청신을 「간신전」에서 다루었다. 물론 고려왕조의 안녕을 도모하는 외교적 노력이었다는 연구도 있다. 그는 이름이 비(庇)지만, 충선왕을 환국시키고자 노력하는 모습에 원나라 황제로부터 '올곧게 충성하는 신하'를 뜻하는 청신(淸臣)이라는 이름을 받았다고 한다.

몽골어가 능통했다는 류청신은 역관으로는 드물게 재상 자리에 올랐다. 하지만 그가 천안에 살았다는 기록은 남아 있는 것이 없다고 한다. 다만 손자 류장이 천안에서 할아버지가 가져온 호두나무의 번식에 힘썼다는 이야기가 전한다. 오늘날 천안에는 고흥 류씨가 적지 않게 살고 있다. 류관순 열사 역시 고흥 류씨이니 집안 내력을 거슬러 올라가면 류청신이 모습을 보일 가능성도 없지 않을 것이다. 광덕사 아랫마을에는 지금도 호두나무 농장을 일구고 있는 고흥 류씨들이 있다. 류청신이 직접 광덕사에 호두나무를 심었는지를 알 수 없지만, 천안을 호두의 고향으로 만드는 데 류청신 집안의 후손들이 일정한 역할을 한 것만은 누가 뭐래도 분명해 보인다.

12. 고창 선운사 창건 설화와 곰소만 소금

　전라북도 고창 선운사는 사철 꽃세상이다. 1월에서 4월에는 검붉은 동백꽃이 대웅전 뒷산에 가득하고 5월에서 6월은 우리 땅 어디나 그렇듯 야생화가 지천이다. 7월에서 8월까지 절 마당은 배롱나무가 짙은 분홍빛으로 우아함을 더하는데 9월에서 10월에는 유혹적인 붉은색을 발산하는 석산이 주변 군락지에 만발한다. 꽃무릇이다. 이후엔 단풍이 선운사가 들어앉은 도솔산을 물들인다.

　여름철 선운사 천왕문으로 들어서면 절 마당 가운데 배롱나무가 눈에 들어온다. 대웅보전 양옆에도 호위하듯 꽃을 피우고 있다. 세 그루뿐인데도 부처님이 주인인지, 배롱나무가 주인인지 헷갈릴 지경이다. 하긴 언젠가 '배롱나무가 곧 부처님이더라'는 시 구절을 읽은 것도 같다.

　볼 것 많은 선운사지만 산신각에도 관심을 가져야 한다. 대웅보전과 만세루 왼쪽으로 팔상전, 조사전, 영산전으로 둘러싸인 산비탈이다. 산신각은 정면 한 칸, 측면 두 칸으로 가장 작은 전각이지만 두 폭의 산신도가 이채롭다. 수염이 하얀 산신이 하얀 부채를 들고 있는 산신도는 정면에서 보아 왼쪽 벽에 걸려 있다. 그런데 가만히 보면 흔히 산신도에 등장하는 호랑이는 정면에 걸린 또 하나의 산신도에 자리 잡고 있다. 호랑이 좌우에 맨발의 고승 두 분이 보이는데 왼쪽이 백제 검단선사, 오른쪽이 신라 의운화상이다. 백제 스님과 신라 스님이 어떻게 나란히 한자리에 앉아 있을까.

　선운사는 백제 위덕왕 24년(577) 검단선사 창건설과 신라 진흥왕

(재위 540~576) 창건설, 신라 의운화상 창건설이 각각 전한다. 진흥왕 창건설은 호월자 현익의 「도솔산 선운사 창수승적기」에 보인다. '진흥왕이 왕위를 내려놓은 첫날 밤에 이 산의 좌변굴에서 수도하다 꿈속에서 미륵삼존불이 바위를 가르고 나오는 것을 보고 감동하여 중애사를 창건하였으니 이것이 절의 시초'라고 했다.

선운사에서 산내암자 도솔암으로 오르는 길 중간에 진흥굴이 있다. 현익이 언급한 좌변굴일 것이다. 높이 4m, 폭 3m, 길이 10m 남짓한 크기다. 하지만 아무런 안내판도 보이지 않으니 탐방객들은 바로 곁의 600살짜리 천연기념물 장사송에만 관심을 보일 뿐 진흥굴은 지나쳐 버리곤 한다.

이렇듯 오늘날에는 진흥굴의 존재에 큰 의미를 부여하지 않는 분위기인 것 같다. 누구든 삼국통일은 한 세기도 더 남겨 놓은 시기 신라 왕의 백제 땅 사찰 창건설은 믿기 어렵다. 당연히 진흥왕이 이곳에서 수도했을 가능성도 매우 낮을 것이다. 하지만 한편으로 현실에서는 불가능해 보이는 일이 설화의 형태로 전해진다는 것 자체가 매우 흥미롭다. 그 설화를 모티브로 도대체 무슨 일이 벌어졌는지 다양하게 상상의 날개를 펴보는 것이 요즘 각광받는 스토리텔링 아닐까 싶다.

진흥왕은 불교의 정법으로 세계를 통치한다는 전륜성왕을 꿈꾸었다. 『삼국사기』에는 "진흥왕은 어려서부터 불교를 받들었다. 만년에는 머리를 깎고 승복을 입고 스스로를 법운이라 이름 지은 뒤 일생을 마쳤다"고 했다. 『삼국유사』도 "진흥왕은 임종에 이르러 머리를 깎고 법의를 입었다"고 적었다. 실제로 출가했는지는 이견도 없지 않지만 통일 이후에 신라의 호불왕(好佛王)에 창건설을 의탁하는 것이 절의 형편을 트이게 하는 데 도움이 된다고 판단했을 가능성이 높지 않았을까.

의운화상 창건설이 나온 것은 진흥왕 창건설이 지나치게 현실성이 부족하다는 판단에 따라 상식에 입각한 설화의 수정이 이루어진 것으로 학계는 보고 있다. 호월자 현익의 「대참사 사적기」에는 "법화굴에 머물며 수도하던 의운화상이 돌배에 실려 온 불경과 불상을 봉안하고자 진흥왕의 시주를 얻어 대참사(大懺寺)를 개창했다"는 내용이 실려 있다. 대참사는 오늘날 도솔암과 더불어 선운사의 양대 산내암자를 이루는 참당암이라고 한다. 선운사 역시 의운화상이 창건했다는 것이다.

검단선사의 창건 설화는 이렇다. 본래 절터는 용이 살던 큰 못이었다. 스님이 용을 몰아내고자 돌을 던져 연못을 메워 나가던 무렵 눈병이 돌았다. 그런데 못에 숯을 넣으면 눈병이 나으니 마을 사람들이 너도나도 숯과 돌을 가져와 큰 못은 금방 메워졌다. 그 자리에 절을 세우니 선운사다. 이 지역에는 난민이 많았는데, 검단 스님이 소금을 구워 살아갈 수 있는 방도를 가르쳐 주었다. 마을 사람들이 은덕에 보답하기 위해 봄·가을이면 절에 소금을 바치면서 보은염이라 불렀다는 것이다.

민속학계는 검단선사와 용의 갈등을 외래 종교로 막 전파를 시작한 불교와 용이 상징하는 토속신앙의 경쟁을 보여 주는 것으로 해석한다. 숯의 존재는 금속의 제련을 뜻한다고 한다. 숯으로 못을 메웠다는 것은 선진 문화로 주민을 감화시켰다는 의미이고 자염생산법을 가르쳐 준 것은 난민들의 생계 안정에 결정적 역할을 했다는 뜻이다. 살아갈 방도와 함께 불법도 전파한 것이다. 정기적으로 부처님에게 공양을 드렸다는 것은 포교가 성공적으로 이루어졌음을 보여 준다고 해석한다.

오늘날 선운사는 검단선사 창건설을 정설로 받아들이고 있다. 검단선사와 의운화상은 산신각 말고도 바로 옆 조사전에도 가장 중요한 자리에 나란히 영정이 모셔졌다. 역시 의운화상의 왼쪽에 자리 잡고 있는 조사전의 검단선사 영정에는 '개산조 검단선사 진영(開山祖 黔丹禪師 眞影)'이라고 적어 놓았다. 조사전은 글자 그대로 깨달음을 제자들에게 내려 준 스승을 기리는 영당이다.

백제를 침공해 한강 유역을 빼앗은 진흥왕이 퇴위 이후라도 백제 땅으로 건너갈 이유는 없다. 하지만 의운화상 같은 스님이라면 영토의 경계가 문제되지는 않았을 것이다. 의운 역시 한때 암자가 50개에 이르렀다는 도솔산을 불국토로 만드는 데 일정한 역할을 했을 가능성이 높다. 검단과 의운 두 스님이 시간이 흐르면서 나란히 산신이라는 신앙의 대상으로 자리 잡은 것은 자연스럽다.

선운사 창건 설화를 따라가다 보니 검단선사가 어떤 인물인지가 더욱 궁금해진다. 검단(黔丹)은 고유명사가 아닐 수도 있다. 신라에 불교를 전파했다는 묵호자(墨胡子)나 신라에서 활동한 아도화상(阿道和尙)이 모두 고유명사가 아닌 것과도 다르지 않다. 묵호자는 얼굴이 검은 이방인, 아도화상은 아미타신앙, 즉 정토신앙을 포교하는 스님이라는 뜻이다. 『해동고승전』도 아도화상을 오늘날의 인도 서축(西竺) 출신이라고 했다. 검단선사도 글자 그대로 검붉은 얼굴색을 가진 서역 출신 스님을 가리키는 보통명사로 봐야 한다. 선운사와 백제 침류왕 원년(384) 중국 동진에서 건너온 인도 승려 마라난타가 세웠다는 백제 최초의 절 영광 불갑사는 지척이다.

고창 갯벌은 2021년 순천만 갯벌, 서천 갯벌, 신안 갯벌 등과 '한국의 갯벌'이라는 이름으로 세계자연유산에 등재됐다. 고창이 문화유산의 고장을 넘어 자연유산의 고장으로 떠오른 것은 고창과 부안 사이를 깊게 파고든 바다 곰소만의 존재 때문이다. 남쪽의 고창은 소금 생산이, 북쪽의 부안은 소금을 이용한 젓갈 산업이 활발하다. 두 고장이 상부상조의 시너지 효과를 거두고 있다.

고창군은 곰소만 남쪽 심원염전을 초대형 생태체험 학습장으로 조성하고 있다. 220만㎡에 이르는 폐염전에 갯벌세계유산센터를 짓고 염생식물원, 자연생태원, 소금 산업화단지, 리조트도 단계적으로 조성할 것이라고 한다. 세계 최대의 소금 문화 공간이 되지 않을까 싶다. 고창이 소금 문화에 특별한 관심을 갖는 것이 반갑다. 고창의 소금 역사에는 선운사라는 든든한 바탕이 있다.

13. 부평 일본군 조병창과 전등사 철종

강화도 전등사는 삼랑성이라고도 하는 정족산성 내부에 있다. 삼랑성은 이름처럼 단군의 세 아들이 쌓았다는 전설이 있다. 정족산은 단군이 하늘에 제사 지냈다는 마니산의 동북쪽 줄기다. 해발 469.4m로 강화도에서 가장 높은 마니산 정상 언저리에 단군의 제사 터라는 참성단이 있다.

이런 곳에 자리 잡았으니 역사가 간단할 리 없다. 전등사는 스스로를 '한국 불교 전래 초기에 세워진 이래 현존 최고(最古) 도량'이라고 소개한다. 아도화상이 강화도에 머물고 있을 때 전등사 자리에 절을 지었으니 처음에는 진종사라는 이름이었다는 것이다. 창건설대로라면 대단한 역사가 아닐 수 없다.

전등사는 고려왕조의 피난 수도 강화도를 대표하는 절이다. 당연히 고려 왕실의 안녕을 기원하는 사찰로 중요한 역할을 했을 것이다. 정화궁주가 대장경과 함께 옥으로 만든 법등을 시주하면서 절 이름이 진종사에서 전등사로 바뀌었다고 한다. 정화궁주는 태자 시절의 충렬왕과 혼인했지만, 제국대장공주가 왕비에 오르자 별궁에 갇혀 왕과 가까이하지 못했다는 비운의 여인이다.

전등사에 가려면 정족산성의 남문이나 동문으로 들어서게 된다. 이 성에는 사방에 문이 있는데, 오랫동안 문루가 없었다고 한다. 영조 때인 1739년 강화유수 권교가 남쪽에 문루를 지어 종해루라 했는데, 세월이 흘러 무너진 것을 1976년 복원했다. 물론 정족산성을 전등사의 담장이라고 할 수는 없다. 하지만 산성이 성 속의 경계를 확실히 가르고 있기 때문인지 전등사에는 일주문이 없다. 축대 위에 지은 대조루 아래로 절 마당에 올라서면 곧바로 1621년 지은 대웅보전이 나타난다.

전등사는 명성에 걸맞을 만큼 규모가 크다고 할 수는 없다. 그럼에도 범종을 모신 전각은 두 채나 들어서 있다. 대웅보전에서 바라보아 대조루 오른쪽 것을 종루(鐘樓), 종루에서 마당 건너 극락전 아래 있는 것을 종각(鐘閣)이라 부른다. 극락전은 산내암자인 극락암의 큰법당이다. 지금 종각에 있는 철종은 애초 종루에 있었다. 2004년 종각을 새로 지으며 옮겼다. 지금 전등사의 예불에 쓰이고 있는 범종은 이때 새로 조성한 것이라고 한다. 종루의 새 종은 큰 특징이 없는 전통 범종의 모습을 하고 있다. 하지만 1963년 보물로 지정된 종각의 철종은 불교나 전통문화에 그다지 관심이 없는 사람들에게도 우리 사찰의 일반적인 범종과는 달라도 많이 다르게 느껴진다.

높이 1.64m의 전등사 철종은 중국 송나라시대 것이다. 몸체에는 '대송회주수무현 백암산숭명사 소성정축세 병술염3일주 종1과(大宋懷州修武縣 百巖山崇明寺 紹聖丁丑歲 丙戌念三日鑄 鐘一顆)'라 새겨져 있다. 북송 철종 4년인 1097년 중국 허난성 회경부 수무현의 백암산 숭명사에서 조성한 종이라는 사실을 확인시켜 준다. 백암산은 지금의 천문산(天門山)이다. 송나라시대 범종은 중국에도 남아있는 것이 많지 않다고 한다. 게다가 조성 시기와 주체가 확실하니 가치는 매우 높다.

우리나라 범종의 재료는 청동이다. 동에 주석을 12~18% 비율로 첨가한다. 주석이 많으면 종소리가 맑고 여운이 길지만, 균열이 생기기 쉬우니 고도의 주조 기술이 필요하다고 한다. 전등사의 중국종은 이름에서 보듯 철종이다. 이런 재질의 종으로는 드물게 소리가 청아

하다고 한다.

전등사가 송나라시대 범종을 갖게 된 경위는 더욱 흥미롭다. 고고학회장을 지낸 역사학자 김상기(1901~1977)는 이 종을 보물로 지정하기 위한 절차에 앞서 당시 전등사 주지는 물론 강화도 지역 인사들을 두루 인터뷰했는데 그 내용은 이렇다. 제2차 세계대전 패전의 막다른 골목에 다다른 일제는 무기를 만들고자 공출이라는 명목으로 각종 금속류를 닥치는 대로 수탈한 것을 우리 모두 알고 있다. 전등사 범종도 이때 인천 부평의 일본육군조병창으로 실려 갔다는 것이다.

일제가 패망하자 전등사 스님들은 범종을 되찾으려 조병창에 갔다. 하지만 전등사 종은 간 곳을 알 수 없었고 대신 마당에 나뒹구는 중국 종 가운데 한 구를 가지고 왔다는 것이다. 조병창 뒤뜰에는 일본군이 중국에서 약탈한 범종을 비롯한 갖가지 금속 문화재가 방치되어 있었다. 철종을 보물로 지정한 것은 문화재적 가치에 더하여 20세기의 역사적 가치를 높이 평가했기 때문이다.

일제는 1939년 부평 산곡동 일대에 소총·탄환·포탄·군도는 물론 전쟁 막판에는 군용차량과 소형 잠수정까지 생산한 군수품 생산 공장을 건설하기 시작해 1941년 완공했다. 일본 오사카에 있던 육군조병창의 산하 공장으로 일본열도 밖에 세워진 조병창으로는 이것이 유일했다고 알려진다.

부평역사박물관에 가면 일본군 조병창에서 6·25전쟁 이후 미군의 캠프마켓에 이르는 이 땅의 역사를 볼 수 있다. 박물관에 따르면 일본이 '국가총동원법'을 제정하고 1941년 부평 조병창을 세울 당시 초기 생산 목표는 소총 2만 정에 총검 2만 개, 경기관총 100정, 군도 1,000자루였다고 한다.

13. 부평 일본군 조병창과 전등사 철종

광복 이후 인천박물관 초대 관장이 된 미술평론가 이경성은 1946년 3월 인천 조병창에 중국 금속 문화재가 많다는 소문을 듣고 조병창 터를 찾는다. 이때 종 3구와 향로 2점, 관음보살상, 동물형 대포 등을 넘겨받았다. 지금 인천시립박물관 야외전시공간에서 볼 수 있는 중국종들이다.

인천박물관의 중국 종은 각각 금나라, 원나라, 명나라 시대 만들어졌다. 금나라 철종은 높이가 2.58m에 이르니 전등사 철종보다도 훨씬 크다. 그동안 송나라 것으로 알려졌지만 명문에 보이는 충익교위가 금나라 전기에만 있었던 관직으로 확인됐다. 원나라 성종 치세인 대덕 2년(1299) 주조된 범종은 높이가 2.4m다. '황제만세 중신천추(皇帝萬歲 重臣天秋)' 같은 명문이 상단에 자리 잡고 있다. 높이 1.4m의 명나라 종은 부평 조병창에서 수습한 중국 종 가운데 가장 작다. 숭정 11년(1638) 태산행궁(泰山行宮)이 조성한 것이다. 태산행궁이라는 도관(道館), 곧 도교 사원에 길러 있던 의식용 종이었다. 모양은 비슷해도 불교사찰의 범종과는 성격이 완전히 다르다.

인천박물관 공예실에 전시되어 있는 명나라 청동관음보살좌상은 조형미가 매우 뛰어나다. 높이 70㎝로 윤왕좌를 하고 있다. 인도 신화의 이상적 제왕인 전륜성왕이 취하는 자세라고 한다. 앉은 자세에서 오른쪽 무릎을 세우고, 오른팔을 자연스럽게 올려놓은 뒤 왼손으로 바닥을 짚고 있는 모습이다. 공예실 입구에는 역시 조병창에서 가져온 높이 1m 안팎의 초대형 향로 2점이 놓여있다.

전등사 철종과 인천박물관의 중국 종은 모두 중국 허난성 일대에서 주조되거나 사용된 것이다. 전쟁이 조금만 더 지속됐어도 모두 용광로에 들어가 총알이나 대포알이 되어 사라질 수밖에 없는 운명이었다. 실제 전등사 옛 종을 비롯한 우리의 많은 금속 문화재가 이렇게 사라졌을 것이다.

국내의 문화재급 중국 종은 이 밖에도 국립중앙박물관 철종, 백운사 철종, 백양사 동종 등 4~5구가 더 있다. 이 가운데 명나라 '성화(成化) 23년'(1487) 명문이 보이는 높이 90㎝의 백운사 철종은 현재 경남 밀양 영천암에 있다. 영천암의 옛 이름이 백운사였던 듯하다. 이 범종 역시 광복 이후 고물상에서 구입한 것이라고 하니 일제의 금속 문화재 수탈과 관련이 있을 것으로 짐작하게 된다.

13. 부평 일본군 조병창과 전등사 철종

14. 공양왕의 죽음과 동해 삼화사

　고려왕조의 마지막 임금 공양왕의 무덤은 강원도 삼척시 근덕면 궁촌리에 있다. 북쪽은 맹방해수욕장과 대진항, 남쪽은 초곡항과 장호해수욕장이다. 높지도 낮지도 않은 언덕에 남서향을 하고 있는데, 동쪽 너머는 궁촌해수욕장이다. 바다 반대편으로는 태백준령이 한눈에 들어온다.

　돌계단을 오르면 네 기의 무덤이 나타나는데 오른쪽 호석을 두른 무덤이 공양왕릉이다. 두 기는 왕자의 무덤, 다른 한 기는 왕의 시녀 혹은 왕이 타던 말의 무덤이라고 한다. 나름 좌청룡, 우백호를 갖추었지만 석물은 보이지 않는다. 공양왕릉은 경기도 고양 원당동에도 있다. 공양왕과 부인 순비의 무덤이다. 격하했던 공양군을 1416년 다시 공양왕으로 올리면서 새로 조성했다.

　삼척은 과거 실직국의 중심이었다. 실직국은 102년(파사왕 23) 신라에 병합됐고 장수왕의 고구려에 함락되기도 했다. 신라는 505년(지증왕 6) 이 지역을 되찾아 실직주라 했고 757년(경덕왕 16) 삼척군으로 개칭한다. 고려시대엔 척주로 불리기도 했다. 오늘날 삼척은 수도권에서도 영동고속도로와 동해고속도로를 타면 어렵지 않게 찾을 수 있다. 하지만 과거 삼척은 오지의 대명사였다. 조선 태조 이성계가 고려의 마지막 임금 공양왕을 폐위시켜 삼척으로 보낸 것도 이 때문이다.

　이성계 세력은 우왕과 창왕은 왕씨가 아니라 신돈의 자식이라는 우창비왕설(禑昌非王說)을 내세우면서 "가짜 왕을 폐위시키고 진짜 왕

제3부 불교를 찾아가는 발걸음

을 세워야 한다"는 폐가입진(廢假立眞)을 주장했다. 그러면서 1389년 신종의 7대손 정창군 왕요를 즉위시켰으니 곧 공양왕이다. 하지만 공양왕도 결국 이성계 세력에 의해 왕위에서 쫓겨난다. 공양왕은 1392년 7월 12일 이성계 사저에서 술자리를 갖고 있었다. 이때 배극렴이 왕대비에게 폐위를 청했으니 공양왕은 어이없게 왕위를 넘겨야 했다.

공양왕은 원주로 쫓겨났고, 이성계는 7월 17일 새로운 왕조의 초대 임금으로 즉위한다. 『태조실록』은 "왕요를 공양군으로 삼아 간성군에 두고 요의 아우 우는 귀의군으로 봉해 마전군에 두어 왕씨 제사를 주관하게 하며, 전조 왕대비 안씨는 의화궁주로 삼았다"고 했다. 왕요란 공양왕을 말한다. 그러니 공양왕을 공양군으로 격하하고 다시 간성으로 보냈다는 뜻이다. 이때까지 "세상이 바뀌는 마당에 관대한 은혜를 베풀고자 한다"는 태조의 즉위교서 정신이 아주 사라지지는 않았다.

하지만 왕씨들은 새로운 왕조의 안정적 출범을 자칫 해칠 수도 있는 잠재적 화근이었다. 그해 9월 대사헌 남재 등은 '만일 무뢰배들이 왕씨를 구실로 삼아 난을 일으키려 한다면…'이라는 이유를 들어 "원컨대 모두 강화도와 거제도에 거처토록 하여 미리 방비하소서"라 건의한다.

그런데 1394년(태조 3) 1월 참찬문하부사 박위가 연루된 사건이 일어난다. 박위가 동래현령 김가행과 염장관 박중질을 맹인 점술가에게 보내 "전조 공양의 명운이 우리 주상 전하와 비교해 누가 낫겠는가. 또 왕씨 가운데 누가 명운이 귀한 사람인가" 물었다는 것이다. 조정은 발칵 뒤집혔고 처벌은 고려조의 왕실 인사 전체로 확대됐다. 형

14. 공양왕의 죽음과 동해 삼화사

조는 "공양군을 비롯한 왕씨들을 섬에 안치하는 것은 물론 대역죄에 속하는 만큼 제거해야 한다"고 청하게 된다. 결국 태조는 왕씨들을 귀양 보내는 결정을 내린다. 간성의 공양군 삼부자도 다시 삼척으로 옮겼다. 이후 태조는 왕씨의 운명을 조정 공론에 맡겼고, 강경론이 주도하는 가운데 의견은 곧바로 왕씨에 대한 '처분'으로 모였다.

논의 결과는 곧바로 실천으로 이어졌다. 조정은 중추원부사 정남진과 형조의랑 함전림을 삼척으로 보냈다. 형조전서 윤방경과 대장군 오몽을은 강화로, 형조전서 손흥종과 첨절제사 심효생은 거제로 달려갔다. 삼척의 공양왕과 두 아들은 4월 17일 교살됐다. 15일과 20일에는 강화와 거제의 왕씨들이 바다에 던져졌다. 이어 조선왕조는 전국의 왕씨 후손을 모두 처형하도록 했다.

그런데 이후 태조 이성계의 태도가 흥미롭다. 왕씨를 대거 살육하고 3개월이 지난 1394년 7월 금으로 사경한 『법화경』을 펼쳐 놓고 읽었다. 이어 수륙의문을 핀각해 『법화경』과 함께 강화에서 가까운 개성 관음굴과 삼척 삼화사, 그리고 견암사에 내렸다. 견암사는 거창 우두산의 고견사로 학계는 추정한다. 태조는 이듬해 2월 세 사찰에서 국행수륙재를 열도록 했다. 수륙재는 원통하게 죽은 외로운 영혼을 위로하는 불교 의식이다. 수륙의문은 수륙재의 의식 절차를 적어 놓은 문서를 말한다. 태조는 수륙재로 삼척, 강화, 거제에서 살해한 왕씨들의 명복을 빌고자 했다. 실제로 이성계는 왕씨를 한꺼번에 죽인 데 따른 불안감이 컸다고 한다. 『연려실기술』에는 꿈에 고려 태조가 나타나 보복하겠다고 하는 바람에 태조가 잠에서 깼다는 이야기도 전한다.

태조 집안과 삼화사는 이성계의 4대조 목조 이안사가 전주에서 삼척으로 이주하면서 인연을 맺은 듯하다. 세종실록에는 '전 현감 김계가 효령대군을 통하여 아뢴 이야기'라면서 '삼척의 노인들이 서로 전하되, 삼화사에 간직된 금은사경은 목조께서 손수 쓴 불경'이라는 대목이 보인다. 훗날 목조로 추존된 이안사가 삼척에 머무는 동안 아버지, 곧 이성계의 5대조 이양무와 부인 삼척 이씨가 세상을 떠나자 이들의 명복을 빌고자 경전을 금은으로 베껴 썼다는 뜻이다. 이양무와 부인 삼척 이씨의 무덤은 삼척의 태백산맥 동쪽 허리에 남아 있다. 곧 준경묘와 영경묘이다.

국행수륙재는 임금이 주체가 되어 재를 올린다는 취지인 만큼 제단에 태조의 소문(疏文)을 올렸다. 정총이 작성한 「을유년삼화사행수륙사」는 '보살계제자 조선국왕 이모(菩薩戒弟子 朝鮮國王 李某)'로 시작한다. 그러고는 다음과 같이 적었다.

덕이 부족한 과인이 왕씨를 대신해 나라를 맡게 되었습니다. 사세가 용납하지 않아 공양이 인간 세상에 오래 있지 못했습니다. 정실을 생각하면 차마 하지 않을 수 없사오나 감히 조아려 어두운 세계에서 속히 천도할 수 있기를 바라옵니다.

삼화사는 642년(신라 선덕여왕 11) 창건설이 전한다. 자장이 당나라에서 돌아온 뒤 두타산에 이르러 흑련대를 세웠는데 그것이 삼화사의 전신이라는 것이다. 이후 화재와 중건을 이어 오다가 1907년에 의병이 머물렀다는 이유로 일본군이 불을 질러 200칸 남짓한 당우가 잿더미가 됐다. 동해 시내에서 삼화사로 들어가는 길 주변에는 거대한 시멘트 공장이 눈에 띈다. 하지만 삼화사가 있는 무릉계곡에 접어들면 그야말로 선계와 같은 경치가 펼쳐진다. 옛날부터 그 자리에 있던 사찰처럼 자연스럽다. 하지만 지금의 삼화사는 시멘트 공장 부지에 있던 절을 1979년 옮긴 것이다.

삼화사는 공양왕의 고혼을 위로하는 국행수륙도량의 전통을 이어가고 있다. '삼화사 수륙재'는 국가무형문화재 제125호로 지정되어 있기도 하다. 조선 초기 삼화사에서는 공양왕의 초상을 제단에 올려놓고 수륙재를 올렸다고 한다. 공양왕 수륙재는 조선왕조가 공양왕을 복권시키고 전 왕조 제향 대상에 포함시키면서 자연스럽게 막을 내린 듯하다. 하지만 삼화사 수륙재는 소멸되지 않고 고려왕조와 공양왕으로 한정 짓지 않은 불교 의식으로 오히려 확대되어 오늘에 이르고 있다.

15. 한글 소설 『부설전』의 배경 변산 월명암

산중 암자의 재미는 산허리를 휘감고 있는 운무(雲霧)에 갇힌 채 언뜻 보이는 저 아래 세상사와 멀어졌다는 느낌을 잠시라도 가질 수 있기 때문이 아닐까 싶다. 무엇보다 수도자들의 고행처인 암자는 속세와 되도록 멀리 떨어진 산속에 자리 잡고 있기 마련이다. 숨을 헐떡이며 아무 생각 없이 오르다 보면 어느새 도시 먼지에 시달린 몸 전체가 정화되고 있다는 기분 좋은 착각이 들기도 한다.

전북 부안의 월명암은 서해안 변산반도 여행을 계획하고 있다면 반나절 산행코스로 넣어볼 만하다. 월명암은 변산반도에서 두 번째로 높다는 쌍선봉 아래 있다. 예부터 산상무쟁처(山上無靜處)의 하나로 꼽힌 암자다. 글자 그대로 머물기만 해도 저절로 도가 닦여진다는 명당으로 알려졌다고 한다. 땅 기운과 주변 지세의 조화 그 자체로 번뇌가 끊어질 정도의 길지라는 것이다.

변산반도는 전체가 거대한 문화관광자원이다. 해안을 둘러보면 북쪽으로는 변산해수욕장을 비롯해 격포항과 채석강, 남쪽으로는 곰소항과 모항갯벌해수욕장이 있다. 내륙으로는 변산반도국립공원이 자리 잡고 있다. 국립공원의 산길을 걷다 보면 내변산과 외변산의 바다 풍경은 덤으로 따라온다. 부안 사람들이 '우리나라 유일의 반도형 국립공원'이라고 자부하는 이유도 알 것 같다. 다만 북쪽의 새만금간척지를 어떻게 개발하느냐에 따라 변산반도의 운명은 상당 부분 달라질 것이다.

월명암에 가려는 사람들은 변산반도 북쪽의 남여치주차장에서 출발하는 등산 코스를 택하게 마련이다. 과거 국립공원 매표소가 있던 남여치에서 1.9㎞ 남짓 산길을 올라야 하니 등산과 아주 거리가 먼 사람들에게는 이 코스도 만만하지 않다. 하지만 산길을 걷는 데 자신이 있으면 남여치에서 출발하든 내소탐방지원센터에서 시작하든 직소폭포를 거쳐 국립공원을 종단해도 좋겠다. 국립공원관리공단이 만든 지도에서 구간별 거리를 더해보니 남여치에서 내소사는 9.1㎞에 이른다.

월명암은 수도자는 물론 일반 불자들에게도 이른바 '기도발'이 잘 받는 암자로 유명하다. 호남지역에서는 대둔산 태고사, 백암산 운문암과 함께 영험 있는 3대 기도 터로 꼽힌다. 하지만 절대자에게 뭔가를 빌어야 할 이유가 없는 사람에게도 월명암은 흥미롭다. 월명암이 『부설전(浮雪傳)』이라는 소설의 고향이기 때문이다. 이 작품은 1913년 「조선불교월보」에 실린 이후 지금까지 국문학계의 주목을 받고 있다. 오랫동안 작자 미상으로 알려졌지만 1975년 영허대사 해일(1541~1609)의 『영허집』에 작품이 실려 있음이 확인됐다. '불교 설화'에서 '불교 소설'로 격상된 순간이기도 하다.

『부설전』의 줄거리는 이렇다. 신라 진덕여왕 시절 수도 서라벌에 진광세(陳光世)라는 아이가 있었는데, 영리하고 비범했다. 다섯 살에 불국사 원정선사의 제자가 됐고 일곱 살에는 법문에 통달했는데 법명을 부설(浮雪), 자를 의상(宜祥)이라 했다. 한자 표기는 다르지만 의상이라는 이름에서 화엄종의 개조로 일컬어지는 고승 의상(義湘, 625~702)을 떠올리게 된다.

소설의 줄거리를 이어 간다. 부설은 지금의 변산반도인 능가(楞迦)의 법왕봉 아래 묘적암(妙寂庵)을 짓고, 도반 영조·영희와 수도에 힘

썼다. 세 수도자는 문수도량인 오대산으로 구도의 길을 떠났는데, 도중 두릉 구무원의 집에서 머물며 법문을 했다. 그런데 이 집에는 묘화(妙花)라는 딸이 있었다. 묘화는 부설의 설법을 듣고는 죽기를 작정하고 그와 평생을 같이하려 했다는 것이다.

묘화라는 이름에서는 다시 선묘(善妙)를 떠올리지 않을 수 없다. 선묘라면 의상대사가 당나라에서 공부할 때 머물던 집 주인의 딸이다. 선묘는 의상을 깊이 사모했고, 의상이 신라로 귀국할 때 바다에 몸을 던지며 '용이 되어 대사를 보호하겠다'고 서원했다는 여인이다. 의상대사가 세운 경북 영주 부석사의 큰법당인 무량수전 뒤편에서 이런 설화가 담긴 선묘각이 조촐하게 자리 잡았다.

부설은 불법에 귀의한 만큼 묘화에 마음이 흔들릴 처지가 아니었지만, 한 여인의 목숨을 구한다는 보살행의 정신으로 그곳에 머물렀다. 부설과 묘화는 등운(登雲)과 월명(月明)이라는 이름의 남매를 두었는데, 한편으로는 수도에 전념해 5년 만에 크게 깨우쳤다고 한다. 이 대목은 원효(617~686)와 닮은 꼴이다. 원효가 요석공주와 사이에 설총을 낳은 것을 우리는 모두 잘 알고 있다.

이렇게 보면 『부설전』은 신라시대 쌍벽을 이루던 두 고승 원효대사와 의상대사가 남긴 다양한 일화를 이리저리 가공해 적절히 스토리화했음을 짐작할 수 있다. 심지어 부설(浮雪)이라는 주인공의 이름마저 의상과 선묘의 로맨스가 어린 부석사의 부석(浮石)에서 차운한 것이 아닌가 하는 생각이 들기도 한다. 돌(石)을 눈(雪)으로 돌렸을 뿐 신이(神異)하고 초인적인 능력은 다르지 않다.

국문학계는 『부설전』을 지역에서 오래전부터 내려오던 구전 설화가 문자로 정착하면서 고승이 깨달음을 이루는 과정을 담은 일종의 승전(僧傳) 형태로 정리된 것으로 보는 듯하다. 실제로 이 지역에는 비슷한 내용의 구전 설화도 전승되고 있다고 한다. 그런데도 원효와 의상의 이야기가 소설적 장치로 활용되고 있는 것은 '창작'의 과정이 깊이 개입됐다는 믿음을 갖게 한다.

다시 『부설전』으로 돌아간다. 영조와 영희가 오랜 수도를 마치고 돌아가는 길에 부설을 찾았다. 세 사람은 공부가 얼마나 무르익었는지를 알아보겠다며 물병을 달아놓고 하나씩 내리치는 시험을 했다. 영조와 영희의 병은 산산이 깨지며 물이 사방으로 튀었으나 부설의 병은 박살이 났음에도 물은 그대로 공중에 머물러 있었다. 속세에서 수도한 부설의 깨달음이 오히려 깊었다는 뜻이다.

『부설전』은 선악(仙樂)이 울리는 가운데 부설이 입적하는 장면으로 마무리된다. 등운과 월명도 도를 닦아 열반했고, 묘화는 깨달음에 버금가는 경지에 이르며 110세로 장수했다. 이후 산문의 덕이 높은 스님들이 두 자녀의 이름으로 암자를 세웠고, 이것이 등운암과 월명암이라는 것이다.

「조선불교월보」에 실린 『부설전』은 월명암 소장 필사본을 바탕으로 한다. 『영허집』에 실려 있는 내용과 같다고 한다. 월명암은 소설 속에서 부설이 본격적으로 수도를 시작한 묘적암 터에 지어졌다. 지금도 월명암에는 묘적암이라 편액한 전각이 있다. 등운암이라는 이름의 암자는 멀리 충남 계룡산 자락에 있다. 『부설전』에 등장하는 바로 그 등운암인지는 좀 더 깊은 연구가 필요할 것이다.

월명암에는 사성선원(四聖禪院)이 있다. 네 사람의 성인을 기리는 선원이다. 부설과 묘화, 등운과 월명을 가리키는 것은 말할 것도 없다. 이쯤 되면 현실과 설화가 둘이 아니고 설화와 소설이 또한 다르지 않으니, 결국 현실과 소설이 불이(不二)가 아니다. 월명암은 이렇듯 흥미진진한 절이다.

월명암의 재미는 한 가지가 더 있다. 숨을 헐떡이며 암자에 닿으면 붙임성 좋은 삽살개 두 마리가 꼬리를 흔들며 달려온다. 넉살 좋은 삽살개들은 절 구경하는 손님들을 끈질기게 따라다니며 친한 척을 하는데 나중에는 이놈들과 헤어지는 것이 서운해 절 마당을 쉽게 벗어나지 못했다.

16. 선릉과 정릉, 그리고 봉은사

서울시 강남구 삼성동에 선릉·정릉과 봉은사가 없었다면 일대는 녹지 없는 도시가 됐을지도 모른다. 두 능침과 봉은사는 지금 상당한 거리를 두고 떨어져 있지만 조선시대에는 하나의 능역이었다. 선릉과 정릉에 묻힌 성종과 정현왕후, 중종의 명복을 비는 사찰이 봉은사였다. 조선 왕릉은 모두 42기로 이 가운데 40기가 2009년 유네스코 세계문화유산에 등재됐다. 북한 지역에 있는 태조의 원비 신의왕후 제릉과 이들의 둘째 아들인 정종과 정안왕후의 후릉만 제외됐다.

성리학을 통치 이념으로 삼은 조선은 왕릉 역시 유교적 장례 전통에 입각해 조성했다. 한편으로 전통적인 풍수지리를 바탕으로 터를 잡고 곽을 앉혔으니 자연과의 조화도 뛰어났다. 조선 왕릉은 능침과 그 능침을 둘러싼 무덤의 영역이 전부가 아니다. 안장된 인물의 명복을 빌면서 무덤을 돌보는 역할도 하는 사찰과 짝을 이루게 마련이었다. 유교적 이념에 맞게 국가적 공력을 들여 왕릉을 조성했다면, 불교신앙을 이어 가고 있던 왕실이 나름의 추복을 위한 원찰을 더했다.

그러니 유네스코 세계유산에 왕릉 등재를 추진하면서 원찰을 제외시킨 것은 개인적으로 유감스럽게 생각한다. 왕실 무덤의 수호사찰이 원찰이다. 능침사찰이나 능사, 조포사(造泡寺)로도 부른다. 조포사란 '두부를 만드는 절'이라는 뜻이다. 하지만 '두부'란 상징적인 표현일 뿐 제향에 필요한 대부분의 자재를 조달했다. 대신 원찰은 왕실이 제공한 토지로 사원경제를 유지했다.

원찰의 역사는 1397년(태조 6) 태조의 계비 신덕왕후의 무덤인 정

제3부 불교를 찾아가는 발걸음

릉을 오늘날의 주한영국대사관 주변에 조성하면서 수호사찰인 흥천사를 함께 세운 것에서 시작됐다. 지금도 덕수궁 뒤편 동네 이름이 정동인 것은 바로 정릉이 자리 잡았던 터전이기 때문이다. 잘 알려진 것처럼 태종시대 정릉은 당시의 경기도 양주 땅, 현재의 서울 성북구 돈암동 한산으로 옮겨졌다. 흥천사는 연산군 시절 화재로 타버리자 1794년(정조 18) 정릉 곁에 새로 짓고 절 이름을 신흥사라고 했다. 1865년(고종 2) 대방을 지었으니 왕실과 관계가 복원된 듯하다. 이때 이름도 흥천사로 되돌렸다.

선릉·정릉과 봉은사 역시 조선시대 대표적인 왕릉과 원찰이라고 할 수 있다. 선릉은 제9대 성종과 정현왕후, 정릉은 제11대 중종의 무덤이다. 두 능침과 봉은사의 주소는 지금 서울 강남구 삼성동이지만 조선시대에는 경기도 광주 땅이었다. 도성에서 한강을 건너야 하는 흔치 않은 왕릉이었다.

성종은 재위 26년인 1494년 12월 24일 창덕궁 대조전에서 승하했다. 나이 38세였다. 장례는 이듬해인 연산군 1년 4월 6일 선릉에서 치러졌다. 당시 지명은 경기도 광주 학당리였다고 한다. 그리고 36년이 지난 1530년(중종 25) 10월 29일 정현왕후가 선릉의 동북쪽 언덕에 묻혔다.

선릉은 이른바 동원이강릉이다. 제각을 비롯한 능침 시설은 하나지만 각각 다른 봉우리에 쓴 무덤을 이렇게 부른다. 그러니 합장묘는 아니다. 홍살문을 들어서면 제례가 이루어지는 정자각이 보이고 그 양쪽으로 제사 음식을 준비하는 수라간과 제사용구를 보관하는 수복방이 있다.

그 왼쪽 언덕이 성종릉, 오른쪽 언덕이 정현왕후릉이다. 성종의 첫 번째 왕비는 한명회의 딸인 공혜왕후 한씨였다. 성종 즉위 5년 만에 세상을 떠난 공혜왕후는 파주 순릉에 묻혔다. 계비는 숙의 윤씨였는데, 연산군의 생모 폐비 윤씨다. 세 번째 왕비가 중종의 어머니 정현왕후 윤씨다.

중종은 재위 39년 만인 1544년 11월 15일 57세로 세상을 떠났다. 이듬해 당시에는 고양 땅이었던 파주의 장경왕후 희릉 곁에 묻혔다. 연산군을 몰아낸 반정 세력은 쫓겨난 임금의 처남인 신수근의 딸이 왕비 자리에 있는 것을 두고 볼 수 없었다. 새로 들인 왕비가 장경왕후 윤씨다. 장경왕후는 9년 만인 1515년 세상을 떠났다. 중종의 무덤은 1562년(명종 17) 지금의 자리로 옮겨졌다.

성종의 선릉 자리가 애초에는 세종의 다섯째 아들 광평대군의 무덤이었다는 사실은 흥미롭다. 1444년(세종 26) 광평대군이 20세 요절하자 부인 신씨가 무덤 옆에 명복을 비는 견성암을 세웠다. 견성암은 이후 견성사로 격이 높아진 듯하나. 광평대군의 무덤은 오늘날의 강남구 수서동 대모산 기슭으로 옮겨졌다. 알기 쉽게 설명하면 서울삼성병원 동쪽의 녹지가 광평대군 묘역이다.

그런데 견성암이라는 절 이름이 흥미롭다. '본성에 곧바로 다가가 부처에 이르는 것(見性成佛)'은 선불교의 종지다. 그런데 무덤의 원찰은 묻힌 사람의 극락왕생을 비는 정토사찰인 경우가 대부분이다. 왕실 원당의 큰법당은 대부분 아미타부처를 모신 극락전 현판을 내걸고 있다. 견성암은 794년(신라 원성왕 10) 연회국사 창건설도 전하는 만큼 애초 이곳에 있던 사찰인지도 모른다. 이곳에 성종의 무덤이 들어서자 왕실은 왕릉 원찰로 격에 맞도록 견성암의 중창을 추진한다.

신료들은 유교 국가의 이념에 맞지 않는다는 이유로 중창을 반대

제3부 불교를 찾아가는 발걸음

하는 것을 넘어 절을 철거하라고 요구했다. 1495년(연산군 1) 12월 7
일 『연산군일기』에는 이렇게 홍문관 부제학 박처륜이 주청했다는 대
목도 보인다.

지금 견성사가 능 곁에 가까이 있어 중들이 불경 외는 소리와 새
벽 종소리 저녁 북소리가 능침을 소란하게 하고 있으니, 하늘에 계신
성종대왕의 혼령이 어찌 심한 근심과 고민이 없으시겠습니까. 그런
데도 어찌 사찰은 새로 창설하는 것이 아니라 하여 철거하지 않고
재 역시 옛날의 관행이라 하여 군이 지내십니까. 바라옵건대, 다시
깊이 생각하소서.

이후 『연산군일기』에는 3년 남짓 견성사 중창을 중단하라는 내용
의 수없는 상소가 보인다. 그럼에도 왕실은 1498년(연산군 4) 견성
사를 중창하고 봉은사라는 새로운 이름을 내렸다. 고려의 개성 봉
은사는 왕실과 매우 밀접한 관계를 맺으며 왕사와 국사를 책봉하는
의식을 대대로 치렀다는 대표적 선종 사찰이었다. 조선왕실도 봉은
사에 왕실사찰로 높은 사격(寺格)을 부여하고자 했음을 알 수 있다.
봉은사가 선종수사찰(禪宗首寺刹) 지위에 오른 것도 이런 역사적 배경
이 있다.

선릉과 정릉은 임진왜란 와중에 파헤쳐지는 참변을 겪었다. 성종
과 정현왕후의 관은 왜군에 의해 불태워졌다. 중종의 시신 또한 찾지
못했다. 왜란을 수습하는 과정에서 조선은 일본에 두 능을 파헤친 자
를 잡아 보내라고 가장 먼저 요구했다. 일본은 마고사구(麻古沙九)라는
대마도인을 송환했지만 당사자는 부인했다. 마고사구는 '도주 군관의

노비로 부산 선소에 머물렀을 뿐 서울에는 올라오지도 않았으니 능침을 범한 연유를 전연 알지 못한다'고 했으니 웃지 못할 일이었다.

『선조수정실록』1606년 11월 1일 자에는 "대마도 왜인 마고사구와 마다화지(麻多化之) 등을 저자에서 목 베었다"는 기사가 있다. 그런데 "대마도 왜인 중 사형에 처할 죄인이었던 두 사람을 범릉왜(犯陵倭, 능침을 훼손한 왜인)라고 속여 국서와 함께 보내왔다"고 기록했으니 두 사람이 진짜 범인이 아니라는 것은 누구나 알고 있었다. 그럼에도 선조는 "대마도의 왜인이면 누군들 우리나라의 적이 아니겠는가. 대마도주가 이미 포박하여 바쳤으니 길거리에서 효수하라"고 명했다.

제3부 불교를 찾아가는 발걸음

17. 서산 부석사 관음보살과 천수만 뱃길

충청남도 서산 태안반도에서 안면도에 가려면 두 가지 길이 있다. 서산시 부석면을 거쳐 천수만 북단을 가로막은 부남호 방조제를 지나 안면대교를 건너는 방법과 태안 읍내와 태안 남면을 거치는 방법이다. 대부분은 서산에서부터 줄곧 도로표지판이 안내하는 대로 태안를 거치는 길을 이용하게 마련이다. 하지만 좁고 구불구불한 데다 조금은 돌아가는 것처럼 느껴지기도 하지만, 부석면을 지나는 길을 택하는 사람들에게는 보너스가 하나 주어진다. 이 길을 따라가다 보면 부석사를 알리는 팻말이 나타난다. 큰길에서 자동차로 10분 남짓 도비산 산길을 오르면 부석사 일주문이 보인다.

서산 부석사가 영주 부석사만큼이나 명성을 떨치고 있는 이유는 말할 것도 없이 일본 쓰시마 관음사에서 훔쳐 온 금동관음보살좌상의 고향이기 때문이다. 부석사가 자리 잡은 도비산은 천수만이 내륙으로 깊숙이 파고드는 모서리 부분에 해당한다. 도비산 중턱에 자리 잡은 가람은 멀리서부터 바라보이는데, 절에 오르면 천수만 일대가 한눈에 내려다보인다. 부남호 방조제 건설 이전에는 절 앞의 드넓은 평야도 모두 바다였을 것이다. 전형적인 관음도량의 입지다.

서산에서 부남호 방조제를 건너면 태안 당암포. 2016년 가을, 서울지방경찰청은 도굴한 고려청자를 팔려는 사람이 있다는 정보를 입수하고 문화재청과 공조 수사에 들어간다. 청자는 충남 태안 앞바다에서 건져 올린 것이라고 했다. 태안 안흥 앞바다는 2007년 이후 4척의 고려·조선시대 침몰선을 발굴 조사한 해양 문화재의 보고다.

그런데 수사 결과 청자를 수습한 지역은 침몰선이 많았던 안흥앞바다나 안면도 서쪽 쌀썩은여가 아니라 반대편 천수만의 당암포 해역이었다.

서남해안은 크고 작은 섬이 거친 파도의 방패막이 역할을 하는 지역이 많다. 하지만 북상하는 조운선이나 화물선이 안면도 서쪽에 접어들면 긴장하지 않을 수 없었다. 사실상 망망대해나 다름없어 높은 파도에 침몰 사고가 잦았다. 태안 마도 해역은 통과하기 어렵다고 난행량(難行梁)이라 불릴 정도였다. 사실 조운선은 난행량에 이르기 전 안면도 서쪽에서부터 위험에 봉착했다. 쌀썩은여는 세곡을 실은 배가 수없이 침몰하면서 쌀 썩는 냄새가 날 지경이었다는 데서 붙여진 이름이다.

지금까지 정식 발굴 조사는 물론 어부의 그물에 걸려 올라온 것까지 이 해역에서 출토된 유물의 시대와 국적은 다양하다. 고려자기는 11세기 해무리굽 청자부터 14세기 후반 상감청자까지 질과 양에서 풍부하다. 조선시대 것도 15세기 분청사기와 17~18세기 백자가 다채롭다. 중국 것은 송·원시대 청자와 15~16세기 명나라의 주요 수출품이었던 청화백자, 18~19세기 청나라 백자를 망라한다. 그만큼 많은 배가 침몰했고 배에 실었던 화물이 여전히 해저에 나뒹굴고 있다는 뜻이다.

조선시대 서해안에서 침몰한 세곡선(稅穀船)의 규모는 상상을 초월한다. 1395년(태조 4)에는 경상도 조운선(漕運船) 16척이 악천후로 침몰했다. 1403년(태종 3) 5월과 6월에 경상도 조운선 34척과 30척이 잇따라 피해를 입었다. 1414년(태종 14)에는 전라도 조운선 66척, 1455년(세조 원년)에도 같은 지역 조운선 54척이 바다 밑에 가라

제3부 불교를 찾아가는 발걸음

앉았다. 어떤 해는 배로 나르던 세곡의 3분의 1 가까이가 피해를 입었다.

안면도가 이름처럼 섬이 된 오늘날 고려시대 청자를 실은 화물선이 당암포에서 침몰했다는 소식은 전혀 이상하게 들리지 않을 것이다. 하지만 안면도는 섬이 아니었다는 사실을 기억해야 한다. 안면운하 개착은 조선 인조 연간(1623~1649)부터 본격 추진되어 17세기 후반 마무리됐다.

삼남에서 올라오는 세곡선은 서해안 항로의 2대 난코스라 할 수 있는 쌀썩은여와 난행량과 마주친다. 운하로 안면도 북단을 가로지르면 적어도 쌀썩은여는 피할 수 있다. 안면운하 개착은 아마도 조선 최대의 토목공사였을 것이다. 선조들이 스케일이 작았다는 것은 옳은 평가가 아니다.

쌀썩은여와 난행량을 회피하고자 아예 태안반도를 남북으로 가로지르는 대운하를 파려는 구상은 이미 고려시대부터 시작됐다. 그만큼 고려시대부터 세곡선과 각종 화물선의 침몰이 잦아 국가 재정을 어렵게 했다는 뜻일 것이다. 고려시대인 1134년(인종 12)에는 군졸 수천 명을 풀어 운하 공사를 벌였고, 1154년(의종 8)에도 운하 개착 시도가 있었다. 1391년(공양왕 3) 공사를 재개했으나 화강암 암반이 나타나는 바람에 중단됐다. 태안반도 남쪽의 천수만과 북쪽의 가로림만을 잇는 굴포운하였다. 지금의 태안군 태안읍 인평리와 서산시 팔봉면 어송리를 연결하는 12㎞ 구간이다. 갯벌이 8㎞ 안팎으로 암반이 드러나는 난공사 구간은 4㎞ 정도였다고 한다.

태안을 남북으로 가로지르는 운하는 조선시대에도 태종과 태조에 이어 세조까지 줄기차게 추진했다. 태안반도의 서쪽 끝에 해당하는 태안군 소현면 송현리와 의항리를 남북으로 잇는 의항운하가 대안으로 떠올랐다. 안흥에서 가까운 의항운하는 2km만 파면 난행량을 피할 수 있었다. 1537(중종 32) 승려 5,000명을 동원해 완성하지만, 시멘트가 없던 시절 둑이 계속 무너지는 바람에 다시 메워지고 말았다고 한다. 조선시대 굴포(掘浦)는 인공운하를 가리키는 보통명사였던 듯하다.

『조선왕조실록』에 보면 이런 일도 있었다. 1412년(태종 12) 조운선 침몰 대책을 논의하면서 하륜은 "고려시대 운하를 뚫던 곳에 지형이 높고 낮음에 따라 제방을 쌓고, 물을 가두어 제방마다 소선(小船)을 두며, 조운선이 제방에 이르면 세곡을 그 위 제방의 소선에 옮겨 싣고, 다시 둑 아래 소선에 옮겨 싣게 합니다. 이렇게 차례로 운반하면 배가 전복하는 근심을 면할 것"이라고 주청한다. 일종의 계단식 운하를 구상한 것이다. 하지만 이 또한 현지 조사 끝에 없었던 일이 되고 말았다.

당암포의 고려청자란 어떤 의미가 있을까. 하륜의 건의에서 보듯 세곡선이 쌀썩은여와 난행량을 피하는 방법은 안면도 동쪽의 천수만으로 들어온 배가 운하든 육로든 태안반도를 관통하는 방법뿐이다. 실제로 조선시대 운하의 대안으로 삼남의 세곡선이 천수만 북쪽에 부린 세곡을 육로로 북쪽 가로림만까지 수송하고, 다시 세곡선에 실어 도성으로 옮기는 방안이 논의되기도 했다.

당암포의 고려청자는 이미 고려시대에 육로로 태안반도를 관통하는 루트를 이용한 증거로 볼 수 있을 듯하다. 태안 마도는 고려시대 바닷길로 개경을 오가는 송나라 사신이 머물다 가는 객관 안흥정이 있는 국제 항로의 일부이기도 했다. 안흥정에 관한 기록은 송나라 사람 서긍(1091~1153)이 남긴 『고려도경』에도 보인다. 그런데 송나라 사신이 해로가 아닌 육로로 태안반도를 건넌 적도 있었다. 태안 객관이 안흥 마도가 아닌 천수만 남쪽 지금의 부석면에 있었다는 기록도 있다.

당시 남쪽에서 올라온 화물선과 세곡선이 객관 주변의 어떤 포구에서 짐을 부렸을 가능성은 매우 높다. 이 일대가 해로 운송 화물의 대규모 환적지로 떠오르자 뱃길 안전을 비는 관음성지를 요구하는 목소리가 높아지면서 부석사 창건이 이루어진 것은 아닐까 싶다. 그렇다면 일본에 돌려줘야 하는 부석사의 고려시대 관음보살상도 태안반도 육로 관통의 역사가 남긴 흔적일지도 모른다. 남부지역 화물을 내리던 천수만 최북단 포구가 어디였는지 규명하는 것도 앞으로의 과제다.

18. 강화 고려의 국가적 관음성지 보문사

관음보살은 고통을 겪고 있는 중생에게 부처를 대신해 대(大)자비심을 베푸는 존재다. 관세음보살, 혹은 관자재보살이라고도 부른다. 불교 경전인 『법화경』의 「관세음보살보문품」에는 다음과 같은 대목이 보인다.

> "세존이시여. 관음보살은 어떤 인연으로 관음이라고 부르게 되었습니까."
>
> "만약 무량한 백천만 억 중생이 여러 가지 고뇌를 받을 때 관음보살에 대해 듣고 일심으로 그 이름을 부른다면, 관음보살이 곧 그 음성을 관(觀)하여 모두 해탈시키기 때문이니라."

관음보살은 괴로움의 바다에 빠진 중생이 정성을 다해 그 이름을 부르기만 해도 해탈의 길로 인도한다는 존재다. 옛날 할머니들이 뭔가 답답한 일이 생겼을 때 "관세음보살, 관세음보살"하고 되된 것도 관음이 가진 이런 권능 때문이다. 당연히 관음의 신통력은 개인의 고통을 해소하는 차원에 머물지 않았다. 불교 국가가 위기에 빠졌을 때 관음에 의존하는 것도 당연한 일이었다.

『화엄경』의 「입법계품」에는 이런 내용이 있다.

> 남쪽으로 가면 보타락가(補陀洛迦)산이 있고, 거기 보살이 있으니 이름이 관자재니라. 그에게 보살이 어떻게 보살의 행을 배우며 도를

282

제3부 불교를 찾아가는 발걸음

닦느냐고 물으라.

『화엄경』은 이어 보타락가산의 정경을 묘사했는데 "바다 위에 산이 있고 갖가지 보배로 이루어져 매우 깨끗한 곳에 꽃과 과일나무가 가득 차고 샘과 연못, 시냇물이 두루 갖추어져 있다"고 했다. 관음보살이 남쪽 바닷가의 아름다운 산이나 섬에 머물고 있다는 믿음은 여기서 비롯됐다.

보타락가는 산스크리트어 포탈라카를 음역한 것이다. 흔히 낙가산이나 낙산이라고 줄여 부른다. 우리나라 3대 관음성지로 양양 낙산사, 강화 보문사, 남해 보리암을 꼽는다. 여수 향일암을 합쳐 4대 성지라고도 한다. 하나같이 섬이나 바닷가 산에 자리 잡고 있는 것은 우연이 아니다.

보문사는 이름부터가 관음성지다. 「관세음보살보문품」에 담긴 관음보살의 권능이 이 땅의 모든 중생에 미치기를 소망하며 발원한 사찰이다. 보문사가 낙가산에 자리 잡고 있는 것도 우연이 아니다. 보문사는 석모도에 있다. 강화도 연륙교가 놓인 것은 벌써 오래전이지만, 강화도와 석모도를 잇는 다리는 2017년 개통됐다. 이전엔 강화 외포리에서 카페리를 타고 석모도로 건너갔다.

보문사의 창건과 관련해서 「전등사본말사지」에 '신라 선덕여왕 4년(635) 금강산에서 옮겨온 회정대사가 세웠다.'는 대목이 보인다. 하지만 「유점사본말사지」의 보덕굴조에는 '회정선사가 고려 의종 10년(1156) 고구려 보덕화상이 창건한 금강산 보덕굴을 중창했다.'는 기록이 있다. 학계에서는 시대가 신라와 고려로 갈리는 두 회정을 같은 인물로 보고 고려시대 창건설에 무게를 싣는다.

「전등사본말사지」에는 "신라 진덕여왕 3년(649) 마을 사람들이 보문사 앞바다에서 고기잡이를 하다 부처와 나한 등 22구의 돌조각을 그물로 걷어 올려 절의 석굴에 모셨다"는 설화도 담겼다. 절 마당에 들어서면 정면에 보이는 석실이 그 석굴이다. 천연동굴에 석가모니와 제자들을 모셨으니 일종의 나한전이다. 이곳에 모셔진 불상의 연대는 누가 봐도 그리 오래지 않은 듯하다. 창건 설화로 미루어 보문사가 과거에는 나한도량의 성격 또한 짙었을 것이라는 추정도 없지 않다.

석굴 좌우로는 극락보전, 용왕전, 삼성각, 범종각, 선방이 규모있게 자리 잡았는데, 역시 최근 것이다. 관음도량으로 보문사의 상징성을 극대화하는 것은 절 뒤편 바위 절벽에 새겨진 관음보살좌상이다. 높이 9.2m, 폭 3.3m의 당당한 관음보살이 드넓게 펼쳐진 서해를 바라보고 있다.

관음보살은 지붕처럼 앞으로 내민 눈썹바위 아래 좌정하고 있다. 관음보살이 자신의 모습이 새겨질 자리를 스스로 찾아가 앉은 것이 아닐까 싶게 절묘한 자리다. 불교 신자라면 그만큼 관음의 영험이 크게 느껴질 것이다. 마애관음보살좌상은 금강산 표훈사 주지 이화응과 보문사 주지 배선주가 1928년 조성했다는 기록이 남아 있다. 문화재적 가치는 시간이 흐를수록 쌓일 것이다.

보문사 마애관음보살좌상이 100명의 시주로 조성됐음은 이들의 이름이 마애불 주변에 새겨져 있어 알 수 있다. 간송 전형필이 1937년 시주에 참여했음을 알리는 두 줄짜리 명문도 보인다. '불기이구육사년정축오월일(佛紀二九六四年丁丑五月日), 병오생전형필분향근배(丙午生全鎣弼焚香謹拜)'라 음각되어 있다. 관음보살 조성 이후의 보문사 중창과 관련이 있을 것으로 추정한다.

제3부 불교를 찾아가는 발걸음

석전 박한영(1870~1948)의 「보문사법당중건기」에는 이런 대목이
보인다.

　　낙가산의 대원 스님이 나를 찾아와 그 법당의 중건기를 부탁하
　　였다. 삼가 생각해 보니 보문사는 그 산세가 서천 사자국의 보타락가
　　산과 흡사한 까닭에 산의 이름을 낙가라 하였다. 낙가란 것은 관음보
　　살께서 성인의 몸으로 나투신 곳을 의미하며, 따라서 그 사찰의 이름
　　을 보문이라 하였으니 이에 보문사가 처음 열리게 된 것이다.

　법당을 중건한 시기가 1920년이니 그 안팎에 쓰인 것으로 추정하
고 있다. 관음보살좌상이 조성되기 이전에도 관음도량으로 보문사의
성격은 이미 명확했음을 알 수 있다.
　보문사가 관음도량으로 가장 각광받은 시대는 고려시대다. 고려는
1232년(고종 19) 몽골에 대항하고자 도읍을 개경에서 강화로 옮겼다.
강화는 1270년(원종 11) 환도하기까지 38년 동안 피란 수도였다. 외
부와 연결되는 유일한 통로는 당연히 바닷길이었다. 보문사가 고려
왕조의 생존이 걸려 있을 만큼 중요했을 뱃길의 안전을 비는 중요한
관음도량이 아니었을까 생각하게 된다.
　나아가 보문사는 팔만대장경의 비장처이기도 했다. 강도고려(江都
高麗)가 부처의 가피를 입어 몽골군의 살육과 약탈에서 벗어날 수 있
도록 팔만대장경을 판각하고 강화 선원사에 보관한 것은 잘 알려진
사실이다. 그런데 원나라 간섭기의 대표적인 문인 민지가 지은 「고려
국대장이안기(高麗國大藏移安記)」에는 다음과 같은 내용이 적혀있다.
1304년 고려에 왔던 원나라 승려 철산이 강화 보문사에 봉안한 대장

경 3질 가운데 1질을 중국 강서행성 대앙산으로 옮겼다는 것이다. 원나라를 세운 몽골의 침략을 막아달라는 고려의 염원이 담긴 대장경의 안타까운 유전이기도 하다.

보문사(普門社)라는 표현도 눈길을 끈다. 고려시대에는 사(寺)보다 격이 낮은 도량을 사(社)라 불렀던 듯하다. 하지만 두 표현을 구별치 않고 뒤섞어 쓴 사례도 적지 않다. 어쨌든 보문사가 팔만대장경을, 그것도 여러 질 봉안하고 있었다는 사실은 위상이 매우 높았음을 의미한다. 뱃길 안전을 넘어 망국의 위기에서 벗어나게 해달라고 빌었던 국가적 관음도량이었다는 증거다.

고려 말 권력을 좌지우지했던 최씨 정권의 문객 이수는 칠언시 「보문사」에서 '장엄한 전각들은 천세계를 다 삼키고 / 높이 솟은 누대는 허공에 달려 있네'라 읊었다. 당시 보문사는 한적한 섬의 작은 암자가 아닌 고려의 국가적 대찰(大刹)이었다. '남은 오랑캐 물리치니 요동 북쪽이 편안하고 / 신령스런 거북을 길러서 해동을 진정시키도다'라는 구절도 당시 절의 위상을 짐작게 한다.

대장경의 비장처였던 보문사를 찾아가는 길에 강화읍에서 멀지 않은 선원사 터도 들러보면 좋겠다. 고려가 강화로 도읍을 옮긴 뒤 최우가 창건한 선원사는 『팔만대장경』의 판각이 이루어진 사찰로도 알려진다. 당시에는 순천 송광사와 더불어 고려의 양대 사찰로도 손꼽혔다. 불과 최근까지 조촐한 암자의 모습이었지만 단계적 발굴 조사를 거쳐 당시의 전모가 차츰 드러나고 있다.